国家社科基金项目最终研究成果（项目批准号：08BJL049）

中国在东亚生产网络中的分工效应研究

喻春娇 著

人民出版社

目 录

前　言……………………………………………………… 1

第一章　东亚生产网络的形成及运行状况 ……………… 1

　　第一节　东亚生产网络的内涵 …………………………… 1

　　第二节　东亚生产网络形成的驱动因素及运行特征 …… 15

　　第三节　中国融入东亚生产网络的现状 ……………… 26

第二章　东亚生产网络体系分工效应的理论解析 ……… 47

　　第一节　融入东亚生产网络的分工效应:东道国视角 … 48

　　第二节　融入东亚生产网络的分工效应:跨国公司
　　　　　　视角 ……………………………………………… 68

第三章　中国在东亚生产网络中的分工地位 …………… 91

　　第一节　从零部件贸易角度解析中国的分工地位 …… 92

　　第二节　从特定行业的生产网络解析中国的
　　　　　　分工地位 ………………………………………… 111

第四章　中国在东亚生产网络中的分工效应:
　　　　东道国视角 ………………………………………… 142

　　第一节　中国参与东亚生产网络分工的静态
　　　　　　贸易利益 ………………………………………… 143

　　第二节　中国参与东亚生产网络分工的技术
　　　　　　扩散效应 ………………………………………… 154

　　第三节　中国参与东亚生产网络分工的就业效应 …… 171

　　　　第四节　中国参与东亚生产网络分工的出口
　　　　　　　　竞争力效应 ································· 200

第五章　中国在东亚生产网络中的分工效应：
　　　　台资跨国公司视角 ·························· 213

　　　　第一节　台资 PC 制造业跨国公司在全球 PC
　　　　　　　　生产网络中的地位 ··············· 214

　　　　第二节　台资 PC 制造业跨国公司在大陆的本地
　　　　　　　　嵌入现状 ·························· 223

　　　　第三节　台资 PC 制造业跨国公司本地嵌入与
　　　　　　　　大陆的分工效应 ················· 236

第六章　扩大中国在东亚生产网络中分工利益的
　　　　对策 ····································· 257

　　　　第一节　调整中国在东亚生产网络中的分工定位 ····· 257

　　　　第二节　提升中国在东亚生产网络中的分工地位 ····· 261

　　　　第三节　增强东亚生产网络分工的积极效应 ········· 265

附　录 ··· 272

主要参考文献 ··· 287

后　记 ··· 300

前　言

　　20 世纪 80 年代后期以来,在信息通讯技术不断进步以及贸易投资自由化不断推进的背景下,东亚经济圈内一种全新的区域性生产分工体系逐渐从根本上改变了原来基于技术梯度分工的"雁行模式"。这一新型区域性生产分工体系具有以下几个特征:从贸易流动形式看,东亚区域内部的贸易,尤其是中间产品和零部件贸易迅速增长①,并且中间产品和零部件进口贸易量远远大于出口贸易量,凸显出从商品贸易向所谓的"工序贸易"转换的特征;从价值链的跨国分解来看,东亚地区的发展中经济体对世界市场的总出口中包含了相当比例的国外增加值②,体现了"生产分享"的特征;从贸易模式上看,出现了以中国为加工中心的"三角贸

　　① 东亚区域内部的贸易占东亚贸易总额的比重由 1980 年的 32% 上升到了 2005 年的 50%以上,其中中间产品和零部件贸易占据了东亚区域内部贸易总量的 50%以上。参见 WTO and IDE-JETRO,"Trade Patterns and Global Value Chains in East Asia:From Trade in Goods to Trade in Tasks",www.wto.org,2011,p.76。
　　② 其中,中国加工贸易出口中国外价值含量高达 50%。参见 Wang,Zhi and William Powers,Shang-Jin Wei,"Value Chains in East Asian Production Networks:An International Input-Output Model Based Analysis",U.S. International Trade Commission Working Paper No. 2009-10-C,2009。

易"(tri-polar trade)模式①,即中国从东亚以及欧美大量进口中间产品和零部件,加工后再出口到欧美的贸易格局。从本质上讲,东亚区域内部出现的上述新型贸易、分工现象实际是宏观层面的生产过程分散化(fragmentation)和微观层面的企业网络国际化的体现(王静文,2007),因而被称为"东亚生产网络"(East Asian production networks)。概括而言,以错综复杂的制造业价值链"交织"形成的东亚区域生产网络不仅是产品内国际分工模式在东亚地区扩展的真实写照,也是跨国公司的国际化生产在空间配置上的创新,正如日本学者安藤光代(Ando, M.)和木村福成(Kimura, Fukunari)指出的那样,"离开东亚国际生产分工网络,我们则无法讨论该地区各经济体的对外贸易"②。

自20世纪90年代以来,中国以廉价的劳动力成本优势和一系列 FDI 及加工贸易优惠政策迅速融入东亚生产网络,并成为东亚生产网络的制造中心以及东亚地区较发达国家面向西方发达国家最终产品的出口平台(export platform),对东亚区域内贸易的扩张起到了关键作用。然而,中国虽然基于劳动力禀赋优势深度融入到了东亚国际生产分工网络之中,但面临着来自东亚各经济体在劳动力要素、FDI 政策等方面的激烈竞争,劳动力要素的比较优势呈现弱化趋势。中国置于产品内国际分工链条低端的比较优势的非持续性在很大程度上已显现出来。目前中国正处于从贸易大国向贸易强国转变的关键时期,也是转变外贸发展方式的攻坚时

---

① WTO 和日本亚洲经济研究所(IDE-JETRO)2011 年编写的研究报告《东亚贸易模式和全球价值链》中将其称为"以中国为枢纽的三极贸易体系"("tri-polar trade through China" system)。这种"三角贸易"现象在美国、日本和中国之间尤为显著,即美国、日本大量向中国出口中间产品,然后再从中国进口最终产品。参见 WTO and IDE-JETRO, " Trade Patterns and Global Value Chains in East Asia: From Trade in Goods to Trade in Tasks ", www.wto.org, 2011, p.76。

② Ando, M., Kimura, F., " The Formation of International Production and Distribution Networks in East Asia", NBER Working Paper, No. 10167, December 2003.

期。作为全球生产网络的重要组成部分,东亚生产网络这一新型分工模式的迅猛发展要求我们思考中国参与国际分工战略的相应调整,即探讨中国应如何在东亚生产网络分工中进行战略定位?中国的外贸政策如何进行相应调整?而对这些问题的探讨须建立在对中国在东亚生产网络中的分工地位及分工效应进行客观评价的基础之上,需要在客观评价中国在东亚跨国生产网络中的分工地位基础上,通过实证研究来解析中国的分工效应,这也正是本书研究的核心问题。

本书拟深入研究和探讨东亚生产网络的内涵、形成的驱动因素及其运行的主要特征,借助于一系列科学的指标体系、实证研究方法来客观评价和解析中国在该新型分工体系中的分工地位和分工效应,这些研究不仅有利于我们理解东亚生产网络这一新型分工体系的运行机制,以及中国作为东亚的"制造中心"的成效,而且有利于我们清晰地认识当前中国参与此种新型国际分工体系的优势、劣势、机遇和挑战所在,因此对于决策部门思考中国在东亚生产网络分工体系中如何进行战略定位,探讨如何通过外贸战略、贸易与投资政策的调整,巩固提升中国在东亚区域分工体系中的地位,乃至中国"全球制造业中心"的地位,具有重要的决策参考价值。同时,深入研究和探讨东亚生产网络的运行机制及中国的分工效应,对于决策部门制定推动东亚区域经济合作的政策以及应对当前的贸易不平衡、贸易摩擦的举措具有重要的现实指导意义。

国内外学者对于东亚生产网络这一新型分工模式的研究主要涉及东亚生产网络的形成、特征及其影响因素,中国的分工地位以及中国在东亚生产网络中的分工(贸易)效应等几个方面:

第一,关于东亚生产网络的形成和特征。关于东亚生产网络的形成原因及运行特征,代表性的观点有三类:一类观点认为国际生产分散化是东亚生产网络形成的前提和基础。日本学者安藤光

3

代和木村福成在其共同发表的一系列论文中都将"生产过程分散化"作为东亚生产/分配网络形成的前提条件。安藤光代和木村福成(2003)以及木村福成和安藤光代(2005)最早定义了一个解释东亚跨国生产网络形成机制的"经济逻辑"(economic logics)框架,认为传统的比较优势理论并不能很好地解释它的实质,应结合国际生产分割理论(fragmentation theory)、经济集聚理论(agglomeration theory)以及内部化理论(internalization theory)的基本思想从产品生产工序的区位决定、上下游企业间的关联以及企业的内部化决定三个维度来对其形成机制进行解析。木村福成和安藤光代(2005)又进一步提出了一个企业进行国际生产分散化决策的二维理论框架。认为地理因素和企业的生产组织模式(企业内部的垂直一体化或外包)共同决定了企业跨国生产网络的形成。在上述理论分析的基础上,安藤光代和木村福成(2003)、木村福成和安藤光代(2005)采用企业微观层面数据,从日本跨国公司海外分支机构的公司内贸易和公司间交易视角解释东亚地区生产网络的形成,认为日本跨国公司向东亚地区的拓展为东亚区域生产网络的形成奠定了组织基础。

第二类观点认为零部件和中间产品贸易迅速增长是东亚生产网络形成的直接表现。恩基和意兹(Ng和Yeats,2001)及阿思克拉拉(Athukorala,2003)的研究表明,东亚地区的中间产品和零部件贸易在制成品贸易中的份额迅速增长,且零部件贸易所占比重和贸易流量的增长速度远高于北美自由贸易区和欧盟。安藤光代和木村福成(2008)发现东亚发展中国家间零部件贸易的爆炸式增长是东亚跨国生产网络形成并不断"密集化"的根源。国内学者陈勇(2006)认为东亚国际生产网络是以产业内分工和规模经济为基础的,表现为区域内零部件贸易的总额逐步增大。相关的研究还包括张捷(2005)、郑京淑(2005)等人对东亚国际分工体系的描述。

第三类观点认为东亚生产网络具有独特的特点。安藤光代和木村福成(2003)以及木村福成和安藤光代(2005)认为,与美国—墨西哥之间已形成的紧密生产联系以及西欧—中东欧"经济走廊"相比,东亚跨国生产网络呈现出鲜明的特征,在宏观层面上覆盖了该地区几乎所有的经济水平存在巨大差异的经济体,在微观层面上包含了企业内部和企业之间的交易关系,特别是跨国公司之间以及跨国公司同各国经济体的本土企业之间形成了错综复杂的企业间交易关系①。进一步地,从宏观角度看,东亚生产网络的运行表现为区域内市场依赖性的不断增强和对区域外部市场的高度依赖性(李淑娟,2006)。阿思克拉拉(2012)认为东亚区域内部的垂直专业化分工促进了区域内贸易和中间品贸易,特别是中国快速地融入到东亚区域的跨国生产网络中,区域内部的相互依赖度也相应地更大。王静文(2007)指出 FDI 也促进了东亚区域内的零部件和中间产品贸易,且从微观角度看,日资企业网络、美资企业网络以及以中国台湾企业为代表的海外华商网络这三种特征迥异的企业网络在东亚地区交错联结,形成了东亚区域生产网络的微观基础。

第二,关于中国在东亚生产网络中的分工地位。关于中国在东亚生产网络中分工地位的相关研究主要集中于中国与东亚经济体的垂直专业化分工、中国与东亚经济体零部件和中间产品贸易方面。莱蒙和卡生慈(Lemoine, Fran Coise 和 Ünal-Kesenci,2004)、戈利耶等(Gaulier, Guillaume 等,2007)以及哈达德(Haddad, 2007)的研究指出中国作为东亚各国(尤其是日本、韩国等较发达国家)面向西方发达国家的出口平台的地位日益明

5

---

① 木村福成和安藤光代(2005)称东亚跨国生产网络的形成是"史无前例的"。参见 Kimura, F., Ando, M., "Two-dimensional Fragmentation in East Asia: Conceptual Framework and Empirics", *International Review of Economics and Finance*, Vol.14, 2005, pp.317 - 348。

显,并逐步成为东亚生产网络的制造中心。郑昭阳和周昕(2007)、唐海燕等(2008)以及曹宏成(2008)的研究发现中国融入东亚生产网络并逐渐成为东亚制造中心,削弱了日本和"亚洲四小龙"的网络影响力,促进了以中国为枢纽的新"三角贸易"模式的形成。李立民等(2008)也得出了类似的研究结论。总之,中国迅速融入东亚区域生产网络中并非一个零和过程,而是可以为东亚区域内其他国家提供机会,为东亚区域经济发展增添活力。①尽管中国发挥了出口平台的重要作用,但中国在东亚生产网络中仍处于相对低端分工地位。林曦(2006)、张明志(2007)、鹿朋(2007)指出中国在东亚国际生产网络特定制造业分工链条上处于从属地位。陈建(2007)从定性方面研究发现中国逐渐成为东亚网络的中心和枢纽后,其对区域内经济和贸易发展起到较大促进作用。

第三,关于中国在东亚生产网络中的分工(贸易)效应。在关于中国从东亚生产网络分工中获得的静态贸易利益研究方面,已有的文献主要通过中国出口产品附加值水平、企业的收益率、中国总出口中的进口中间产品价值比率、增加值出口贸易等指标来衡量中国的静态贸易利益。孙倩(2008)的研究表明:通过参与东亚垂直专业化分工,中国的出口结构得到提升,但从附加值指数和出口结构高度化指数分析,中国出口产品附加值水平与发达国家还存在较大差距。张纪(2006)的研究表明中国大陆在笔记本电脑跨国生产分工网络中的收益率较低。魏也华、李健、宁越敏(Wei, Y.H. Dennis, Li 和 Ning, 2010)基于销售平均利润率、边际利润率等指标描述了中国计算机产业价值链的"飞碟形"(saucer-shaped)特征,指出中国在东亚计算机产业生产网络中位居"微笑曲线"的

① Athukorala, Prema-chandra, " Asian Trade Flows: Trends, Patterns and Prospects ", *Japan and the World Economy*, Vol.24, No. 2, 2012, pp.150 - 162.

低端。平新乔等(2006)的研究表明东亚地区的日本、韩国在很大程度上把中国作为其对美出口的平台。王志等(Wang Zhi, Powers和 Wei, 2009)提出了更精确地衡量东亚生产网络中分工利益的指标,即增加值指标①,发现在东亚9个经济体中,中国加工贸易出口中包含了高达50%的国外增加值,中国对美出口中较低的国内增加值含量决定了中国从东亚生产网络中获得的贸易利益是有限的。

在动态分工(贸易)效应的研究方面,学者们认为中国通过融入东亚区域生产网络分工体系,获得了出口能力的提升效应和产业结构升级效应。莱蒙和卡生慈(2002,2004)、戈利耶等(Gaulier, Guillaume 等, 2007)的研究指出中国通过融入东亚垂直专业化分工体系,由此显著增强了其出口能力,尤其是高技术产品的出口能力。阿米基尼(Amighini,2004)的研究表明中国通过融入东亚区域生产网络分工体系在显著增强 ICT 产品及其零部件等高技术产品出口能力的同时,也促进了产业升级。但也有学者认为中国融入东亚区域生产网络所获得的技术进步效应是有限的。戈利耶等(2005, 2007)指出中国主要依靠外资企业以及进口技术的出口增长模式对于本土企业生产能力提升以及技术外溢作用是有限的。彭支伟(2009)亦认为在垂直专业化分工体系内,发展中国家可能存在对发达国家的技术依赖效应。沈玉良等(2008)以上海计算机产业为例,证明由于跨国公司实行独占的生产控制方式,即通过进料加工的方式掌握了采购权、通过营销渠道控制和掌握了销售权,因而决定了上海计算机产业较低的收益率。

总体上看,无论是在理论方面还是在实证研究方面,目前对于东亚生产网络的研究还很不成熟,特别是对于中国融入东亚生产

---

① 该增加值指标既包括国内增加值的部分,又包括来自和流向所有其他国家的增加值部分,因而实际上是一种贸易增加值指标。

网络分工体系的分工效应的研究还很不深入。目前国外学者主要考察了跨国公司在东亚地区布局和拓展生产分工网络对于其母国生产效率和就业影响的探讨。[①] 然而关于中国在东亚生产网络中的分工地位及其分工(贸易)效应的研究既不系统也不深入,总的来说,已有的研究存在以下几点局限性:其一,关于目前对东亚区域生产网络的研究多集中于贸易层面,且仅仅侧重于对贸易现象的关注和贸易统计数据的分析,并不能完全从根本上把握东亚区域生产网络的实质(王静文,2007;王志等,2009)。并且,单纯基于贸易统计数据的分析也无法准确描述东亚对外部需求的依赖性[②];其二,目前尚缺乏一个解析东亚生产网络分工体系分工效应的理论框架;其三,较少有学者采用计量模型系统考察中国在东亚生产分工网络中的分工效应;其四,较少有学者从微观企业组织角度考察东亚生产网络的运行并在此基础上解析中国的分工效应。

鉴于此,本书在考察中国融入东亚区域生产网络的现状及分工地位的基础上,系统考察中国在东亚生产分工网络中的静态和动态分工效应。本书紧紧结合东亚生产网络这一新型分工模式在宏观层面和微观层面的运行特征,分别从国际分工宏观视角和跨

---

① 例如,山下信明(Yamashita,2008)以及山下信明和深尾京司(Yamashita, Nobuaki 和 Fukao, Kyoji, 2010)的研究表明日本向东亚低收入国家的生产转移不仅有利于增加国内技能密集型劳动者的就业,也有利于国内就业总水平的增长。卡姆(Andrew Jia-Yi Kam,2013)基于马来西亚 2000—2008 年制造业的数据验证了马来西亚通过融入东亚生产网络分工体系使制造业的生产效率得到了提升,特别是使本土出口企业获得较大的效率提升。分别参见 Yamashita, Nobuaki & Fukao, Kyoji, "Expansion Abroad and Jobs at Home: Evidence from Japanese Multinational Enterprises", *Japan and the World Economy*, Vol. 22, No.2, 2010, pp.88–97;以及 Kam, Andrew Jia-Yi, "International Production Networks and Host Country Productivity: Evidence from Malaysia", *Asian-Pacific Economic Literature*, Vol. 27, Issue 1, 2013, pp.127–146。

② Pula, Gabor and Tuomas Peltonen, "Has Emerging Asia Decoupled? An Analysis of Production and Trade Linkages Using the Asian International Input-Output Table", Working Paper series, No. 993, European Central Bank, January 2009.

国公司微观视角对中国在东亚生产网络中的分工效应进行理论和实证研究,从而使得对中国所获得的分工(贸易)效应的考察不仅仅局限于贸易数据等总量数据的分析,而是深入微观企业层面,增强了分析的系统性和科学性。

本书研究内容的创新性包括以下几点:其一,系统地从空间维度、企业组织维度、生产网络节点、生产网络治理类型以及产业层面等多角度解析了东亚生产网络的内涵。其二,分别从宏观视角和微观视角对一国融入东亚生产网络这种新型分工模式可能导致的分工效应进行全面的理论解析。其三,基于零部件贸易流动及零部件贸易模式分解这一全新的分析视角考察了中国在东亚生产网络中的分工地位。其四,创新性地提出了衡量中国参与东亚生产网络的静态分工(贸易)利益指标,并且采用计量模型系统地验证了中国在东亚生产网络这种新型分工模式所获得的动态分工效应,如技术扩散效应、就业总量效应和结构效应以及制造业竞争力提升效应等;采用中国台湾跨国公司在大陆的个人电脑(PC)生产网络作为个案,系统地研究了中国台湾 PC 制造业跨国公司的知识转移效应及其对大陆产业升级的影响①,增加了研究的深入性。

最后,在研究方法方面,首先,本书综合运用国际经济学和经济社会学的相关理论,分别从国际分工宏观视角和跨国公司微观视角对融入东亚生产网络体系的分工效应进行理论和实证解析,突破了传统上仅仅运用国际经济学的理论和研究方法来考察这一问题的局限。其次,由于中间产品或零部件贸易流动是构成东亚生产网络运行的基本内容,本书借鉴了相关学者关于中间产品或

9

---

① 由于东亚特定行业的生产网络中不同企业主体间的知识转移效应实际上是这种分工模式对东道国的技术扩散效应的微观体现,因此,此部分知识转移效应的研究也正是前述技术扩散效应实证研究的深化。

零部件贸易的界定方法①,着眼于行业细分数据的挖掘和整理,并以此为基础来计算中国与东亚的垂直专业分工指数及中间产品贸易密集度指标,分析中国在东亚生产网络中的分工地位及分工效应,避免了对中间产品或零部件贸易界定的随意性,同时增强了分析的准确性②。

---

① 本书分别借鉴了盛斌(2002)关于中国工业行业中间产品 SITC 编码界定方法、阿思克拉拉(2003)关于机械与运输设备(SITC 7)和杂项制品(SITC 8)项下的零部件分类方法、阿米基尼(2005)关于信息通讯科技(ICT)制造业零部件的 SITC 编码界定方法、安藤光代和木村福成(2008)关于信息通讯科技(ICT)制造业零部件的 HS 编码界定方法来确定制造业中间产品或零部件的相应贸易统计数据编码。

② 所有中间产品或零部件贸易数据都是《国际贸易标准分类》(SITC Rev.3)5位数水平及以上以及《海关协调税则》(HS)11 位数水平的细分行业数据。

第一章 东亚生产网络的形成及运行状况

本章拟在分析东亚生产网络内涵的基础上,总结出东亚生产网络与"雁行模式"的主要差异。着重分析东亚生产网络的形成及中国融入东亚生产网络分工体系的现状。鉴于垂直专业化分工是东亚生产网络分工的基本内容,零部件贸易流动构成东亚生产网络运行的外在表现形式,我们拟从中国与东亚垂直专业化分工程度以及零部件贸易流动角度解析中国融入东亚生产网络分工体系的现状。

第一节 东亚生产网络的内涵

一、与东亚生产网络相关的概念

20世纪80年代中期以来,在经济全球化不断深入的背景下,伴随着信息通讯技术不断进步以及贸易投资自由化的不断推进,跨国公司的生产组织方式发生了深刻的变革。最为显著的变革趋势是跨国公司的全球生产体系逐步从传统的一体化(traditional integration)生产组织方式向网络化的生产组织方式(network forms of organization)转变。这种网络化的生产组织方式在空间分布上又以东亚地区最为典型。

　　国际经济学界关于东亚生产网络尚未形成一个统一的界定，但学者们则从不同侧面考察跨国公司的全球生产体系向网络化组织方式变革形成的区域性生产网络如东亚生产网络乃至全球生产网络的过程中，提出了许多相近的概念或术语，包括"生产网络"（production network）、"国际生产网络"（international production networks）、"国际生产/分销网络"（international production/distribution networks）、"跨国生产网络"（cross-national production networks）、区域生产网络（regional production network）、"全球生产网络"（global production networks）、"生产分享网络"（production sharing networks）等等，以下我们将分别对上述概念或术语加以介绍。

　　第一，"生产网络"。根据布鲁斯（Borrus, M., 1997）的定义，生产网络是指"跨境的一种企业内部和企业之间的组织关系，通过这种关系，企业组织开展其整个价值链条的商业活动：从研发活动、产品界定和设计，到投入要素的采购、制造（或者服务的提供）、分销和支持及售后服务"。这种组织关系在东亚地区则主要表现为外国跨国公司与本土中间投入品供应商之间的关系，包括生产分包（subcontracting）、原始设备制造（OEM）和原始设计制造（ODM）等生产活动的安排。在此定义基础上，布鲁斯（1997，2000）进一步把东亚生产网络界定为美国跨国公司以东亚的大中华经济圈和东盟等国为生产（供给）基地的生产网络。①

　　第二，"国际生产网络"。根据恩斯特（Ernst, Dieter, 1997）的

2

---

① 分别参见 Borrus, M., "Left for Dead: Asian Production Networks and the Revival of U.S. Electronics", in B. Naughton (ed.), *The China Circle: Economics and Technology in the PRC, Taiwan and Hong Kong*, Washington DC: Brookings Institution Press, 1997, pp.139 - 163;以及 Borrus, M., "The Resurgence of US Electronics: Asian Production Networks and the Rise of Wintelism", in M. Borrus, D. Ernst and S. Haggard (Eds.), *International Production Networks in Asia: Rivalry or Riches*, London and New York: Routledge, 2000, pp. 57 - 79。

定义,"国际生产网络"的概念试图更系统地捕捉跨国公司跨越价值链不同阶段的国际生产组织形式的特点,包括涉及或不涉及股权联系的生产组织形式。[1] 该概念可以帮助我们理解特定跨国公司的生产全球化战略实施过程中的如下问题:一是该公司将在哪个生产区位分解其价值链? 二是在何种情况下该公司将进行生产外包? 换言之,公司间生产网络与公司内生产网络的相对重要性是怎样的? 三是在什么程度上公司将对这些交易行使集权或以分权式的控制?

第三,"国际生产/分销网络"。安藤光代和木村福成(2003)指出国际生产/分销网络不仅仅包括跨国界延伸的垂直生产链条,还包括遍及世界的分销网络。东亚地区的生产网络主要以机电行业(包括一般机械、电子器械、运输设备和精密仪器等)的跨国公司为主导,在宏观层面上覆盖了该地区几乎所有的经济水平存在巨大差异的经济体,在微观层面上包含了跨国公司之间的企业内交易关系以及跨国公司同东亚各经济体的本土企业之间的企业间交易关系。[2]

第四,"跨国生产网络"。这一概念最早由希斯曼(Zysman等,1996)提出,主要刻画了东亚地区各经济体之间自20世纪90年代以来愈来愈紧密的网络状的经济联系。跨国生产网络是指来自美国、日本的跨国公司通过贸易、投资把东亚地区各经济体差异化的生产函数联系起来创造的一种互补型的生产安排[3],主要是由东

① Ernst, D., "Partners in the China Circle? The Asian Production Networks of Japanese Electronics Firms", in B. Naughton (ed.), *The China Circle*: *Economics and Technology in the PRC*, *Taiwan and Hong Kong*, Washington DC: Brookings Institution Press, 1997, pp.210 - 253.

② Ando, M., Kimura, F., "The Formation of International Production and Distribution Networks in East Asia", NBER Working Paper, No. 10167, December 2003.

③ Zysman, J., E. Doherty and A. Schwarts, "Tales from the Global Economy: Cross-National Production Networks and the Reorganisation of the European Economy", Berkeley Rountable on the International Economy Working Paper, WP - 83.

亚地区各经济体之间在生产要素和技术方面异质性（heterogeneity）所导致。从区位分布来看，东亚地区的跨国生产网络尤为引人注目。

第五，"区域生产网络"。黎丝翠（Lai Si Tsui-Auch，1999）指出，区域生产网络是指环太平洋地区不同国家或地区企业间通过合同关系（contracting relationships）建立起来的全部的外部联系，这些合同关系包括母公司与子公司之间、供应商—客户、卖方—供应商等合同关系，涉及的是特定产品的开发、生产和营销的产品内国际分工。该区域生产网络往往以美国、日本等地的跨国公司为中心，协调整个东亚地区的生产活动。① 因此该概念实际上描述的是东亚地区以产品内国际分工为基础的生产网络分工模式。

第六，"生产分享网络"。哈达德（2007）指出东亚地区的生产分享网络是由东亚地区各经济体之间的工资差异、技术差异和贸易成本差异所导致的生产结构和发展路径的互补性（complementarity）体系。② 该概念实际上描述的是来自美国、日本和"亚洲四小龙"的跨国公司通过产品内国际分工将产品研发、设计、生产和销售等环节在东亚区域内不同区位上进行优化配置，由此形成一种东亚区域内各经济体在产品内分工的各个阶段按照各自优势进行垂直专业化分工的新型区域性生产体系。

第七，"全球生产网络"。全球生产网络的分析框架最早由曼彻斯特大学的亨德森等人（Jeffrey Henderson 等，2002）提出，融合了全球商品链（GCCs）和全球价值链（GVCs）分析范式的基本思想，试图揭示跨国生产体系的多角色、多维度的基本特征。迪肯

---

① Lai Si Tsui-Auch, "Regional Production Relationships and Developmental Impacts: A Comparative Study of Three Production Networks", *International Journal of Urban and Regional Research*, Vol.23, Issue 2, 1999, pp.345－359.

② Haddad, Mona, "Trade Integration in East Asia: The Role of China and Production Networks", World Bank Policy Research Working Paper 4160, March 2007.

（Dicken，Peter，2001）指出，全球生产网络是在特定的时间和空间背景下的组织结构，是多维的、多层次的经济活动的网格状结构，其本质是一种关系过程（relational processes）。[①] 科和赫斯（Coe，Neil 和 Martin Hess，2004）将"全球生产网络"界定为企业在全球范围内将相互联系的功能及运营活动联系起来，并通过这种联系进行商品和服务的生产和分销。科、迪肯和赫斯（Coe，Neil，Dicken 和 Martin Hess，2008）进一步指出，全球生产网络通过股权以及非股权安排将不同企业联结成网络状的组织结构，不仅使得企业的边界变得模糊，更重要的是使得全球经济一体化程度加强。[②] 因此，以跨国公司为中心的全球生产网络构成了其所"根植"（embedded）的国家乃至区域的经济发展的重要组成部分。可以看出，"全球生产网络"这一概念框架更侧重于对跨国公司的全球生产体系的组织结构的考察。

　　综上，以上概念的内涵侧重点各有不同，这正是我们理解东亚生产网络的内涵的基础和前提。

二、东亚生产网络的内涵解析

　　综合上述有关东亚生产网络的相关概念，我们可以概括出东亚跨国生产网络的基本内涵至少包括以下几点：（1）跨国公司基于产品内分工的价值链条在东亚地区的跨国界延伸；（2）是由跨国公司的价值链条在东亚地区"交织"所形成，是一种区域性生产分工体系；（3）以跨国公司作为分工主体，以东亚地区发展中国家作为生产制造基地，因而从企业（行业）层面看，东亚生产网络本

---

① Weller，S. A.，"The Embeddedness of Global Production Networks：The Impact of Crisis on Fiji's Garment Export Sector"，*Environment and Planning*，2006，Vol.38 ，No.7，pp.1249－1267.

② Coe，N. M.，Peter Dicken and Martin Hess，Introduction：Global Production Networks—Debates and Challenges，*Journal of Economic Geogrphy*，2008，Vol.8，No.3，pp.267－269.

身又是特定企业(行业)的全球生产网络的重要组成部分。[1]

如前所述,以东亚地区作为生产制造基地的东亚生产网络分工模式不仅是以生产区段分工为主要内容的产品内分工模式在亚洲铺展的真实写照,也是东亚地区经济一体化最主要的驱动因素。因此,单一维度的考察无法全面反映这种新型分工模式的真正内涵。根据斯特金(Timothy Sturgeon,2000)的观点,界定国际生产网络必须包含以下四个维度[2]:(1)企业组织维度(organizational scale),主要考察国际生产网络的价值链构成;(2)空间维度(spatial scale),主要考察国际生产网络的空间分布;(3)生产网络的主体维度(production network actors),主要考察国际生产网络的交易主体;(4)生产网络治理类型(governance types),主要考察国际生产网络的治理结构。基于此,我们在借鉴斯特金(2000)界定国际生产网络的基本思想的基础上,除了从空间维度——国家层面、生产网络的主体维度——企业层面、生产网络的交易主体、生产网络治理类型等方面来解析东亚生产网络的内涵之外,还将从产业层面来解析东亚生产网络的内涵。

(一)空间维度解析

从空间维度(国家层面)看,东亚地区的跨国生产网络实际上是以东亚各经济体为面,以日本、美国、欧盟、韩国、中国台湾等国家或地区的跨国公司为点、以国际直接投资(FDI)或生产外包及中间产品贸易流动驱动的价值链铺展为线"交织"而成的错综复杂的网络。中国作为该地区最主要的制造中心(manufacturing

---

① Pula 和 Peltonen(2009)指出,东亚生产网络的运行明显依赖区域外部需求,即东亚生产网络的运行离不开全球生产网络。参见 Pula 和 Peltonen," Has Emerging Asia Decoupled? An Analysis of Production and Trade Linkages Using the Asian International Input-output Table",European Central Bank Working Paper Series, No. 993, 2009。

② Sturgeon, J. Timothy ," How Do We Define Value Chains and Production Networks? "MIT IPC Globalization Working Paper 00‐010, 2000.

base）位居东亚制造业跨国生产网络的核心，见图 1－1。在东亚生产网络中，日本与东亚新兴工业化经济体对中国以及东盟 6 国 FDI 的日益增加是促使其形成的重要源泉，东亚各经济体之间的零部件和中间产品贸易的快速扩张是促使其快速发展的重要动力，而欧美国家作为东亚区域最终产品市场的扩展是促使其持续发展的重要因素。目前，东亚生产网络的形成和扩张已凸显出整个东亚地区作为"世界工厂"的地位。

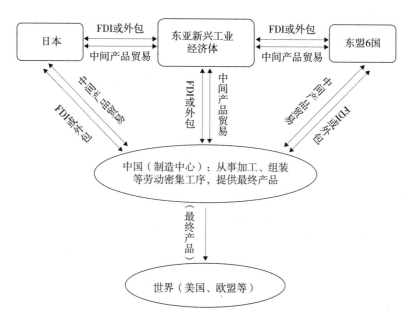

图 1－1 东亚制造业生产网络的空间分布

注：东盟 6 国指新加坡、马来西亚、泰国、印度尼西亚、菲律宾和越南 6 个国家。由于东盟的其他 4 个成员国参与东亚生产网络的程度不深①，所以未将其考虑进来。

7

---

① 根据日本对外贸易组织（JETO）及东盟与东亚研究中心（ERIA）采用地理模型模拟的结果，目前已深度融入东亚跨国生产网络的东盟成员国主要是上述六国。参见 Kimura，F.，"The Nature and Characteristics of Production Networks in East Asia：Evidences from Micro/Panel Data Analyses"，ERIA Discussion Paper ERIA-DP-2009-093，http://www.eria.org。

图1-1比较直观地展示了一个涉及东亚制造业生产网络中的垂直专业化分工生产链。中国作为东亚生产网络的制造中心以及最终产品出口平台（Gaulier等，2005；2007），从东亚各经济体进口各种中间产品，利用其本国的资本、劳动力和中间产品进行组装、加工和增值生产，最后将生产出来的最终产品在国内消费或出口到第三国（如美国，也包括东亚各经济体）。

（二）产业层面解析

从产业层面看，东亚生产网络的核心是机电行业，包括一般机械、电子器械、运输设备和精密仪器等。其中，东亚地区电子行业"网络中包含网络"（networks of networks）的独特分工景象最为引人注目①：来自不同国家或地区的跨国公司在一个多层次的全球性生产网络中在生产、营销、创新等方面进行分工合作，该网络中的旗舰厂商与不同层级的供应商之间以及东道国的本土企业之间形成了错综复杂的关系。具体而言，以信息通讯科技制造业（ICT）②为代表的消费电子行业的跨国生产网络的迅猛发展在东亚地区电子行业的国际生产网络的发展中最具典型意义。主要原因是这些部门的生产区段是高度标准化的、可高度分解的，并且这些产品生产过程中不同阶段的技术密集性存在很大差异（从而不同生产区段在要素投入比例上有较大差异）。此外，信息通讯产品生产过程中单位价值运输成本较低，适合采用国际工序分工的

---

① Ernst, D., "Searching for a New Role in East Asian Regionalization: Japanese Production Networks in the Electronics Industry", East-west Center Working Papers, 2004, http://www.eastwestcenter.org/fileadmin/stored/pdfs/ECONwp068.pdf.

② 信息通讯科技（Information & Communication Technology, ICT）行业泛指信息、通讯及其相关的设备制造（电子集成电路及光电制造）领域。不同国家或地区对ICT行业的称谓不尽相同，美国的称谓为"资讯科技行业"，欧盟的称谓为"信息通讯科技行业"，台湾地区"经济部"工业局的称谓为"电子资讯行业"。Amighini, Alessia（2004, 2005）根据OECD国家的界定，将信息通讯科技制造业分为IT产品、通讯设备、半导体产品和办公机器四类，而中国台湾"行政院"主计处将ICT制造业划分为电脑产品、电脑外部设备等10类，本书第三章将详细对此进行分析。

生产方式,将不同生产区段在国际间不同区位来实现,东亚地区各经济体之间的技术梯度以及显著的要素差异正好契合了这一分工方式的要求。图1-2描述了一个典型的以泰国为组装基地的硬

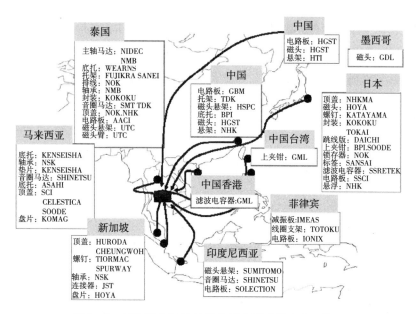

图1-2 以泰国为组装基地的硬盘驱动器生产网络

注:图中 NIDEC(日本电产)、UTC(美国联合技术公司)、CELESTICA(加拿大电子公司)等
　　皆为全球性的电子制造厂商。
资料来源:根据 Hiratsuka, Daisuke(2008)图7绘制①。

盘驱动器生产网络。可以看出,该网络覆盖了收入水平、要素价格和比较优势等方面存在较大差异的9个东亚经济体,以日本电产(NIDEC)、美国联合技术公司(UTC)、加拿大电子公司(CELESTICA)、中国台湾信盛精工(STM)等电子行业的跨国公司

---

① Hiratsuka, Daisuke, "Production Fragmentation and Networks in East Asia Characterized by Vertical Specialization", in Hiratsuka and Uchida (eds.), *Vertical Specialization and Economic Integration in East Asia*, Chosakenkyu-Hokokusho, IDE-JETRO,2008,p.110.

作为分工主体,参与到硬盘驱动器生产链条如主轴马达、磁头悬架组件、印刷电路板组件等总共 24 个生产工序之中,不同生产环节的 FDI 活动以及中间产品的贸易流动是该生产网络运行的核心驱动因素。

由图 1-2 可知,从行业层面看,东亚生产网络本身又是特定行业的全球生产网络的重要组成部分。图中所示的东亚地区的硬盘驱动器制造厂商实际上要受制于 PC 制造业的全球生产网络中的领导厂商如国际商业机器公司(IBM)、苹果公司(Apple)的生产安排。

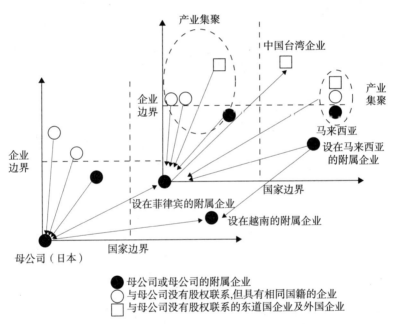

图 1-3 微观企业层面的东亚生产网络图示

资料来源:根据 Ando 和 Kimura(2009)图 5 绘制①。

(三)企业组织维度解析

从企业组织维度看,东亚生产网络实质上表现为跨国公司主

① Ando, M. and F. Kimura , " Fragmentation in East Asia: Further Evidence", www.id eas.repec.org,2009.

导的价值链在东亚不同经济体之间分解之后形成的复杂的网络状的组织关系,是企业网络的国际化的结果。从图1-3中可以看出,跨越国界的价值链上的不同经济单元之间水平和垂直的经济联系"交织"成东亚生产网络,是跨国公司的价值链跨越企业边界及国家边界进行多重分解的结果,不仅使得跨国公司的企业边界模糊化,也导致了跨国公司在东道国的附属企业、东道国的外资企业及东道国的本土企业在特定生产区位的产业集聚(如图中菲律宾、马来西亚的产业集聚),从而使得东亚生产网络成为驱动东亚经济一体化的重要因素。

（四）生产网络节点解析

从生产网络的节点看,构成东亚生产网络节点的交易(分工)主体按其在产品内分工中的地位不同可概括为领导厂商(或称旗舰厂商)、高层级供应商和低层级供应商三种基本类型。旗舰厂商(flagships)是全球生产网络的主导力量,旗舰厂商分为两类,一类是品牌制造商(brand leaders),如思科系统公司(cisco)、国际商业机器公司(IBM)、康柏电脑公司(Compaq)以及戴尔电脑公司(Dell)等,主要负责产品的基础研发、概念设计、功能设计、成品组装、系统集成与升级以及营销等产业核心价值环节;另一类为合同制造商(contract manufacturers),如汽车业中专业于各种重要零部件开发制造的大型全球供应商,包括德尔福公司(Delphi)、伟世通(Visteon)、罗伯特博世公司(Robert Bosch)、日本电装公司(Denso)、天合—卢卡斯公司(TRW-Lucas)等[1],合同制造商主要

11

---

① 其中,德尔福是全球最高知名度汽车配件供应商,为众多著名品牌如通用等提供产品;伟世通为全球第三大汽车零部件制造商;罗伯特博世公司成立于1949年12月16日,是世界汽车系统零部件的顶级供应商之一;天合—卢卡斯公司于1999年6由卢卡斯公司和天合公司合并后成立,是全球最大的汽车及航空零部件制造商,其产品包括了发动机、ABS防抱死系统、正面碰撞防护气囊、控制及通讯系统等领域,并且各种产品都在同业中居于领先地位。

为品牌制造商提供全球供给服务。① 高层级供应商直接与领导厂商进行交易,他们一般拥有自主性技术,同时建立了自己的小型全球生产网络,除了核心 R&D 和战略性营销活动被领导厂商控制外,高层级供应商一般能够承担所有的价值链环节和增值活动。低层级供应商直接与高层级供应商进行交易,一般很少与领导厂商打交道,其竞争优势主要来自于低成本以及交货的灵活性和速度,他们主要从事全球价值链中的一些低附加值部分。因此,从这个角度看,东亚生产网络实质上是由跨国公司内部、跨国公司之间以及跨国公司同东亚各经济体的本土企业之间交易关系交织而成。由图 1-4 可以看出,东亚生产网络同时包含了错综复杂的企

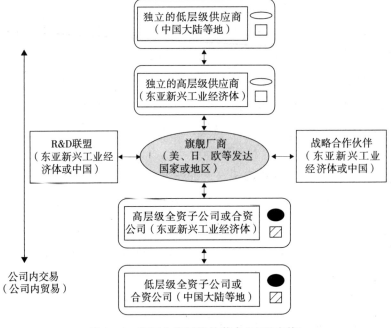

图 1-4 东亚生产网络的节点(交易主体)

---

① Ernst, D., Linsu Kim, "Global Production Networks, Knowledge Diffusion, and Local Capability Formation", *Research Policy*, Vol. 31, No. 8-9, 2002, pp. 1417-1429.

业内和企业间交易关系,网络中处于不同分工地位、不同层级的企业构成了该生产网络的节点。

（五）生产网络治理模式解析

从生产网络治理类型看,作为全球生产网络的一种特殊形式和组成部分,借鉴斯特金(2000)提出的全球生产网络的分类方法,我们可以将东亚生产网络分为所谓公司内生产网络、俘获型生产网络(captive networks)、关系型生产网络(relational networks)、虚拟生产网络(virtual networks)等,这些与全球生产网络的分类是基本一样的。其中,俘获型生产网络治理模式实际上是一种"生产者驱动型"价值链治理模式;关系型生产网络治理模式实际上是一种基于信任(trust-based)和人际关系价值链治理模式;虚拟生产网络治理模式实际上是一种"购买者驱动型"价值链治理模式,见表1-1。显而易见,东亚生产网络的治理类型因行业的差异而存在显著不同。例如,俘获型生产网络主要在资本和技术密集型的汽车制造以及计算机、半导体等电子行业,最为典型;虚拟生产网络则在劳动密集型的消费品制造行业,如服装、消费电子行业,最为典型;关系型生产网络在东亚主要表现为电子行业由中国台湾、中国香港、新加坡的跨国公司所控制的海外华商生产网络。[1]

13

---

[1]　Borrus(1995)和Zysman,Doherty和Schwarts(1996)详细分析了东亚电子行业的华商生产网络的封闭性、易变性、以关系作为媒介、网络边界扩张依赖于人际关系的运行特征。参见 Borrus, M. , "Left for Dead: Asian Production Networks and the Revival of US Electronics", University of California at Berkeley, Berkeley Roundtable on the International Economy Working Paper, 1995;及 Zysman, J., E. Doherty and A. Schwarts , "Tales from the Global Economy: Cross-National Production Networks and the Reorganisation of the European Economy", Berkeley Rountable on the International Economy Working Paper, WP-83,1996。

表1-1　基于不同治理模式东亚生产网络分类

	基本内涵	治理基础	治理模式	运行动力
公司内生产网络	是一种垂直一体化的企业结构	母公司的管理权威	垂直一体化	FDI
俘获型生产网络	发达国家的大型跨国公司(制造商)在生产网络中居于中心地位,凭借其技术上的垄断优势对上游的原材料及零部件供应商,以及下游的分销商和零售商实施前向和后向控制	领导厂商的权威;长期的合作关系	"生产者驱动型"价值链治理	FDI或生产外包
关系型生产网络	基于长期的人际关系以及公司间(inter-firm)信任关系形成的生产网络	长期的人际关系以及公司间关系	将经济关系嵌入社会关系	FDI或生产外包
虚拟生产网络	发达国家的大购买商(分销商)或品牌制造商作为生产网络的领导厂商,设计各种包括技术、质量、交货、库存等参数来对参与到生产网络中从事最终产品制造的OEM或ODM企业进行控制	分销商或品牌制造商将海外生产与市场需求有效联结的能力	"购买者驱动型"价值链治理	FDI或生产外包

资料来源:笔者根据相关研究成果整理。

　　通过以上分析我们可以总结出东亚生产网络与"雁行模式"的主要差异:(1)资源禀赋、劳动生产率的相对优势是形成"雁行模式"的基础,而同一产品不同生产阶段要素投入需求差异则是形成东亚区域内生产网络的基础。(2)"雁行模式"中国家是国际分工主体,各国主要依据自己的比较优势在生产成本相对低的产业参与国际分工;而东亚区域内生产网络中企业(主要是跨国公司)成为国际分工的活跃主体,跨国公司通过其在区域内的各公司之间的协调运作来实现生产阶段的最优配置。(3)"雁行模式"较多地表现为产业间分工;而东亚区域内生产网络则表现为产品内分工,且产品内分工更能有效地利用各国或地区在生产要素上的优势,从而获得价格更低的生产要素,最大限度地节约生产成本。(4)FDI是实现"雁行模式"的唯一途径;而东亚区域内生产网络中,企业内分工和产品内分工可以通过FDI或外包等多种方式实现。

第二节　东亚生产网络形成的驱动因素及运行特征

一、东亚生产网络形成的驱动因素

作为全球生产网络的重要组成部分的一种区域性生产分工体系,东亚生产网络是在多种因素驱动下形成的。东亚地区各经济体要素禀赋状况的显著差异、各经济体间地理位置的邻近性、贸易开放程度不断加深、贸易便利化措施不断强化、商务环境优势显著等因素是东亚生产网络形成的主要原因。

(一)要素禀赋因素

随着国际贸易涉及的产品范围越来越大、地理范围越来越广,国家之间持续发生贸易的现象与原因都备受关注。无论是亚当·斯密提出的古典国际分工理论——绝对优势理论,还是赫克歇尔和俄林共同提出的要素禀赋论,均认为生产要素充当着产品的供给者和需求者的角色,只有要素禀赋的提高才会导致市场需求的扩大,即认为要素禀赋状况才是决定产品差异性和贸易量的根源。由此可以看出,要素禀赋状况(包含要素禀赋状况差异、要素禀赋结构差异、要素禀赋总量差异)是国际分工形成的基础。东亚生产网络之所以形成,其中很重要的一个因素是东亚地区的各经济体的要素禀赋状况存在显著的差异:技术和资本要素丰裕的发达国家(日本)、资本要素丰裕的新兴工业化国家和地区(韩国、中国香港、新加坡)以及劳动要素丰裕的发展中国家和地区(中国和东盟)。在这种要素差异的引导下,经济实力强、技术优

15

势明显的日本从事高附加值、高技术含量的研发和生产设计,将资本密集型的生产环节或中低端技术生产环节转移至韩国、中国香港、新加坡等,而中国和东盟等则从事中低技术密集型、劳动密集型和资源密集型的生产环节的生产。

(二)地理因素

随着世界经济快速发展以及全球资源短缺,现代化的生产经营模式也越来越注重成本节约以及时效性。为了最大限度利用有效资源生产最多的产品,同时满足零售商及时供货的需求,生产者必须将一些生产模块配置于最适合以及与目标市场临近的国家和地区,以达到降低成本和接近市场的目标。对于东亚这样一个区域来讲,它一方面能满足分割生产以实现生产成本降低的要求(因为该区域涵盖了不同经济发展水平、不同要素禀赋的国家或地区);另一方面,东亚各经济体间地理位置的毗邻也是东亚生产网络形成的原因之一。由于东亚地区各国家或地区间地理位置的临近或接壤,使得产品、服务等的运输更容易,降低了运输成本;同时,及时供货所引起的产品价格上涨足以抵消因在不具备要素优势的地方生产所需的额外支出。此外,东亚国家或地区因同属亚洲板块而具有相近的文化、社会习俗,因而在开展生产分工和贸易时所需服务链接成本较小,更加有利于分工协作的顺利开展。因而,地理距离便主导了东亚国际分工格局,地理位置越近的国家间越易于形成有效的生产分工联系。

(三)政策环境因素

政策环境因素对东亚生产网络形成的促进作用主要体现在以下几个方面:

第一,贸易开放程度不断深化。20世纪80年代中期以来,东亚地区贸易自由化的改革不断深化,以中国、韩国、印尼、马来西亚为代表的东亚发展中国家都实行了贸易自由化改革,越南也于90年代启动了贸易自由化改革,大幅度削减关税和非关税壁垒,见表

1－2。关税和非关税壁垒的削减为价值链跨国分解后所导致的中间产品或零部件"双向往返式"贸易流动以及最终产品贸易流动直接提供了便利。因此,东亚地区各经济体贸易开放程度不断深化这一政策因素是东亚生产网络形成的直接驱动因素之一。

表1－2　1980—2006 年东亚各经济体的平均关税率变动情况

（单位:%）

国家/地区 \ 年份	1980—1984	1985—1989	1990—1994	1995—1999	2005—2006
中国	49.5	39.3	40.0	18.8	12.8
韩国	—	17.5	9.7	9.3	8.0
中国台湾	26.5	16.8	12.5	8.4	5.5
印尼	—	13.7	13.4	6.4	8.5
马来西亚	—	14.9	14.3	6.9	7.6
新加坡	—	0.5	0.4	0.3	0.2
菲律宾	29.3	27.8	23.7	13.3	5.9
泰国	41.2	40.3	37.2	19.6	8.9
越南	—	—	13.4	13.7	14.4

资料来源:世界银行世界发展指标数据库（World Bank, World Development Indicators database）,转引自 Athukorala, P., " Asian Trade Flows: Trends, Patterns and Prospects", *Japan and the World Economy*, Vol.17, 2012, pp.233－256,Table 2。

第二,吸引外资优惠政策不断增加。由于国内资金缺乏,FDI对经济发展的促进作用明显,自20世纪80年代中期以来,东亚发展中经济体开始实行优惠的引资政策。其中,中国给予外资企业诸如充分享有自主经营权、承担较少的社会义务、享有高度的税收优惠(如1994 年我国的名义所得税税率是33%,但外资企业在沿海地区投资和深圳、上海浦东等经济特区投资则可分别享受24%和15%的优惠税率)和使用外汇优惠(如内资企业实行结汇售汇制,而外资企业则可保留现汇账户)等超国民待遇。马来西亚、泰国、菲律宾、印尼等对外资实行从投资地域到投资领域的全面开放

政策。例如,泰国对用于出口的加工品进口实行关税减免或出口退税政策,见表1-3。这些优惠的引资政策显著地推动了东亚区域内贸易自由化,从而促进了东亚生产网络的形成。

表1-3　泰国的FDI促进措施

	中间产品进口关税减免	机械产品进口关税减免	企业所得税减免
1987年	出口超过80%的企业	1类出口加工区无减免; 2类出口加工区减免50%; 3类出口加工区减免100%	1类出口加工区无减免; 2类出口加工区减免0—3年; 3类加工区减免4—8年
1989年		1类出口加工区无减免; 2类出口加工区减免50%; 3类出口加工区减免100%	1类出口加工区无减免; 2类出口加工区减免3年; 3类出口加工区减免5—8年
1993年起		2类出口加工区减免1年(出口超过30%以上的企业); 3类出口加工区减免5年(出口超过30%以上的企业)	1类出口加工区无减免; 2类出口加工区减免3年; 3类出口加工区减免8年(包含5年期的50%减税和25%投资支出税收抵扣)

注:1987年,泰国的1类出口加工区包含曼谷及1个省份,2类出口加工区包含4个省份,3类出口加工区包含67个省份。在1989年后,1类出口加工区包含曼谷及曼谷周围的5个省份,2类出口加工区包含57个省份,3类出口加工区包含57个省份。

资料来源:Hiratsuka, Daisuke, "Production Fragmentation and Networks in East Asia Characterized by Vertical Specialization", in: Hiratsuka & Uchida (eds.), *Vertical Specialization and Economic Integration in East Asia*, Chosakenkyu-Hokokusho, IDE-JETRO, 2008, p.103.

第三,贸易便利化措施不断强化。根据世界贸易组织(WTO)的定义,贸易便利化(trade facilitation)是追求国际贸易程序,如商品和服务跨国界流动的这类经济活动简单化和一致化的一种努力。[①]

——————

① WTO, "MA: Trade Facilitation", http://www.wto.org/english/thewto_e/whatis_e/eol/wto02/wto2_69.htm.

广义来说,贸易便利化可以定义为降低或消除非关税贸易壁垒的一种措施。它的主要目标在于促进供应链联合、减少非关税贸易壁垒,降低国际商贸活动中直接和间接的贸易成本,降低交易的复杂性,改善一国贸易环境,同时使政府的管制措施更为有效。海关便捷通关、标准的一致化、商务环境等是贸易便利化的重要内容。以便捷通关措施为例,由于特定产品的跨国生产分割过程(fragmentation)往往会涉及4次海关清关程序,即:(1)从A国出口中间产品的出口清关程序;(2)B国进口该中间产品的进口清关程序;(3)从B国出口最终产品的出口清关程序;(4)A国进口该最终产品的进口清关程序,见图1-5。显而易见,便捷通关措施会大大节约通关时间,从而降低跨国生产所需的服务联系(service link)成本及贸易成本,促进区域内的商品和服务的流动乃至东亚生产网络的形成。[①] 凯姆和帕克(Kim 和 Park,2004)根据 APEC 成员关于海关程序(CP)、标准和认证(SC)、商业流动性(BM)和信息交流技术(ICT)四个贸易便利化指标组成的问卷调查,测算出的贸易便利化指数 TFI(Trade Facilitation Index),见表1-4。从表1-4中可以看到东亚经济体,尤其是新兴工业化经济体的贸易便利化指数呈增长态势。根据凯姆和帕克(2004)的研究,贸易便利化指数对贸易流量的促进作用远远大于降低关税对贸易流量的影响,这个结论与 APEC(2002)中所阐述的贸易便利化带来的贸易收益大于降低关税的贸易自由化带来的贸易收益相一致。

---

① Masaru Umemoto(2005)用引力模型估计了1996—2003年期间,15个 APEC 成员国制造业部门零部件的出口贸易,研究显示贸易便利化指数对零部件贸易流量的弹性比较大,它对跨国生产网络中服务联系成本的降低和分工质量的上升有重要作用,促进了国家间的零部件贸易,参见 Masaru Umemoto,"Fragmentated Production in East Asia: The Impact of Economic Integration and and Network Qaulity",2005,http://www.econ.ynuac.jp/CITShomepage/research.html。

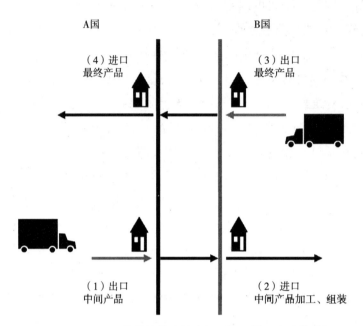

图1-5 价值链的跨境分解所涉及的4次清关过程

表1-4 东亚各经济体的贸易便利化指数(TFI)

	CP	SC	BM	ICT	TFI
APEC 发达经济体*	1.686	0.912	1.029	1.506	1.283
APEC 新兴经济体**	1.268	0.827	0.910	1.413	1.105
APEC 发展中经济体***	0.618	1.441	1.076	0.256	0.848

注:① 表中指数越大就表明该经济体贸易便利化程度越高。
② * APEC 发达经济体为日本;** APEC 新兴经济体包括中国香港、韩国和新加坡;
*** APEC 发展中经济体包括印度尼西亚、菲律宾、马来西亚、泰国和越南。
资料来源:Kim, Sangkyom and Innwon Park, "Trade Facilitation and A Northeast Asian Free Trade Arrangement", ICSEAD Working Paper, 2004, No.35。

第四,商务环境优势显著。东亚各经济体的商务环境优势是驱动东亚生产网络形成的重要因素之一。从构成商务环境的两个重要指标,即商务便利度(ease of doing business)和物流绩效指数(Logistics Performance Index ,LPI)来看,世界银行2009年对东亚各经济体在商务环境方面的评估显示了东亚在全球范围内的显著优势①(见表1-5),其中,商务便利度指标从10个维度衡量了所考察的国家或地区的从事商务活动的难易程度;物流绩效指数则是衡量所考察的国家或地区的物流环境、制度及供应链绩效的综合指标。从表1-5中可以看出,新加坡、中国香港、韩国、中国台湾等新兴工业化经济体的商务环境优势十分显著,中国在物流环境方面的优势也较为突出。

表1-5 2009年东亚各经济体的商务环境排名

	商务便利度	物流绩效指数
中国	83	30
中国香港	4	8
中国台湾	61	—
韩国	23	25
印度尼西亚	129	43
马来西亚	20	27
菲律宾	140	65
新加坡	1	1
泰国	13	31
越南	92	53

注:商务便利度是世界银行对181个国家和地区排名的结果,商务便利度最高的国家排名为1;物流绩效指数是世界银行对185个国家和地区排名的结果,物流绩效指数最高的国家排名为1。

资料来源:Athukorala,P.,"Asian Trade Flows:Trends, Patterns and Prospects", *Japan and the World Economy*,Vol. 17, 2012, pp.233-256, Table 4。

二、东亚生产网络运行的主要特征

(一)以垂直专业化分工为分工的基本内容

东亚生产网络分工模式的典型特征是以垂直专业化分工(产

---

① World Bank, "Doing Business 2009", http://www.doingbusiness.org.

品内分工)作为其分工的基本内容,这一特征也是由东亚生产网络的基本内涵决定的。从宏观角度看,东亚各经济体在特定产品的生产流程中的序贯联系(link sequentially)日益加强。传统上在一国内部实现的特定产品的生产流程被分散到不同国家进行,特定产品生产的不同环节或工序被不同的经济体所分割,产品的零部件或中间产品在一系列不同经济体同时制造和提供,在不同经济体之间多次流通,并在某地完成最终生产流程。从微观角度看,跨国公司将原来局限于国内进行产品生产过程中的不同工序、区段、零部件在空间上进行分散,严格依据国际间不同区位的比较优势来布局其生产或其他功能性活动,从而在东亚地区形成了网络状的国际生产体系。概言之,这种以垂直专业化分工为分工内容的区域性生产网络的直接表现是东亚区域内不同国家(地区)间经济依赖程度的显著增强。

多个学者从不同角度的实证研究已经证明了东亚生产网络分工的基本内容表现为垂直专业化分工的事实,例如,帕拉和佩尔托宁(Pula,Gabor 和 Tuomas Peltonen,2009)采用东亚地区的投入—产出表的测算结果表明:东亚各经济体的 GDP 对东亚区域内部(intra-regional)需求存在很高的依赖性,各经济体在生产上的"后向联系"(backward linkages of production)是显著存在的。王志等(Wang Zhi 等,2009)以及库普曼等人(Robert Koopman 等,2008)的实证研究也得出了类似结论,发现从东亚出口到美国的最终产品价值中实际上包含了越来越多的发展中经济体在增加值方面的贡献。

(二)以零部件贸易流动为外在表现形式

以垂直专业化分工作为分工的基本内容的东亚生产网络分工模式决定了东亚经济体之间的贸易流动主要是零部件的贸易流动。恩基和意兹(2003)研究发现,"20 世纪 80 年代中期到 90 年代中期,东亚零部件区域内贸易年均增长 21%,比区域内整体贸易增长率约高 7 个百分点"。这一趋势一直保持到了 21 世纪,使得东亚地区成为零部件贸易增长非常显著的地区。由表 1－6 可以看出,自 1992 年以来,东亚地区零部件贸易所占比重一直保持在 30%—40%左右,到 2007 年已增长至 42%。而同期北美自由贸易区(NAFTA)以及欧盟15国零部件贸易所占比重相对较小,且

表 1－6　1992—2007 年东亚地区零部件贸易所占比例

(单位:%)

	全部贸易				区域内贸易			
	出口		进口		出口		进口	
	1992—1993	2006—2007	1992—1993	2006—2007	1992—1993	2006—2007	1992—1993	2006—2007
中国	7.4	25.6	20.4	44.0	9.4	40.6	23.7	59.2
中国香港	15.8	33.3	24.1	48.5	17.2	58.3	35.1	60.1
中国台湾	24.7	44.2	29.5	38.9	25.3	50.5	39.4	58.3
韩国	18.1	47.3	30.1	31.9	21.0	63.5	38.8	38.1
东盟 6 国	22.7	44.2	36.0	47.9	32.6	61.4	42.6	51.4
印度尼西亚	3.8	21.5	27.0	21.8	5.5	29.9	32.0	23.4
马来西亚	27.7	53.6	40.5	50.0	39.8	74.5	47.9	53.7
菲律宾	32.9	71.7	32.6	61.3	47.2	99.6	38.6	65.8
新加坡	29.0	49.3	39.9	60.4	41.6	68.5	47.2	64.8
泰国	14.1	29.9	30.6	36.1	20.2	41.5	36.2	38.7
越南	0.0	11.0	0.0	19.1	0.0	15.3	0.0	20.5
日本	23.9	34.4	19.3	29.9	28.9	42.0	19.3	34.2
东亚	20.2	34.1	27.2	42.1	24.9	50.1	30.3	52.8
NAFTA	28.4	31.2	37.4	28.8	20.9	28.8	47.6	36.3
EU15	18.3	22.4	21.2	23.2	18.4	22.0	20.5	22.1

资料来源:根据 Athukorala(2012)①表 7 整理。

23

---

①　Athukorala, P., "Asian Trade Flows: Trends, Patterns and Prospects", *Japan and the World Economy*, Vol. 17, 2012, pp.233－256.

呈下降趋势。更重要的是,东亚区域内部零部件贸易的比重相对大于其全部零部件贸易所占比重,并且呈显著上升趋势,到2007年,区域内零部件的进口、出口所占比重分别达到52.8%和50.1%。也就是说,区域内贸易流动中有一半以上都表现为零部件贸易。其中,中国从东亚区域内进口零部件贸易的比重在2007年达到59.2%,东盟6国的区域内零部件出口贸易比重高达61.4%。以上现象足以说明东亚生产网络的形成是以零部件贸易不断扩大为外在表现的。

(三)以跨国公司为生产网络分工的主体

全球价值链的运作一方面表现为零部件贸易的重要性日益增加,另一方面则主要表现为以跨国公司为主导的企业生产网络跨越国界在全球范围的延伸。东亚生产网络的分工主体则主要是日本、美国、欧盟、韩国、中国台湾等国家和地区的跨国公司。日本跨国公司通过向东亚地区进行 FDI 和产业转移的方式,采取核心企业先行、中小企业跟进的策略,成功地把日本企业间特有的生产网络复制和延伸到了东亚地区,如越南、马来西亚、菲律宾等国家或地区。同时,由于日本建立生产网络的主要目的是利用东亚廉价的劳动力进行加工贸易,即由它本身提供具有较高技术含量的零部件,在东道国加工组装之后再出口到美国等发达国家或在本地销售,因而它无意向东道国转移更先进的技术,只是对东亚各国(地区)生产能力和比较优势进行垂直整合,以充分利用各个经济体的比较优势,从而形成了一种层次分明的生产体系,见图 1-6。

韩国跨国公司在东亚建立生产网络的模式大致与日本跨国公司类似,但韩国向东亚地区转移或投资的是劳动密集度更高的产业,它更多地主导着东亚地区劳动密集型产业的分工。美国跨国公司通常通过外包(outsourcing)、合同制造(contractor manufacturing)以及战略联盟(strategic alliance)的方式,在东亚地区进行采购,然后贴上自己的品牌,利用自己的营销渠道进行销

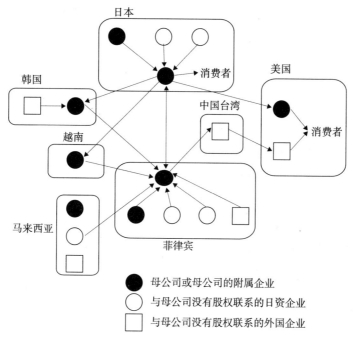

图 1 - 6　一个典型的日资企业的生产网络在东亚地区的运营图示

售。因而为了按规格生产出合适的产品,它们必须向东亚企业提供比较先进的技术,因而美国跨国公司主导的生产网络有利于东道国技术进步。台湾地区跨国公司主要通过融入美国或日本的生产网络并借助该网络提供的全球分销能力,采用 OEM 或 ODM 方式形成本地生产网络的供应基地以及通过对外 FDI 的方式在东亚区域内寻找最合适的生产区位(例如中国大陆),因而台湾地区跨国公司主导的生产网络的机动性和适应能力均较强。

(四)以 FDI 和生产外包为主要动力

由于东亚地区以发展中经济体为主,他们往往劳动力资源丰富且廉价而资本、技术及管理经验等则不足,因而为了充分发挥比较优势,以出口换取经济发展所需机器设备和资金以及通过贸易学习国外的先进技术和管理经验,以出口市场上的激烈竞争刺激

生产效率的提高和促进现代化的实现,东亚各经济体多选择出口
导向型工业化发展战略。同时,由于国际经济环境日益严峻,东亚
发展中经济体无法实现自身的资本积累,而实现工业化发展以及
应对激烈的竞争环境的基础是拥有较多的资本,因而东亚发展中
经济体只能采取吸引 FDI 的政策。与国际金融机构借款相比,
FDI 周期相对较长且不需要还本付息,一般不容易受到国际金融
市场波动及国内经济变化的影响,能有效分散和规避东道国和投
资者的风险。此外,FDI 在为东道国带来资金的同时也带来了比
较先进的技术、知识和管理经验,有利于东道国产业升级和发展。
由此,东亚发展中经济体对 FDI 的依赖逐渐增强,FDI 也成为推动
东亚生产网络运行的主要动力之一。

　　东亚区域内日本、韩国这些发达经济体在通过资本积累实现
工业化后,随着其国内市场逐渐饱和、国内资源有限以及来自国外
市场的竞争压力,他们不得不在国内专注于一些核心业务的生产,
而将非核心业务委托给外包的专业公司以降低营运成本,集中人
力资源,增强企业核心竞争力,以及实现更加有效率的资源配置。
作为推动当前东亚发展中经济体如中国和东盟融入东亚区域价值
链及该网络运行的主要动力之一——外包是一种垂直非一体化模
式,在价值链上主要坏节(研发设计、生产、物流、营销等)实现外
包可以使企业将其核心能力运用于产品研发和品牌经营等关键性
领域,以保持高度的灵活性,同时降低成本、提高产品竞争力、获得
高额回报。

第三节　中国融入东亚生产网络的现状

一、中国融入东亚生产网络的主要途径

　　自第二次世界大战以来,东亚区域内的分工体系经历了由产

26

业间分工到部门内分工,直至发展为跨国生产网络分工的过程,东亚分工体系的参与者也由东亚发达国家扩大到新型工业化经济体和发展中国家。作为该分工体系的后来参与者,中国对外开放进程中独特的双轨式的贸易体制顺应了这种产品内国际生产和分工的变革潮流,在这种双轨式贸易体制的差别性贸易政策运行的作用下,既促进了加工贸易在中国对外贸易中的地位显著提升,又促进了国外跨国公司的垂直专业化分工链条在中国的延伸。[1] 使得中国制造业主要通过吸收跨国公司的 FDI 途径、以加工贸易方式融入东亚跨国生产网络之中,从而导致了中国独特的"巨型的出口加工区"(gigantic export processing zone)现象[2],使得中国与东亚各经济体的经济联系愈益密切。1992—2009 年,中国对东亚[3]的进出口贸易额由 970.7 亿美元上升到 8833.9 亿美元(占其同期对世界进出口贸易额的 34.5%),年均增长达 14.8%;而同期日本和韩国对东亚的进出口贸易额增速分别仅为 8.96% 和 11.9%。20世纪 90 年代以来,中国逐步从东亚地区的"后来者"发展成为东亚生产网络的加工制造中心。统计资料显示,中国对世界制成品出口由 1999 年的 1748 亿美元(占东亚地区对世界出口的 15%)增长至 2012 年的 19115.1 亿美元(占东亚地区对世界出口的 40%左右)。[4] 通过研究我们发现,中国以吸引 FDI、发展加工贸易、开展

---

①　喻春娇:《产品内分工问题研究》,湖北人民出版社 2009 年版,第 144 页。

②　这种加工区不是依地理区位而是依企业的法定地位定义的,出口导向型的外商直接投资企业决定了中国出口加工体制的范围。Naughton, B., "China's Emergence and Prospects as a Trading Nation", *Brooking Papers on Economic Activity*, Vol. 2, 1996, pp.273 – 344。

③　学者们界定的东亚通常包括日本、韩国、中国香港、中国台湾、新加坡、马来西亚、泰国、印度尼西亚、菲律宾和越南 10 个国家和地区。由于数据可获得性的困难(UN COMTRADE 数据库中没有统计中国台湾的贸易数据),此处统计数据未包括中国台湾的数据。

④　此处制造业统计数据是笔者根据 UN COMTRADE 数据库的统计数据加总得出。

对外直接投资等多种途径融入东亚生产网络之中,以下我们对融入东亚生产网络之中的两种主要途径进行分析。

（一）吸引 FDI

由产品内贸易分工形成的基础和动因可知:一方面,由于同一产品的生产价值链上可能同时具有劳动、资本和技术密集型的各个环节,因而各国可以根据自身的资源禀赋和要素禀赋参与到该产品的不同生产环节,也即各国充分发挥自身的比较优势来参与国际分工;另一方面,当某一产品生产达到一定规模时,其生产成本、交易成本都会降低,因而各国倾向于扩大与其要素丰裕度相匹配的要素密集型环节的生产,而放弃生产中大量使用其稀缺要素的生产环节以实现规模经济。然而,我们知道,各国若想实现其在产品生产环节的规模经济,则需要耗费大量时间、财力、精力在信息收集、双方协商谈判等方面,这样必然加大生产成本,不能实现生产最优。而如果通过吸引 FDI 的方式,借助跨国公司在东道国设立子公司或参与当地公司合作,一来可以更好地实现信息共享,将市场协调从各国企业间转化到企业内部;二来跨国公司 FDI 带来资金的同时也能带来一定的技术、管理经验等,可较快地帮助东道国建立比较优势,节约交易成本,规避一定的风险。因此,跨国公司的 FDI 是促使国际产品内分工不断扩展并使之成为当前国际分工主流的条件之一,这也符合当前东亚生产网络运行特征。

中国因其诸如低成本和成熟劳动力丰富、经济发展势头强劲、加工装配的生产能力较强、国内市场规模庞大、投资政策环境良好等有利于投资的因素,吸引着来自东亚发达经济体和全球的投资者向其进行投资。从表1-7中可以看出,1994—2010 年间中国吸引的 FDI 中平均约 65.8% 的份额来自于东亚经济体,且其与东亚经济体之间的贸易占到其对外贸易的 1/3 以上。中国吸引 FDI 中绝大部分来源于东亚经济体,并且与东亚保持紧密的贸易联系的现实表明,中国正是借助吸引 FDI 这一主要途径逐渐融入到东亚生产网络中。

表 1－7　中国吸收东亚 FDI 及与东亚的贸易情况

（单位：亿美元）

年份	吸收东亚经济体 FDI		与东亚经济体的贸易	
	FDI 金额	占世界 FDI 的份额	贸易总额	占对外贸易比重
1994	277.45	82.17%	1314.92	55.57%
1995	300.17	80.00%	1563.62	55.67%
1996	323.66	77.57%	1601.20	55.24%
1997	338.10	74.71%	1797.97	55.29%
1998	308.39	67.83%	1681.26	51.88%
1999	264.85	65.69%	1848.32	51.25%
2000	250.39	61.50%	2407.05	50.75%
2001	291.69	62.22%	2524.89	49.54%
2002	319.45	60.57%	4189.36	67.49%
2003	334.76	62.57%	5526.78	64.95%
2004	367.26	60.57%	5526.78	47.87%
2005	347.37	57.58%	6524.49	45.89%
2006	339.09	53.81%	7735.74	43.94%
2007	407.47	54.50%	9164.27	42.16%
2008	548.30	59.34%	10126.00	39.50%
2009	590.72	65.61%	8741.37	39.60%
2010	758.09	71.70%	11657.31	39.20%

注：此表中东亚经济体共包含 10 个经济体，即中国香港、日本、韩国、泰国、印度尼西亚、马
　　来西亚、越南、菲律宾、新加坡、中国台湾。

资料来源：《中国对外经济贸易统计年鉴》(1995—2011 年)。

（二）发展加工贸易

　　东亚生产网络的形成使得该区域发展中国家的相对比较优势
得到充分发挥，其生产也不再仅仅局限于传统优势产业上，而且能
参与到高技术含量产品的某些生产环节之中。发展中国家利用自
身劳动力成本优势或资源优势成为发达国家的代工厂，而置于发

29

展中国家的发达国家的上游企业利用当地生产优势对进口的中间产品进行加工组装后复出口,加工贸易也由此兴起。而加工贸易也成为中国融入东亚生产网络的另一重要途径。

表1-8　中国加工贸易发展情况及其在对外贸易中所占比重

(单位:亿美元)

年份	一般贸易进出口额	加工贸易进出口额	加工贸易占对外贸易的比重
1985	610.02	75.90	10.91%
1991—1995	4380.30	4458.60	43.95%
1996	1022.00	1466.00	50.57%
1997	1170.04	1698.08	52.22%
1998	1179.15	1730.53	53.42%
1999	1461.75	1844.60	51.15%
2000	2052.60	2302.10	48.54%
2001	2253.37	2414.07	47.37%
2002	2652.98	3021.29	48.67%
2003	3696.85	4047.55	47.56%
2004	4917.51	5496.65	47.61%
2005	5946.96	6904.79	48.56%
2006	7492.74	8318.27	47.25%
2007	9680.19	9860.34	45.36%
2008	12349.55	10534.91	41.10%
2009	10642.82	9091.53	41.18%
2010	14898.88	11577.61	38.93%

资料来源:根据《中国统计年鉴》相关年份的统计数据整理计算得出。

中国加工贸易经历了20世纪80年代承接"亚洲四小龙"转移的劳动密集型产业的来料加工阶段、80年代中期到90年代初期大力发展进料加工阶段以及90年代实行加工贸易升级后由劳动密集型产业加工贸易占绝对主导逐渐向劳动密集与技术、资金密集型产业并重的阶段发展。现阶段,无论是中国加工贸易规模、加工贸易产品结构及加工贸易政策环境等都与改革开放之初相比有了很大改善,加工贸易已成为我国对外贸易发展的重要支柱。表1-8显示了改革开放后中国加工贸易发展的总体情况,从中可以看出,加工贸易进出口规模发展迅猛且在对外贸易中的重要性增强。1985—2007年中国加工贸易进出口额的年平均增长率高达24.8%;加工贸易在中国对外贸易中所占份额一度高达53.42%,近年来保持在40%左右。这充分说明加工贸易已成为中国重要的对外贸易方式。此外,对比加工贸易进出口额可以看出,加工贸易处于顺差地位且贸易差额越来越大。这不仅是中国融入东亚生产网络程度不断加深的体现,也是中国对外贸易的"生产性"特征的佐证。

二、中国制造业融入东亚生产网络的程度

目前国际经济学界对于一国融入国际生产网络的程度尚未形成一致的度量方法。常见的测度方法主要有四类:一是通过将贸易数据与各国投入—产出表相结合计算垂直专业化贸易来测度,如王志等(2009)运用亚洲的国际投入—产出表估计了日本、韩国、中国、东盟5国、中国台湾地区等9个经济体融入东亚生产网络的程度;二是通过零部件贸易流动数据来测度,如木村福成(2006)、阿思克拉拉(2006)、安藤光代和木村福成(2008)、山下信明(2008)等;三是通过跨国公司层面的微观数据,即母公司与其海外分支机构的公司内贸易数据来测度,如安藤光代和木村福成(2003,2009)等;四是通过对跨国公司生产网络的本地嵌入性(local embeddedness)来衡量,即包括跨国公司在本地的零部件采购、生产活动的分包、本地商业服务的使用、与本地企业的研发合作等方面的"本地嵌入"来衡量东道国融入跨国公司生产网络的程度,如杨友仁等(2005)、杨春和廖海峰(2008)、魏也华、李健和宁越敏(2010)等。此外,也有学者采用与海关特定关税安排相关

31

的加工贸易(如欧盟的加工贸易、美国的境外加工贸易项目)数据来测度国际生产网络的融入程度①,如阿马多尔和卡布拉尔(Amador, João 和 Cabral, Sónia)。这些不同的测度方法各有利弊,并且都是对于国际生产网络参与程度的不完全测度方法。例如,第五种测度方法由于仅仅考察了用于复出口或复进口的零部件贸易流动,是一种非常狭义的测度方法。② 但相对而言,第一种方法,即垂直专业化分工程度的测算方法,能够进行部门划分,并且数据易于获得,因而在实际研究过程中被学者们广泛采用。本书将分别从垂直专业化分工程度、中间产品贸易以及加工贸易角度考察中国融入东亚跨国生产网络的程度。

(一)基于垂直专业化分工角度的考察

1.垂直专业化分工程度的测算

我们主要根据胡梅尔斯等(Hummels 等,2001)提出的垂直专业化分工测算方法来考察中国与东亚的垂直专业化分工程度③,即公式(1-1):

$$VS^M = uA^M (I - A^D)^{-1} X^V \qquad (1-1)$$

其中,$u = (1,1,\cdots,1)$;I 是单位矩阵;$(I - A)^{-1}$ 是里昂惕夫逆矩阵,它反映了进口中间产品作为初始投入在国内各部门循环

---

① 根据欧盟法案的界定,对内加工贸易是指生产商从欧盟区外进口中间产品,加工后再出口到欧盟区外的国家,在此过程中,厂商可以享受对内加工贸易优惠安排(inward processing relief)所规定的关税和增值税减免待遇。对外加工贸易或境外加工贸易(outward processing trade)是指欧盟区内的厂商可以在欧盟区外的国家里进行组装生产活动然后复进口(re-import)最终产品,在此过程中,厂商可以享受对外加工贸易优惠安排(outward processing relief)所规定的关税减免待遇。

② Amador, João and Cabral, Sónia, "International Fragmentation of Production in the Portuguese Economy: What do Different Measures Tell Us?"Banco de Portugal Working Paper, No. 11, 2008.

③ 此部分东亚地区包括日本、韩国、中国香港、新加坡、马来西亚、泰国、印度尼西亚、菲律宾和越南9个国家和地区,由于数据可获得性的困难(UN COMTRADE 数据库中没有统计中国台湾的贸易数据),此部分的测度分析未包括中国台湾地区的数据。

使用的效果。$A^M = \begin{pmatrix} a_{11} & \cdots & a_{1n} \\ \vdots & \ddots & \vdots \\ a_{n1} & \cdots & a_{nn} \end{pmatrix}$ 是对进口中间产品的依存系数

矩阵；$A^D = \begin{pmatrix} b_{11} & \cdots & b_{1n} \\ \vdots & \ddots & \vdots \\ b_{n1} & \cdots & b_{nn} \end{pmatrix}$ 表示国内消耗系数矩阵；$X^V = \begin{pmatrix} X_1 \\ \vdots \\ X_n \end{pmatrix}$ 为

出口向量；VS^M 实际上度量的是一国出口中的进口含量或出口中所包含的国外价值增值。

我们进一步由式(1-1)计算中国与东亚的垂直专业化分工在中国总出口所占的比重(VS Share,VSS)，以此来衡量中国总出口中来自东亚的进口中间产品含量或东亚各个经济体提供的中间产品的价值比率，可以表述为公式(1-2)：

$$VSS = VS^M / X \tag{1-2}$$

其中，X 是出口总额。

本书主要基于1997—2007年中国投入产出表中16个制造业部门来测算1997—2007年间中国与东亚的垂直专业化分工程度[①]。直接消耗系数矩阵可以由1997年、2002年和2007年的投入产出表计算得出。由于投入产出表公布时间和间隔期的关系，分别用1997年和2002年的进口系数矩阵 A^M 替代1998—2001年、2003—2006年的 A^M 矩阵。为了简化计算，借鉴平新乔(2006)的方法，做两点假设：第一，国民经济所有部门使用的 i 部门的中间产品中，进口投入品的比例在各部门间相同，即按比例进口假设；第二，对于某部门的

[①]　根据 Hummels、Dana Rapoport and Yi (1998, 2001)的研究，世界范围内的垂直专业化分工主要发生于制造业部门，农业部门以及第三产业的垂直专业化分工并不明显，Ando(2003)以及 Kimura, F.和 Ando, M.(2005)的研究同样表明在东亚垂直专业化分工最为显著的部门是机电部门。鉴于此，本书主要基于中国16个制造业部门来考察中国与东亚的垂直专业化分工程度。由于投入产出比中的其余5个制造业部门，如废品废料、电力热力的生产和供应业、燃气生产和供应业、水的生产和供应业、建筑业部门的垂直专业化分工不明显，本书将其忽略。

产品,定义为只有中间产品和最终产品,因此,中间产品总进口与国内生产的比例等于最终产品中进口和国内生产的比例。

用 C_i^M 和 C_i^D 表示 i 部门的最终产品中进口的和国内生产的数量;用 I_i^M 和 I_i^D 表示 i 部门的中间产品中进口的和国内生产的数量。由假设二可知: $\dfrac{C_i^D}{C_i^D} = \dfrac{I_i^M}{I_i^D} = \dfrac{I_i^M + C_i^M}{I_i^D + C_i^D}$,于是有: $\lambda_i = \dfrac{I_i^M}{I_i^M + I_i^D} = \dfrac{I_i^M + C_i^M}{I_i^M + I_i^D + C_i^M + C_i^D}$, λ_i 为进口的 i 部门产品中中间产品所占的比例,也就是等于部门 i 的总进口对"总产出+进口-出口"之比。

在计算这个比例时,总产出数据来自投入产出表中的总产出值,进口和出口数据采用 UN COMTRADE 数据库,需要指出的是,联合国的数据库中没有现成的 16 个制造业部门的讲出口数据,这里我们根据盛斌(2002)的方法按照国际贸易标准分类 SITC3.0 对商品贸易数据进行了集结。用这种方法得到 λ_i 的向量后,用此向量分别乘以直接消耗系数矩阵 A 的各列,就可以得到进口系数矩阵 A^M ,再由公式 $A^M + A^D = A$,就可以通过公式(1-1)得到中国制造业总出口中从东亚进口中间产品的垂直专业化分工比重,所有的计算都是通过 Matlab7.0 软件实现的。

2.中国制造业部门与东业的垂直专业化分工比重

表 1-9 显示了我们计算的 1997—2009 年间中国与世界及中国与东亚的垂直专业化分工比重(VSS)。从表 1-9 可以看出,中国与世界及东亚的垂直专业化分工比重都在逐年增加(2008—2009 年略有下降),在 1997—2007 年的 11 年间,中国制造业出口贸易中来自外国提供的中间产品的价值比率从 1997 年的 12.266%上升到 2007 年的 18.85%。从表 1—9 中,我们同样可以看到中国制造业部门从东亚进口的中间产品对中国总体 VSS 的增加有重要作用。在 1997—2007 年间,中国制造业总出口中来自东亚的中间产品的价值比率从 1997 年的 5.911%上升到 2007 年

的 10.06%,价值比率上升了 70.4%,足以说明"东亚来料"对中国制造业总出口的贡献非常大。

表 1-9 1997—2009 年中国与世界及东亚的垂直专业化分工比重(VSS)①

(单位:%)

地区\年份	世界	东亚	日本	韩国	中国香港	马来西亚	菲律宾	泰国	印尼	新加坡	越南
1997	12.266	5.911	2.796	1.627	0.699	0.171	0.019	0.135	0.103	0.357	0.004
1998	12.719	5.958	2.703	1.667	0.660	0.171	0.037	0.172	0.148	0.396	0.004
1999	13.037	5.894	2.760	1.618	0.573	0.204	0.054	0.179	0.156	0.344	0.179
2000	13.427	6.108	2.684	1.728	0.605	0.258	0.077	0.211	0.605	0.358	0.007
2001	13.823	5.927	2.570	1.689	0.557	0.256	0.084	0.216	0.188	0.360	0.008
2002	16.564	7.716	2.972	2.367	0.740	0.399	0.174	0.308	0.242	0.504	0.011
2003	17.427	8.514	3.232	2.481	0.622	0.339	0.339	0.479	0.251	0.569	0.017
2004	17.789	8.623	3.191	2.493	0.531	0.576	0.379	0.597	0.254	0.582	0.020
2005	18.014	8.474	2.883	2.508	0.486	0.501	0.490	0.686	0.253	0.645	0.022
2006	17.923	8.094	2.800	2.426	0.395	0.478	0.494	0.751	0.265	0.457	0.029
2007	18.850	10.060	4.020	3.620	0.400	0.810	0.990	1.160	0.300	0.570	0.079
2008	15.510	7.660	2.510	1.940	0.320	0.630	0.400	0.690	0.130	0.390	0.033
2009	16.880	7.980	1.800	2.190	0.250	0.650	0.310	0.810	0.120	0.400	0.052

资料来源:笔者根据中国 1997 年、2002 年、2007 年投入产出表中 16 个制造业部门的数据以及 UN COMTRADE Database SITC(Rev.3)数据计算得出。

1997—2009 年间,在中国制造业出口中来自全世界的进口中间产品的价值比率中,来自东亚的中间产品的价值比率平均占了 48%的份额,也就是说在中国制造业出口中的国外进口含量中,来

---

① 我们同时按照中国投入产出表中 20 个工业部门(包含 16 个制造业部门和 4 个采掘业部门)计算了中国与世界及东亚的垂直专业化贸易比重,见附录 1-1。其中,中国与世界的垂直专业化贸易比重计算结果与平新乔等(2006)的研究结果比较接近,因平新乔等(2006)计算的 1997 年、2002 年中国与世界 VSS 分别为 15.19%和 21.03%。由于我们只考察了 16 个制造业部门,所以此表中计算结果比原来按照 20 个部门计算的结果略小一些。

自东亚地区的进口占据了绝对优势份额,其中从日本和韩国进口的中间产品对我国制造业垂直专业化分工比重VSS的贡献最大,说明这种垂直专业化分工模式使得中国对东亚的中间产品,特别是对日本和韩国中间产品的进口依赖程度越来越强。

3.东亚生产网络中国制造业分行业的垂直专业化分工程度

我们用同样的方法测算了中国与世界以及东亚在不同制造业部门的垂直专业化分工程度,以考察各个制造业部门总出口对于来自东亚的进口中间产品的依赖程度。由表1-10可以看出,总体上中国16个制造业部门1997年到2009年在东亚生产网络中的垂直专业化分工程度不断加强,其中垂直专业化程度较高的主要是通信设备、计算机及其他电子设备制造业、仪器仪表及文化办公用机械制造业、交通运输设备制造业及电气机械及器材制造业等资本、技术密集型部门,同时这些部门的垂直专业化比重增长也较快,其中通信设备、计算机及其他电子设备制造业的垂直专业化贸易比重由1997年的12.227%上升到2009年的24.93%,增长了两倍多;垂直专业化程度较低的主要是石油加工、炼焦及核燃料加工业和食品制造及烟草加工业等资源、劳动密集型部门,其中劳动密集型部门如纺织业、服装皮革羽绒及其制品业的垂直专业化贸易比重上升较快,前者由1997年的4.901%上升到2009年的14.856%,后者由1997年的4.846%上升到2009年的13.530%,均上升了三倍多,但资源密集型部门如石油加工、炼焦及核燃料加工业的垂直专业化比重呈下降的趋势,由1997年的1.540%下降到2009年的1.013%。以上表明,通信设备、计算机及其他电子设备制造业、仪器仪表及文化办公用机械制造业等技术密集型制造业部门融入东亚生产网络的程度较高,而资源、劳动密集型部门融入东亚生产网络的程度较低,这与东亚生产网络主要分布于机电行业尤其是信息通讯科技行业的特征是相吻合的。技术密集型制造业垂直专业化分工的程度较高的现状也表明中国制造业出口中包含了较高程度的来自东亚各经济体的价值增值贡献。

表 1-10　1997—2009 年中国对东亚 16 个制造业行业的垂直专业化贸易比重

（单位：%）

行业＼年份	1997	1999	2001	2002	2003	2005	2007	2008	2009
1.食品制造及烟草加工业	0.947	1.004	0.937	1.106	1.134	1.139	1.431	1.388	2.549
2.纺织业	4.901	4.843	4.756	6.346	6.342	6.191	12.470	12.488	14.856
3.服装皮革羽绒及其制品业	4.846	4.807	4.700	6.458	6.377	6.134	13.346	13.278	13.530
4.木材加工及家具制造业	3.808	3.694	3.380	3.287	3.327	3.232	5.229	5.016	7.936
5.造纸印刷及文教用品制造业	4.335	4.549	4.164	4.178	4.226	4.196	6.519	6.335	6.032
6.石油加工、炼焦及核燃料加工业	1.540	1.477	1.413	1.052	1.070	1.050	0.828	0.820	1.013
7.化学工业	5.438	5.464	5.282	5.453	5.532	5.542	5.548	5.408	5.840
8.非金属矿物制品业	3.127	3.146	2.950	2.900	2.938	2.917	3.325	3.274	3.387
9.金属冶炼及压延加工业	4.500	4.401	3.917	3.376	3.230	3.357	3.263	3.360	3.688
10.金属制品业	5.229	5.165	4.548	4.485	4.331	4.542	5.871	5.901	5.294
11.通用、专用设备制造业	6.508	6.228	5.850	6.370	6.475	6.511	7.509	7.543	7.954
12.交通运输设备制造业	6.261	6.150	5.838	6.028	6.164	6.329	7.934	8.037	8.297
13.电气、机械及器材制造业	7.268	6.982	6.485	7.150	7.222	7.193	9.847	9.910	11.057
14.通信设备、计算机及其他电子设备制造业	12.227	10.066	10.083	16.238	17.704	16.496	21.864	22.905	24.932
15.仪器仪表及文化办公用机械制造业	14.259	12.940	12.228	12.089	12.939	12.298	16.854	17.285	17.521
16.其他制造业	4.025	4.031	3.779	4.256	4.294	4.290	7.086	7.005	7.440

资料来源：笔者根据中国 1997 年、2002 年、2007 年投入产出表中 16 个制造业部门的数据以及 UN COMTRADE Database SITC（Rev.3）数据计算得出。

　　我们接着对中国在 1997—2009 年间 16 个制造业部门与世界及东亚的垂直专业化分工比重的平均值进行比较(见图 1－7)。从图 1－7 中我们可以看出,中国对世界的垂直专业化分工比重较高的部门主要是技术、资本密集型产业,其中通信设备、计算机及其他电子设备制造业的垂直专业化分工比重最高,为 35.21%。其次是仪器仪表及文化办公用机械制造业、服装皮革羽绒及其制品业、纺织业、电气机械及器材制造业、交通运输设备制造业和通用专用设备制造业,其 VSS 分别为 31.11%、18.54%、17.07%、17.67%、17.24% 和 15.79%,说明这些部门出口中的进口中间投入品的含量比较高。

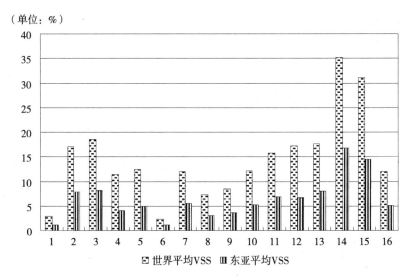

(单位:%)

□ 世界平均VSS　▥ 东亚平均VSS

图 1－7　1992—2009 年中国制造业部门对世界及东亚的 VSS 比较

资料来源:笔者根据 UN COMTRADE 数据库以及中国投入产出表数据计算得出,部门编号与表 1－10 一致。

　　同时,中国制造业与东亚的垂直专业化分工比重(VSS)较高的部门主要是:通信设备、计算机及其他电子设备制造业(16.8%)、仪器仪表及文化办公用机械制造业(14.4%)、电气机械及器材制造业(8.1%)、通用专用设备制造业(6.8%)和交通运输设备制造业(6.7%),这与东亚生产网络主要分布于机电行业,尤其是信息通讯科技行业的特征是相吻合的,通信设备、计算机等资本、技术密集型制造业垂直专业化分工的程度较高的现状也表明中国在这些部门的出口中包含了较高程度的来自东亚各经济体的价值增值贡献,上述行业与东亚的垂直专业化分工比重均占中国对世界相应行业的 VSS 比重 46% 左右的份额。从而进一步说明了来自东亚经济体的进口中间产品对中国制造业部门出口的贡献非常大,而且中国从东亚经济体主要进口的是技术、资本密集型的中间产品,也就是说,诸如通信设备、计算机及其他电子设备制造业等高技术制造业部门出口中的进口含量相对较高,体现了中国经济转轨过程中的技术依赖特征①。这种严重依赖外来技术的分工模式必然对中国的分工或贸易利益(静态及动态利益)带来不利影响②,下文将对此作进一步分析。

(二)基于零部件贸易角度的考察

鉴于制造业的零部件贸易流动可以清晰地识别价值链在东亚各经济体之间的分解状况,进而可以反映一国融入东亚生产网络的程度,为了进一步考察中国融入东亚生产网络的程度,本书拟在对中国与东亚的双边贸易产品结构进行分解的基础上,主要从制造业行业零部件贸易流动角度对其进行阐述。

1.中国与东亚的双边贸易产品结构

根据联合国的 BEC 分类方法,产品根据其最终用途可分为三大类:初级产品、中间投入品和最终产品;其中,中间投入品又可以分为半制成品和零部件;最终产品又分为资本品和消费品(见附

---

① 一个典型的例证是,中国的高技术产品的出口主要不是由中国本土企业而是由外资企业所主导。由外资企业所主导的高技术产品出口占中国高技术产品出口总额的比重逐年提高,由 2002 年的 79% 增长至 2007 年的 85%。

② 如进入 21 世纪后中国加工贸易呈现的"贫困化增长"状态以及近年来金融危机背景下中国沿海地区"代工型"制造业遭遇的困境便是典型的例证。

录1-2)。根据 BEC 分类方法计算得出的中国与东亚 9 个经济体双边贸易中各类产品所占比重如表 1-11 所示。从出口产品结构看,中国对东亚经济体的出口以最终产品和中间投入品为主,但出口产品中最终产品所占比重有所下降而中间投入品比重有所上升。最终产品在出口中所占比重由 1999 年的 57.09%下降至 2008 年的 48.06%,其中资本品所占比重由 1999 年的 13.01%上升至 2008 年的 27.52%,消费品比重由 44.08%下降至 20.54%。中间投入品在出口中所占比重则由 1999 年的 37.97%增长至 2008 年的 49.67%,其中零部件增长速度较快,其在出口中所占比重由 1999 年 14.01%提高到 2008 年的 24.61%。从进口产品结构看,中国与东亚经济体进口产品以中间投入品为主,且中间投入品在进口中所占比重远远高出其他产品。1999 年中间投入品进口在中国从东亚进口中所占比重高达 76.99%,其中,半制成品进口所占比重(48.31%)高于零部件进口所占比重(28.68%);而同期最终产品进口则占 19.91%,其中消费品进口仅占 5.33%。到 2008 年,中间投入品进口所占比重仍高达 68.58%,且零部件所占比重上升至 38.30%,而同期最终产品进口所占比重仅为 25.41%。

表1-11　中国与东亚双边贸易各类产品所占比重

产品 \ 进出口 \ 年份		出口		进口	
		1999 年	2008 年	1999 年	2008 年
初级产品		4.94%	2.26%	3.10%	6.01%
中间投入品	半制成品	23.96%	24.61%	48.31%	30.28%
	零部件	14.01%	27.52%	28.68%	38.30%
最终产品	资本品	13.01%	20.54%	14.58%	20.01%
	消费品	44.08%	20.54%	5.33%	5.40%

资料来源:笔者根据 UN COMTRADE 数据库(BEC)数据整理计算得出。

以上表明,在中国与东亚的双边贸易结构中,中间投入品贸易,特别是零部件贸易占据了优势份额,表明中国融入东亚生产网络的程度在不断加深。中间投入品进口,特别是零部件进口所占份额显著高于出口所占份额,再次表明中国主要通过加工贸易途径融入东亚生产网络,在东亚生产网络中扮演了主要制造中心的角色。

2.东亚生产网络中中国与东亚的零部件贸易发展态势

如前所述,东亚生产网络形成和发展的主要标志是东亚区域内零部件贸易流动的"爆炸式"增长,由此可以通过制造业行业零部件贸易来对中国融入东亚生产网络中的程度进行进一步的考察。

关于制造业行业零部件的分类,阿思克拉拉(2003)通过统计发现,根据《国际贸易标准分类》(SITC Rev.3),零部件主要集中于机电行业,即机械与运输设备(SITC 7)和杂项制品(SITC 8)项下,在5分位数水平下这两大类制造业零部件共计有225种[1],其中机械和运输设备(SITC 7)项下零部件有168种,杂项制品(SITC 8)项下零部件有57种。本书参照阿思克拉拉(2003)的统计方法对中国与东亚的零部件贸易数据进行了集结,所有数据均来自联合国商品贸易统计数据库。在东亚生产网络中,中国与东亚的零部件贸易呈现如下发展态势:

41

---

① 阿思克拉拉(2003)将产品分为零部件(parts and components)、最终产品(finished goods)、基本品(basic products)三大类。其中,零部件是指用来生产最终产品的那些中间投入品,一般不能直接用于消费和使用;最终产品是指仅需要很小的加工即可成为可消费的产品或根本不需要再加工的产品,一般可以直接用于消费和使用;基本品则主要包括基本的商品、食品饮料、自然资源产品等。阿思克拉拉(2003)指出,《国际贸易标准分类》(Rev.3 SITC)第三次修订版很好地弥补了《国际贸易标准分类》(SITC Rev.1)无法区分零部件和最终制成品以及《国际贸易标准分类》(SITC Rev.2)在分类时存在重叠的不足。虽然隶属SITC 6的制药产业和化工产业和SITC 9的其他贸易品中也包含零部件,但由于其在整个零部件中所占比例不大,因而在分析中我们一般只考虑SITC 7机械与运输设备和SITC 8杂项制品项下零部件。参见Athukorala, Prema-chandra, "Product Fragmentation and Trade Patterns in East Asia", Working Paper, No. 2003/21, Research School of Pacific and Asian Studies Australian National University, 2003, Statistical Appendix Table A－5, pp.57－67。

表 1-12　1999—2009 年中国与东亚零部件贸易占机电部门总贸易的比重

（单位:%）

	出口						
	1999 年	2002 年	2005 年	2007 年	2008 年	2009 年	平均比重
日本	17.40	20.34	23.61	23.29	24.30	22.13	21.84
中国香港	25.94	38.83	41.64	37.14	39.91	42.19	37.61
韩国	33.00	31.89	35.99	32.48	37.90	40.07	35.22
泰国	50.21	59.39	50.75	41.49	36.05	32.75	45.11
印度尼西亚	27.13	30.97	36.89	36.56	36.58	34.04	33.69
马来西亚	45.43	67.97	54.81	36.56	32.34	26.92	44.00
越南	10.70	26.65	32.66	35.27	31.09	33.05	28.23
菲律宾	57.27	29.01	54.23	26.79	24.38	22.47	35.69
新加坡	38.78	47.38	55.74	31.31	25.89	18.66	36.29
东盟 6 国	40.59	49.93	51.59	34.19	30.34	25.88	38.75
	进口						
	1999 年	2002 年	2005 年	2007 年	2008 年	2009 年	平均比重
日本	53.36	50.90	49.19	32.85	32.56	34.55	42.24
中国香港	50.97	60.20	59.94	33.36	32.08	32.05	44.77
韩国	63.68	62.30	59.22	27.17	25.57	26.46	44.07
泰国	71.00	70.09	51.65	26.78	23.86	23.24	44.44
印度尼西亚	57.54	54.90	41.22	39.56	34.60	32.80	43.44
马来西亚	79.36	86.30	86.34	20.26	22.21	18.51	52.16
越南	28.47	20.41	25.82	25.64	26.41	33.47	26.70
菲律宾	76.02	81.34	76.65	10.75	14.26	21.62	46.77
新加坡	60.17	55.08	58.67	20.82	19.87	19.15	38.96
东盟 6 国	68.68	73.31	69.93	19.45	20.65	21.06	45.51

资料来源:笔者根据 UN COMTRADE 数据库 SITC(Rev.3)数据整理计算得出。

　　第一,中国与东亚的零部件贸易在机电部门总贸易中占据了绝对优势比重。由表 1-12 可知,1999—2008 年间,在中国与东亚经济体的机电部门(SITC 7—8 类)贸易中,零部件进出口占据了绝对优势比重。从出口来看,平均比重最高的是泰国、马来西亚、新加坡,东盟6国的平均比重高达41.33%。从进口来看,平均比重最高的是马来西亚、菲律宾、泰国,东盟6国的平均比重高达50.40%。中国与东亚的零部件贸易在机电部门(SITC 7—8类)总贸易中占据了绝对优势比重的现象符合东亚生产网络运行的基本特征,表明中国已经深度融入东亚生产网络之中。

　　第二,零部件贸易集中于技术密集型的5类产品。这里所指的5类零部件包括办公机械零部件(SITC759)、通讯设备零部件(SITC764)、半导体(SITC772)、电子产品零部件(SITC77689)和汽车零部件(SITC784)5类产品。依据英国经济学家拉奥(Lall)的划分,上述5类产品中的前4类产品属于高技术产品,因其生产过程需要大量的R&D投入、先进的技术基础设施。而汽车零部件属于中技术产品,其生产涉及复杂的但并非快速变化的技术,需要较多的R&D投入、较先进的工程技术。我们的计算结果显示,中国与东亚经济体在这5类产品上的贸易额占中国与东亚零部件贸易总额的比重由1999年的49.65%增长至2008年的73.30%。其中,中国对东亚技术密集型的5类产品的出口所占比重由1999年的62.91%增长至2008年的78.18%,进口所占比重由1999年的40.69%增长至2008年的64.60%。在5类产品中,中国对东亚通讯设备零部件的出口最多,对韩国、日本出口占中国对其零部件出口的比重分别高达48.7%和28%,对东盟6国的出口占据中国对其出口零部件的42%;中国从东亚进口位居前三位的产品分别是通讯设备零部件、办公机械零部件、半导体。这三类零部件进口分别占中国从日本、中国香港、韩国和东盟6国进口机电行业零部件的46%、71%、67%、69%。我们进一步计算了2007—2009年中国对东亚各经济体5类产品的进出口及其占零部件进出口的平均比重(见表1-13及附录1-3、附录1-4、附录1-5),可以看出,这5类技术密集型零部件产品,尤其是通讯设备零部件、办公机械零部件是中国与东亚零部件

43

贸易中最活跃的部分。由于上述 5 类零部件产品主要用于可以高度分解、模块化生产过程之中，因而零部件贸易主要集中于上述 5 类产品再次证明中国已经深度融入东亚生产网络之中。

表 1-13　中国对东亚技术密集型零部件贸易占零部件贸易的平均比重

出口（2007—2009 年）			
	日本	中国香港	韩国	东盟 6 国
办公机械零部件	16.25%	18.94%	7.97%	21.79%
通讯设备零部件	28.85%	50.42%	55.06%	39.70%
半导体	11.79%	16.27%	8.85%	7.59%
电子产品零部件	3.31%	0.26%	2.03%	1.58%
汽车零部件	5.82%	0.29%	3.14%	3.01%
进口（2007—2009 年）			
	日本	中国香港	韩国	东盟 6 国
办公机械零部件	9.56%	4.60%	18%	28.33%
通讯设备零部件	13.69%	45.79%	28%	26.98%
半导体	19.94%	19.65%	17%	12.37%
电子产品零部件	5.59%	1.62%	3%	1.42%
汽车零部件	12.29%	0.72%	5%	0.91%

资料来源：笔者根据 UN COMTRADE 数据库 SITC（Rev.3）数据整理计算得出。

　　以上从垂直专业化分工、中间产品及零部件贸易流动两个方面分析了中国融入东亚生产网络中的分工状况和程度。由前面的分析可知，东亚生产网络事实上还包括遍及美国、欧盟等第三国的分销网络①，因此我们可以基于美国对东亚最终产品进口需求来源地的变化情况，进一步说明中国融入东亚生产网络中的分工现

---

　　① 事实上，安藤光代 2003）指出，东亚生产网络不仅包括东亚地区跨国界延伸的垂直专业化分工链条，还包括遍及世界范围内的分销网络。参见 Ando, M., Kimura, F., " The Formation of International Production and Distribution Networks in East Asia", NBER Working Paper, No. 10167, December 2003, p.3。

状。具体而言,我们进一步基于美国从除中国外的东亚经济体最终产品进口需求变化和美国对中国最终产品进口需求的变动,从外部需求角度佐证中国融入东亚生产网络的程度。一方面由于美国是东亚各国的最大出口国;另一方面由于美国对于除中国外的东亚其他经济体需求的变动会直接影响着它对中国最终产品的需求①,因此,作为东亚生产网络的最大外部需求市场,美国进口需求的结构性变化会对中国在东亚生产网络中的作用产生重要影响。

本书采取与王峰(2008)类似的方法,用美国从东亚经济体(包括中国)进口份额的变动来判断美国对东亚最终产品需求的进口来源国的变化情况,我们计算的美国从东亚各经济体进口占从东亚总进口的比重变化趋势如图1-8所示。从图1-8可以看出,1997—2007年间,美国从除中国外的东亚经济体进口需求的减少与从中国进口的增加呈同向变动趋势。美国从东亚地区的主要进口来源地发生了较大的变化,主要进口国从日本变为中国。与此同时,美国从东亚其他各经济体的进口占美国从东亚总进口中的份额都有明显下降,说明美国把原来从东亚其他经济体的进口转向了从中国一国的进口。换言之,美国从除中国外的东亚各经济体的进口的减少部分实际上被美国从中国进口的增加所取代。这足以说明中国已经逐步替代日本和"亚洲四小龙",成为东亚地区的"出口平台",对东亚地区的贸易及经济发展起着重要的作用。中国的主要零部件进口来自于东亚地区,相应地,美国对其最终产品的需求也在逐年增长,且在美国市场上占有越来越大的份额。由于中国在东亚生产网络中从东亚各经济体进口的主要是中

---

① 喻春娇、张洁莹(2010)以美国从东亚各经济体的进口(中国除外)所占比例的变化代表的外部需求变化,证实了外部需求变化对中国融入东亚生产网络具有正向作用。参见喻春娇、张洁莹:《中国融入东亚生产网络的影响因素分析》,《亚太经济》2010年第1期。

间产品,加工组装成最终产品对美出口,形成典型的垂直专业化分工。因此,美国对于来自中国廉价生产要素加工生产的最终产品进口需求扩张会加快中国融入东亚生产网络的进程。

（单位：%）

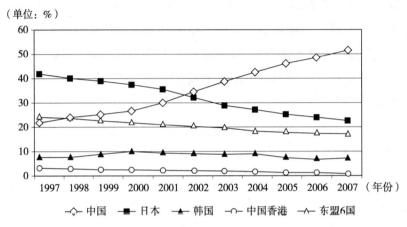

图1-8 美国从东亚各经济体进口占从东亚总进口的比重变化趋势

注:美国与东亚各经济体的贸易流量数据来源于 UN COMTRADE 数据库。

第二章 东亚生产网络体系分工
效应的理论解析

从第一章关于东亚生产网络的内涵的解析可知，从微观角度看，东亚生产网络本质是一种企业内部和企业之间的组织关系，是跨国公司主导的价值链在东亚不同经济体之间分解之后形成的复杂的网络状组织关系；从宏观角度看，东亚生产网络是东亚区域内各经济体进行垂直专业化分工所形成的新型区域性生产体系。因此，无论是从理论还是实证方面解析这种新型区域分工体系或分工模式给参与国家带来的分工效应，不仅需要从东亚生产网络运行的宏观层面进行，还需要深入企业生产网络的微观层面。鉴于此，本章将分别从宏观层面和微观层面对一国融入东亚生产网络体系的分工效应进行理论解析。

一方面，我们将基于东道国角度从宏观角度解析东亚生产网络分工的静态和动态分工效应或利益，其中，静态分工效应或利益主要是东亚生产网络分工所导致的直接的贸易增长效应和基于价值链分工的贸易利益；动态效应或利益包括参与东亚生产网络分工所导致的技术扩散效应与技术依赖效应、就业效应等，这些正是本章第一节试图解决的问题。另一方面，我们将基于跨国公司视角从微观层面考察跨国公司的本地嵌入对于跨国公司生产网络中的技术扩散效应，即知识转移效应的影

响①,进而进一步探讨跨国公司的本地嵌入影响东道国微观层面的产业升级的机理。

第一节　融入东亚生产网络的
　　　　分工效应:东道国视角

一、东亚生产网络分工的贸易利益分配效应

(一)东亚生产网络体系中的贸易利益分配机制

1.贸易利益分配的主体

在东亚生产网络这种新型分工模式下,生产工序层次的国际分工导致了贸易利益分配主体的多元化。东亚生产网络主要借由"核心"跨国公司的价值链条"交织"而成,价值链跨国界分解是其运行的基本特征。在这种新型分工模式下,国际分工深入生产工序层次,原来局限于一国内部进行的某一特定产品的生产过程被"打断"②,中间产品(尤其是制造业的零部件)被独立地生产出来并多次跨越国界进行交易,同时中间产品的贸易流动往往伴随着跨国公司通过 FDI 以及生产外包活动铺展生产网络的过程而发生③。因此,参与东亚生产网络分工的国家的最终产品出口往往包含大量的进口中间产品(零部件),这就导致了贸易利益主体的

---

① 需要说明的是,宏观层面的技术扩散效应与微观层面的知识转移效应实际是对技术扩散效应不同侧面的描述,对此将在本章第二节详述。

② Athukorala, Prema-chandra, "Product Fragmentation and Trade Patterns in East Asia", Trade and Development Discussion Paper 2003/21, Research School of Pacific and Asian Studies, The Australian National University.

③ 在当代国际分工的发展已深化到特定产品生产流程所包含的生产区段或工序层次即产品内国际分工背景下,当代企业将原来局限于一国进行的一体化的生产流程分割成不同的生产区段并跨越国界着眼于全球充分利用国家间的技术差异和要素价格差异来布局生产网络,从而使国际生产分散化(international fragmentation of production)为主的制造范式成为跨国公司生产组织方式变革的主导内容。

多元化,包括东道国、跨国公司母国以及跨国公司本身等。

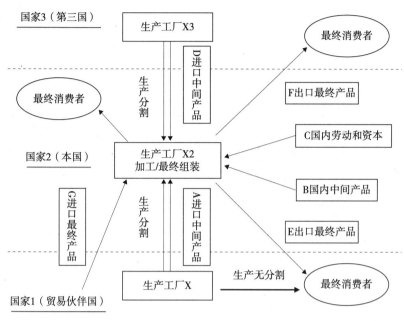

图 2-1　全球生产网络体系下的国际生产分割与贸易流动

以下通过图 2-1 来对此加以解释。在图 2-1 中,国家 1(贸易伙伴国)的厂商 X 将其整个生产过程中的部分环节(例如 IC 芯片的部分设计环节和测试封装环节)转移到国家 2 的工厂 X2,该生产转移过程伴随着国家 1 对国家 2 的中间产品或零部件的出口。如果厂商 X2 能完成除 IC 芯片的部分设计环节和测试封装环节之外的其他全部最终制造环节,则在国家 2 生产的产品即最终消费品,直接供应世界市场。若厂商 X2(工厂 X2)只起到加工工厂的作用,例如只能完成 IC 芯片的部分设计环节和下游的测试封装环节,那么在完成 IC 芯片的部分设计环节之后,IC 芯片的制造环节必须通过国家 3 的工厂 X3 来完成,表明工厂 X2"加工"后的中间产品将再次出口至国家 3 做进一步的加工或制造。进一步地,在国家 3 的工厂 X3 完成产品的加工后(例如 IC 芯片的制

造),该中间产品将再次进口到国家 2 做 IC 芯片的封装并且进一步测试,然后将此最终产品出口至国家 1 乃至全世界。可见,伴随着跨国公司的国际生产分割的中间产品频繁跨国流动在很大程度上使国际贸易流程复杂化了,由此也导致国际贸易利益主体的多元化,在此例中则表现为东道国(国家 2)、跨国公司的母国(国家 1)、另一个参与中间产品加工的东道国即国家 3。总之,贸易利益分配主体的多少取决于产品在整个生产和销售过程中参与的国家数量或者是微观层面的跨国公司的数量。

2.贸易利益分配的基础

在东亚生产网络这种新型分工模式下,贸易利益分配的基础或者贸易利益的划分依据是由不同国家基于要素所有权的产品价值链的分工地位决定的。构成东亚生产网络的分工基础的产品内国际分工现象本质上也是一种"要素分工"(张二震、方勇,2005)。这种"要素分工"现象是跨国公司为追求生产成本最低和利润最大,根据各国所具有的不同要素优势,如劳动要素密集、资本要素密集、技术要素密集或其他要素密集,而将同一产品的各个环节在不同国家之间进行布局的分工。因此,以要素所有权为基础来划分东亚生产网络分工体系中的各分工主体的贸易利益是一种有效途径。

由于价值链跨国界分解是东亚生产网络分工运行的基本特征,我们可以将要素分工理论与全球价值链分解相结合来解析贸易利益的分配基础。依据施振荣(Stan Shih,2005)提出的"微笑曲线"理论,我们把特定产品的价值链分成五个环节:产品研发设计、核心零部件的生产、一般零部件生产、加工组装、品牌管理与市场营销。假定以上五个环节分别放在五个不同国家内进行,那么各个不同国家所得的贸易利益显然是由该国在价值链条上的分工位置所决定,而其分工位置又是由各国所具有的要素优势决定的。图 2-2 比较直观地显示了这一点,在全球价值链增值不同环节,由于不同国家所投入的要素密集度的性质不同,所创造的附加值是不同的,各国及其微观分工主体所获得的贸易利益也是不同的。靠近微笑曲线中间的环节,如加工制造、装配等环节在价值链中创造出较低的附加值,因而获得较低的分工与贸易利益,靠近微笑曲线两端的环节,如研发设计、品牌管理与市场营销等在价值链中创造出较高的附加值,因而获得更多的贸易利益。

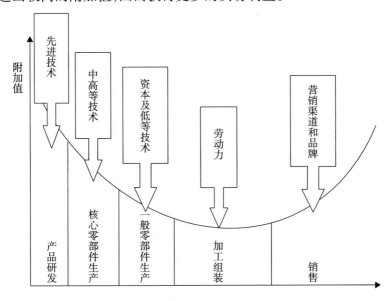

图 2-2　全球价值链、要素分工与贸易利益分配

(二)东亚生产网络体系中的贸易利益的衡量

1.贸易总量指标

对于融入东亚生产网络体系这种新型分工模式的国家而言,直接的贸易(分工)利益的衡量应是跨国公司的生产分割(FDI 和外包)而引致的贸易增长效应。

由图 2-1 可知,伴随跨国公司的国际生产分割的中间产品流动促进了国家 1、国家 2、国家 3 之间的贸易发展。对于国家 2 和国家 3 而言,在国际生产分割基础上形成的生产网络为两国提供了更多的发展机会,即为两国提供了将国外中间产品与本国生产要素相结合进行生产的机会,导致两国在特定产品供给方面的增

加,进而贸易总额相应地增加,表现为生产可能性曲线外移的效果。相应地,两国融入在国际生产分割基础上形成的生产网络分工的结果是贸易总量规模的增长,这就是参与这种分工模式的直接的贸易利益。

2.增加值贸易指标

由上述分析可知,在东亚生产网络这种新型分工模式下,贸易流程变得复杂化、贸易利益主体多元化了,单纯以贸易总量指标来衡量出口国和进口国的贸易利益是非常粗略的,可能存在偏误。比较而言,以贸易产品的国内增加值(trade in value added)衡量各方在东亚网络分工中的实际贸易利得最能反映利益分配的现实[①]。

同样,由图2-1可知,产品X的生产涉及3个国家的分工,在从A到E的贸易流程中,不仅包含了国家3的价值增值的贡献(贸易转移效应),若此时国家2(本国)对国家3(伙伴国)存在贸易顺差,则该顺差中包含了国家3的贸易顺差转移效应;在从A到E的贸易流程中,还包含了国家1的贸易回流效应(曾铮、张路路,2008),因为国家1提供的中间产品的价值增值实际蕴含在从国家2出口至国家1的最终产品之中。若单纯以贸易总量指标来衡量国家2的贸易利益,显然会导致贸易利益重复统计(double-counting)。[②] 因此,对东亚生产网络分工模式下的贸易利益的衡量必须考虑国家间"生产分享"(production sharing)的特征事实,

---

[①] 2011年世界贸易组织总干事拉米在介绍世贸组织与日本亚洲经济研究所共同发布的《东亚贸易模式与全球价值链》报告时表示,传统贸易统计侧重于计算进出口总值,使得国际贸易出现"看似失衡"的局面,应以进出口贸易中的各国国内增加值的变化作为贸易统计的标准。

[②] Johnson, Robert C. and Guillermo Noguera, "Accounting for Intermediates: Production Sharing and Trade in Value Added", *Journal of Internationa Economics*, Vol. 86, 2012, pp. 224 - 236; Koopman, Robert, Zhi Wang and Shang-jin Wei, "A World Factory in Global Production Chains: Estimating Imported Value Added in Exports by the People's Republic of China", CEPR Discussion Paper in International Trade and Regional Economics, No. 7430, September 2009.

进而明确蕴含在贸易之中的增加值(value-added embedded),这样才能更为准确地刻画参与东亚生产网络分工的各经济体的贸易利益分配,剔除贸易转移效应以及贸易回流效应对贸易利益分配统计的消极影响。

关于增加值贸易的界定和指标设计,学者们提出了不同的方法,代表性的方法包括:

(1)垂直专业化贸易测算方法。胡梅尔斯等(2001)最早提出了测度垂直专业化贸易的两种方法:一种是出口商品中的进口中间品价值,另一种是一国出口的中间品中被他国用作生产出口品的价值。该方法的关键假设是:产品无论是用于出口还是用于国内消费都使用了相同比例的进口中间投入。故该方法只适用于在一国的出口产品不参与任何加工贸易环节时,来计算一国出口产品的国内与国外增加值含量。然而,有些国家,如中国、墨西哥等国的出口产品在生产过程中大量反复使用进口中间产品,而且有些中间产品在进一步加工后,运用到了国内别的产品的生产当中,形成了国内循环效应。而这种产业循环效应正是在刻画一国的贸易利益时必须考虑的因素,对此我们将在本书的第四章加以详述。

(2)考虑加工贸易的增加值贸易测算方法。库普曼等(Koopman,Robert 等,2009)等利用一国的投入产出表为基础数据,提出了测算出口产品的国内增加值比例的方法。基本思想是依据标准的投入—产出表得到每个部门的总的进口或出口,再根据贸易统计数据得到加工贸易和一般贸易在每个部门进出口中所占比例,然后将二者结合分别估计加工贸易和一般贸易对进口投入品的依存度系数,从而得出一国总出口中的国内(外)增加值含量。该方法更具有广泛适应性,胡梅尔斯等(2001)的指标正好是该度量方法的一个特例。库普曼等(2011)又进一步对该方法进行了完善,运用数学方法推导出一国出口的国内增加值含量等于增加值出口加上返销至本国的国内增加值含量(returned domestic

53

VA),即由外国返销的蕴含本国中间投入品所创造的国内增加值。① 多丁等(Guillaume Daudin 等,2011)沿着胡梅尔斯(2001)计算垂直专业化贸易的基本思路,将"增加值贸易"界定为标准贸易与垂直专业化贸易的差额(即前者减掉后者),用以描述从生产者到最终消费者之间的单向贸易流动,较好地回答了"谁为谁生产的问题"。②

(3)双边增加值贸易测算方法。约翰逊和诺古埃拉(Johnson,Robert 和 Guillermo Noguera,2012)将"增加值出口贸易"(value-added exports)界定为一国创造的增加值但被出口目标国所"吸收"(absorbed)的部分。与胡梅尔斯(2001)计算方法不同的是,他提出了增加值出口贸易占总出口比重的指标来衡量国家间的"生产分享"程度。

总的来说,东亚生产网络分工模式下的贸易利益衡量标准尚处于不断完善之中,上述贸易利益衡量方法都是从静态贸易利益的角度出发,即对各国可以用货币表示的直接贸易利益的衡量。以下我们将进一步从理论上讨论融入东亚生产网络分工模式下的动态贸易(分工)利益。

二、东亚生产网络分工的技术扩散与技术依赖效应

东亚生产网络分工引致的技术扩散效应包括技术扩散的内部效应和技术扩散的外部效应。技术扩散的内部效应指生产性知识、技术诀窍等在东亚生产网络中领导厂商或核心企业与其供应商以及上下游企业之间的扩散过程,即生产网络内部的知识或技术扩

---

① Koopman, Robert, Powers, William, Wang, Zhi and Wei, Shang-Jin, "Give Credit Where Credit is Due: Tracing Value Added in Global Production Chains", NBER working paper No. 16426, revised September 2011.

② Daudin, Guillaume, Christine Rifflart and Daniele Schweisguth, "Who Produces for Whom in the World Economy", *Canadian Journal of Econoimcs*, Vol.44, issue 4, pp.1403 – 1437.

散。技术扩散的外部效应是指参与东亚生产网络分工所带来的技术的非自愿扩散而引发的发展中国家技术和生产力水平的提高。除此之外,由发展中国家在价值链上的分工地位所决定,融入东亚生产网络内部还可能导致"从加工中学"所引起的技术依赖效应。

(一)技术扩散效应

1.技术扩散的内部效应

如前所述,技术扩散的内部效应主要是指东亚生产网络内部的领导厂商或核心企业自愿主动的知识转移效应。理论上讲,在东亚生产网络中,领导厂商或核心企业为了保证产品质量和生产的顺利进行,必须向其供应商传授生产相关产品或零部件所必须具备的技术和管理知识,同时,为了提升产品的竞争力,领导厂商或核心企业只有通过转移知识或技术才能迅速提升其供应商的技术能力,才能提高整个生产网络的整体技术水平以适应产品升级的需要。但为什么在存在技术扩散,技术扩散将间接有利于自己竞争对手的情况下,领导厂商或核心企业依然向其下游的供应商转移知识呢? 以下通过构建一个简单模型,来说明东亚生产网络中知识转移即使存在技术扩散情况下领导厂商或核心企业依然向其供应商进行知识转移的机理。[①]

(1)模型的基本假设

第一,假设在一个两层级的生产网络中,有一个领导厂商或核心企业 F_1 和一个下游供应商 S_1。领导厂商或核心企业从事的业务根据生产网络不同有区别,如果是生产者驱动型网络领导厂商,则从事最终产品生产, F_1 采购中间产品;如果是购买者驱动型网络领导厂商则从事最终产品的营销和服务,而供应商 S_1 则相应提供中间产品或最终产品。无论是生产者驱动型还是购买者驱动型

---

① 模型的构建借鉴了谢延宇(2011)的模型构建思路。参见谢延宇:《全球生产网络下当地产业技术创新能力提升机制——基于广东制造业的研究》,暨南大学博士学位论文,2011 年。

生产网络,领导厂商或核心企业都在该生产网络中处于控制地位。

第二,在生产网络中,领导厂商或核心企业为了确保供应商能够生产满足最终产品要求的中间产品,有必要向供应商转移相应知识。当存在知识溢出时,新的供应商 S_2 又会进入。新的供应商跟原来的供应商提供同质产品。

第三,假设上游企业在最终产品市场上销售产品的成本为 φ_1,不存在知识溢出时,供应商 S_1 提供相应产品的成本为 c_1,销售给上游企业的价格为 ω_1,如果存在知识溢出,供应商 S_2 进入,因为知识溢出的不完全性,其中间品的生产成本为 c_2。

第四,假设领导厂商或核心企业和供应商之间的知识转移是有成本的,需要投入固定成本 i,其中领导厂商或核心企业承担的比例为 θ,即要承担的固定投入为 θi,则供应商需要承担$(1-\theta i)$的固定成本。

第五,假设当存在知识溢出导致中间产品价格下跌的情况下,最终产品市场的潜在进入者 F_2 将会进入,设潜在进入者成本为 φ_2,当时,潜在进入者将会进入。

$$(\varphi_2 + c_2) < (\varphi_2 + c_1)$$

第六,假设最终产品和中间品市场上的反需求函数分别为 $p = a_1 - b_1 q$ 和 $p = a_2 - b_2 q$。

(2)模型分析

我们构建的是一个三阶段的博弈模型,为了求得子博弈完美纳什均衡解,我们采取从后向前进行推导的方法。

第一,短期内不存在技术扩散。

在短期内,我们假设领导厂商或核心企业所面临的需求为 $q(p)$,q 为最终产品和服务的需求量,p 为市场价格,领导厂商或核心企业所要作的决策就是决定最终产品和服务的价格。由于领导厂商或核心企业 F_1 作为产品和服务的提供商,具有垄断的性质,其成本为 $\varphi_1 + \omega_1$,则领导厂商或核心企业的利润最大化函数为:

$$\max \pi_{F_1}(p) = (p - \varphi_1 - \omega_1) q(p) - \theta i \qquad (2-1)$$

对此方程求 p 的一阶偏导,可得:

$$q(p) + (p - \varphi_1 - \omega_1) dq(p) / dp = 0 \qquad (2-2)$$

把反需求函数 $P = a_1 - b_1 Q$ 代入(2-2)式,可解得:

$$p = (a_1 + \varphi_1 + \omega_1) / 2 \qquad (2-3)$$

$$q = (a_1 - \varphi_1 - \omega_1) / 2$$

把(2-3)代入(2-1)式可得到领导厂商或核心企业的最大利润为:

$$\max \pi_{F_1}(p) = (a_1 - \varphi_1 - \omega_1)^2 / 4b_1 - \theta i \qquad (2-4)$$

假设核心企业的供应商提供的商品数量由价格 ω_1 决定,则核心企业的供应商的生产量为 $q(\omega_1)$,根据前面的假设,下游供应商 S_1 的利润最大化函数为:

$$\max \pi_{S_1}(\omega_1) = (\omega_1 - c_1) q(\omega_1) - (1 - \theta i) \qquad (2-5)$$

将 $p = a_2 - b_2 q$ 和(2-5)式代入得到下游供应商 S_1 的最大利润为:

$$\max \pi_{S_1}(\omega_1) = (\omega_1 - c_1)(a_1 - \omega_1) / b_2 - (1 - \theta i) \qquad (2-6)$$

由于市场中只有一个领导厂商或核心企业和一个中间产品供应商,都是市场上的垄断商,即在最终产品和服务提供市场上,上游企业 F_1 处于垄断地位,在中间品市场上,供应商 S_1 处于垄断地位。这种垄断地位导致他们的市场价格都要高于边际成本,并以此来获取垄断收益。

第二,存在技术扩散但最终产品市场没有潜在进入者进入。

存在技术扩散,新核心企业的供应商会进入,假设有一家新的供应商 S_2 进入,短期内由于技术扩散的不完全性,其中间产品的生产成本为 c_2,且 $c_1 < c_2 < \omega_1$,新进入者成本高于原来供应商是由于专利知识保护等原因,新进入供应商显然不能获得全部显性和隐性知识,只能通过人力资源的流动和"逆向工程"等方式来获取扩散的技术或知识,因此技术并不能完全转移,还有一部分技术

扩散仍然掌握在领导厂商或核心企业和接受其直接技术扩散的企业中(Nelson 和 Winter,1982)。同时,如果新进入者成本高于 ω_1 则无法进入。此时两个下游供应商所形成的市场为伯特兰德模型所描述的市场类型,其特征是价格竞争模型,而非产量竞争模型。两个下游供应商竞相削价以争取更多的市场份额,当价格降到 $p_1 = p_2 = c_2$ 时,达到伯特兰德均衡。即只要有一个竞争对手存在,企业的行为就同在完全竞争的市场结构中一样,价格等于边际成本。因此,提供给上游企业的产品价格由伯特兰德模型可知为 c_2,但由于最终产品和服务市场依然只有一家,所以价格不变,为 p。此时上游企业的利润最大化函数为:

$$\pi'_{F_1}(p) = (p - \varphi_1 - c_2) q(p) - \theta i \qquad (2-7)$$

按前述方法可求得:

$$\pi'_{F_1}(p) = (a_1 - \varphi_1 - c_2)^2/4b_1 - \theta i \qquad (2-8)$$

与无技术扩散的情况相比,上游企业的利润增加为:

$$\Delta\pi = \pi'_{F_1}(p) - \pi_{F_1}(p) = (a_1 - \varphi_1 - c_2)^2/4b_1 - \theta i - (a_1 - \varphi_1 - \omega_1)^2/4b_1 + \theta i \qquad (2-9)$$

因为 $c_1 < c_2 < \omega_1$ 可知,$\Delta\pi$ 必然大于等于零,也就是说,在短期内存在技术扩散而最终产品市场没有新进入者时,上游企业不仅没有损失,反而会因此获得更大的利润。而对于供应商 S_1 来说,由于下游市场并没有扩大,但中间产品供应商由一家变为两家,不仅其产量会下降,而且市场价格 $c_2 < \omega_1$ 并呈下降趋势,获得收益相对减少;而新进入者 S_2 由于产品价格正好等于成本,获得正常利润。

长期而言,由于中间产品市场在完全竞争市场状态下伴随着相应的技术进步,中间产品提供商数量的增加导致中间品由于竞争出现价格下降的情况,现在价格为 c_3,且 $c_3 < c_1 < c_2$。在长期,技术扩散不引起最终产品潜在进入者进入的状况对于领导厂商或核心企业是最为有利的,可以最大限度地实现自身利润的最大化。

第三,技术扩散引起最终产品市场潜在进入者进入。

由于技术扩散导致中间产品供应价格下降，在最终产品或服务市场上潜在进入者就会发现，如果 F_1 继续维持市场价格 p，只要 F_2 的产品或服务的成本 $(\varphi_2 + c_2) < p$，F_2 就可以作为市场追随者进入。此时市场价格由领导厂商 F_1 和市场追随者 F_2 的总产量决定。假设市场反需求函数为 $p = a_1 - b_1 q$，其 $q = q_1 + q_2$，q 为市场总需求，q_1 为厂商 F_1 的产量，q_2 为厂商 F_2 的产量。在双头垄断中，起决定作用的是领导厂商的产量决策。

假定 F_1 首先确定自己的产量决策，对于追随者 F_2 来说，q_1 就是一个给定的量，这样追随者 F_2 面临的利润最大化函数是：

$$\pi_{F_2} = \max_{q_2}\{p - (\varphi_2 + c_2)\} \times q_2 \qquad (2-10)$$

因为最终产品市场的新进入者不需要知识转移成本，因此与领导者的利润函数不一样。

把 $p = a_1 - b_1 q$ 代入 $(2-10)$ 式并求 q_2 的偏导数，得

$$q_2 = (a_1 - b_1 q_1 - \varphi_2 - c_2) / 2b_1 \qquad (2-11)$$

领导者 F_1 的反应函数为：

$$\pi_{F_1} = \max_{q_2}\{p - (\varphi_1 + c_2)\} \times q_1 - \theta i \qquad (2-12)$$

可解得 $q_1 = (a_1 + \varphi_2 - 2\varphi_1 - c_2) / 2b_1 \qquad (2-13)$

由此可计算出领导厂商的利润最大化函数：

$$\pi_{F_1} = (a_1 - 2\varphi_1 + \varphi_2 - 3c_2)(a_1 + \varphi_1 - 2\varphi_2 - c_2) / 8b_1 \qquad (2-14)$$

相对于技术扩散不导致潜在进入者的情况，最终产品市场新的进入者必然带来市场价格的下降，价格下降促进了销量的增加，领导厂商 F_1 技术转移的条件可以通过比较 $(2-14)$ 式与 $(2-8)$ 式而得，即

$$(a_1 - 2\varphi_1 + \varphi_2 - 3c_2)(a_1 + \varphi_1 - 2\varphi_2 - c_2) / 8b > (a_1 - \varphi_1 - c_2)^2 / 4b_1 - \theta i \qquad (2-15)$$

也就是说，在满足式 $(2-15)$ 的情况下，领导厂商或核心企业 F_1 的技术转移有充分的动力，否则领导厂商或核心企业 F_1 将会出

现利润下滑,其技术转移的意愿不确定。

2.技术扩散的外部效应

如前所述,技术扩散的外部效应是指一国参与东亚生产网络分工所带来的技术的非自愿扩散,从而导致发展中国家技术和生产力水平提高,技术扩散的外部效应又主要通过以下几种途径或渠道实现:

(1)发达国家跨国公司的市场竞争与技术示范效应

跨国公司进入东道国市场之后,打破了原有的低技术水平的均衡,加剧了市场竞争,增加了本地企业学习先进技术的内在动力。原有的企业迫于竞争压力,会尽量采取技术水平较高的生产方式,或在原有生产方式基础上进行改进,努力提高产品竞争力。另一方面,跨国公司生产的高质量产品对当地的生产商起到示范作用,特别是在产品内贸易条件下,一个产品的生产过程被拆分为若干个环节,客观上更便于当地生产商的学习。一些大型博览会的举办使当地企业在对外开放中了解国外的先进技术和管理水平,增强危机感和竞争的意识,并通过模仿跨国公司使用的某些技术来提高本企业的技术水平。除了制造工艺与生产技术本身之外,外资企业良好的经营理念、组织方式等也扩散到当地生产商中间。

(2)吸收 FDI 所引致的产业前后向联系

不同企业或产业部门之间在生产经营活动中所发生的经济联系表现为前向关联和后向关联。所谓前向关联,是指东道国当地企业为跨国公司子公司最终制成品提供的营销服务,对各种原材料、零部件、半成品的再加工业务;所谓后向关联,指东道国企业为跨国公司子公司提供成品生产制造所需的原材料、零部件以及各种市场服务。FDI 通过前后向产业关联,促进了东道国的技术进步。无论是前向关联还是后向关联,只要其中某一个部门的技术发生了变化,都会影响到与其相联系的其他部门,迫使后者与此相适应,并对其原来的技术体系进行改造,从而通过"关联效应"带来行业间与行业内的技术外溢。在开放经济中,在产品质量、运输成本等情况基本相同的条件下,企业更倾向于在当地采购以降低交易成本。进入本地的外资企业尽管在初期会大量从国外采购,但随着时间的推移和本地化战略的实施,当地采购率也会稳步增长。从长期来看,关联产业的发展状况关键取决于当地企业的供应能力。通常情况下,当地采购率越高、采购产品的技术含量越大、内资企业进入配套体系越多,这些企业所联动的当地产业链条越长,则产业关联对发展中国家技术进步的积极作用和技术溢出效应就越大。

（3）中间产品的进出口贸易所引致的技术扩散

发展中国家融入东亚生产网络体系之后,伴随着跨国公司的生产分散化必然导致中间产品贸易流动的增加,会分别从进口和出口两个渠道促进发展中国家的技术进步。

首先,融入东亚生产网络体系之后,通过从发达国家进口机器、设备等资本品或零部件等中间产品,有利于发展中国家学习和模仿新技术,从而提高发展中国家技术知识的生产力水平。发展中国家从发达国家进口中间产品,既有利于发展中国家节约研究与开发费用,也有利于增加发展中国家最终产品生产厂商所需的中间投入品数量。进口的中间产品中含有专业技术知识和发达国家的 R&D 成果,发展中国家的企业可以较低成本获得先进技术,并将其应用到本国生产中,这意味着发展中国家的企业通过其贸易伙伴国的 R&D 努力来促进本国的技术进步和增加最终产品的产出,从而导致了技术扩散。

其次,融入东亚生产网络体系之后,发展中国家通过中间产品出口贸易渠道也可以获得技术扩散效应,即出口贸易的学习曲线效应。通过"边出口边学习",出口厂商可以提高自己的技术水平。其一,在出口过程中,国外的消费者会对产品的性能进行反馈,迫使企业根据市场的需求优化产品结构,改进生产工艺,提高产品功效。市场需求是企业发展的动力之一,它能够刺激企业创新,并把新产

61

品推向市场。因此,出口厂商在对外出口过程中,必须紧密跟踪国际需求潮流,提升自己的技术水平和创新能力。其二,由于出口扩大了市场容量,厂商可以通过规模生产降低生产成本,通过大量生产积累技术改良经验。其三,国外客户通常会制定比国内客户更高的质量和技术标准,为了得到高质量低成本的产品,国外进口商通常会为产品供应商提供相关的产品设计和技术指导,有利于出口厂商通过学习国外的专业技术提高自己的技术创新能力。

(4)人力资本的流动

人才的流动必然会带来技术的流动。东亚生产网络的形成为携带技术的人力资本的流动提供了更为广阔的空间,并且,这一生产网络内部复杂生产的内在协调需求也促进了技术与人的结合。一方面,跨国公司为了保证产品质量,就需要对东道国的当地雇员和委托加工企业的雇员进行培训,获得显性的知识;另一方面,由于产品内国际分工网络内的企业直接面向国际市场,通常,在技术、质量、管理水平等方面均高于当地企业,其雇员通过亲身参与企业的生产经营活动,了解和熟悉了产品工艺、操作技巧和国际市场对该类产品的技术标准,掌握了有关该产品的大量信息,并在"干中学"中积累了丰富的经验,获得了隐性的知识。当这些雇员离开跨国公司,跳槽到当地企业,或者创建自己的企业时,体现在他们身上的人力资本便实现了转移。通常情况下,这些企业技术与管理人员当地化比例越高、人员素质越高、人力培训状况越好、向内资企业流动越多,则技术扩散效果越好。

(二)技术依赖效应

从理论上讲,东亚生产网络分工所引致的"干中学"效应可能逐步演化为"从加工中学"效应,反过来会形成发展中国家对发达国家的技术依赖效应。传统理论中"干中学"指的是在"干"中形成生产经验和实现成本节约的过程。在全球生产网络分工模式下,"干中学"已经逐步细化为"干"与"学"的国别分离,发展中国

家的加工企业专注于特定产品的加工或零部件组装环节,而发达
国家的跨国公司则专注于技术研发、标准制定、新产品的推介和营
销活动。在这种极度分化的分工模式下,原来的"干中学"的内容
发生了本质变化:发展中国家的加工企业的"干"逐步被挤压到
"加工","学"的效应也演化为从"加工中学";而发达国家的跨国
公司则在不断设计、改进、向市场推介产品的过程中积累经验,形
成"开发中学"效应(彭支伟,2009)。

　　在东亚生产网络中存在着这种"干中学"逐步向"从加工中
学"的演化现象。以中国为例,从某个生产阶段加工的角度看,在
廉价劳动力大量存在且有剩余的条件下,尽管单位产品生产加工
阶段所获得的收益比较少,但"薄利多销"也可使得厂商在大规模
加工生产的条件下获得可观的绝对收益,以致使厂商失去了改进、
消化和吸收技术的动力。这种加工贸易不仅消磨了技术吸收和创
新的动力,还由于委托加工的外国厂商拥有庞大的销售网络而省
却了技术落后国厂商到国外开拓市场的代价。因此,这种"两头
在外"的生产和贸易活动使加工国乐于利用自己现成的生产要素
优势,追求即时可得的生产收益或利润,进而使生产商长期满足于
加工生产和贸易。在生产要素优势消失以前,厂商不会放弃这种
简单易行但蕴含较大获利前景的加工型生产活动。

　　东亚生产网络分工所引致的"干中学"效应逐步演化为"从加
工中学"效应,这一过程对东亚发展中经济体而言,意味着其从国际
分工以及收入水平提高的过程中积累的经验很少。一方面,单靠来
自跨国公司的技术转移实际上不可能实现产业技术的赶超,引进外
国的标准技术不仅会导致本国生产者丧失技术消化、吸收和改进的
动力,从而失去独立生产能力;另一方面,跨国公司对东道国企业的
兼并、重组又彻底消除了东道国企业"干中学"的产业源泉。因此,
只要跨国公司牢牢掌控全球价值链的核心环节,东亚区域生产网络
中落后国家"从加工中学"的被动局面就不可能得到根本改变,导致

63

经济落后的发展中经济体的技术消化、吸收和创新潜力的丧失或停滞，形成对发达经济体的技术依赖。这种"从加工中学"的结果是发展中经济体与发达经济体从分工中所得的贸易分工利益份额日趋分化，发展中经济体的福利和收入缓慢增长或停滞。

三、东亚生产网络分工的就业效应

融入东亚生产网络分工体系的就业效应，既包括对东道国就业总量的影响，也有对东道国就业结构的影响。

（一）就业的总量效应

融入东亚生产网络分工体系对东亚各经济体就业数量的影响，是通过国际贸易和FDI两个渠道展开的。

关于贸易与就业的关系，主要理论模型是凯恩斯的对外贸易乘数理论。国际贸易深化对就业的影响主要体现在国内生产总值的构成公式以及由此推出的对外贸易乘数理论公式中。根据凯恩斯的对外贸易乘数理论，在开放经济条件下，国民收入恒等式为：

$$Y = C + I + G + (X - M) \tag{2-16}$$

该式表明国民收入 Y 是消费 C、投资 I、政府支出 G 与对外贸易差额 $(X - M)$ 的总和。

由上式可得国民收入的增量公式：

$$\Delta Y = \Delta C + \Delta I + \Delta G + \Delta X - \Delta M \tag{2-17}$$

其中 ΔY、ΔC、ΔI、ΔG、ΔX、ΔM 分别代表国民收入增量、消费增量、投资增量、政府支出增量、出口增量和进口增量。

依据"外贸乘数理论"，一国的出口和国内投资一样是"注入"，有增加国民收入和增加就业的作用；进口则类似于国内储蓄，是"漏出"，对就业和国民收入有替代作用。并且，当商品、劳务出口时，本国从国外得到的货币收入会使出口产业部门的收入增加，本部门消费也随之增加。由于一国经济是一个相互联系的整体，因此，这必然导致其他产业部门生产、收入、就业量的增加。

如此反复循环,国民收入的增加将会是出口增加量的若干倍,并且就业也会同步增长。公式表示为:

$$\Delta Y = [\Delta I + \Delta G + \Delta X - \Delta M] \times 1/(1 - c) \qquad (2-18)$$

其中,$1/(1 - c)$ 为乘数,$\Delta X - \Delta M$ 为净出口增加额,c 为边际消费倾向。按照"外贸乘数理论",当贸易出超或收支为顺差时,对外贸易才能增加一国的就业量和提高一国的国民收入量,此时,国民收入增加量将大于贸易顺差的增加量,并为后者的若干倍;同理,当贸易入超或收支为逆差时,对外贸易将会减少一国的就业量和国民收入量,此时,国民收入减少量将大于贸易逆差的增加量,并为后者的若干倍。

按照"外贸乘数理论",发展中国家由于参入东亚生产网络分工,通过加工贸易等方式增加其自身出口,无疑会数倍增加本国的就业。对发展中国家的就业总量而言,除了由对外贸易乘数所引致的就业数量增加以外,就业数量增加的来源还表现出新的特征,即会引起农业部门的闲置劳动力转移到与东亚生产网络内产品内贸易有关的工业生产中,促进非农就业。在二元经济结构明显的发展中国家,这种特征尤为明显。

关于 FDI 与就业的关系,参与东亚区域生产网络分工对东亚各经济体的就业将产生以下几种影响:(1)直接就业创造效应。直接就业创造效应是指,跨国投资本身就可以有效促进东道国就业数量的增加,主要包括跨国公司海外创建分支机构所带来的本地雇员增加。(2)就业关联效应。就业关联效应主要表现在,通过上下游产业关联带动相关产业发展,从而扩大这些产业的劳动力吸纳能力。(3)改善东道国就业结构。跨国投资通过产业关联、竞争效应、人员流动等渠道实现了技术溢出,从而提高了东道国劳动力的技术水平,为东道国就业结构的升级作出了贡献。(4)就业挤出效应。跨国公司通常拥有对市场渠道、专用技术的垄断,凭借自身的这些竞争优势,跨国公司在同东道国企业竞争时,往往能够战而胜之。并且,跨国公司具有高技术、高效率的特点,因此,单位资本的劳动力吸纳量要少于本地公司,从而造成就业挤出效应。

(二)就业的结构效应

根据迪尔多夫(Deardorff,Alan,2001)的理论,基于国际生产分割的跨国生产网络的形成的根本原因是不同国家的要素价格不同,使跨国公司在要素价格存在差异的不同国家进行分割生产的成本相对更为低廉。[1] 我们在迪尔多夫(Deardorff)理论基础上构建以下模型:

假定有两个国家:A 国和 B 国。A 国拥有丰富的高技术工人,B 国拥有丰富的低技术工人。两国要素价格不同。在自由贸易条件下,A 国和 B 国生产不同种类的商品并交换。假设 X 产品只能由 A 国生产(Z 为高技术密集型产品),当能分割生产 X 的技术产生后,X 的生产情况如图 2-3 所描述。

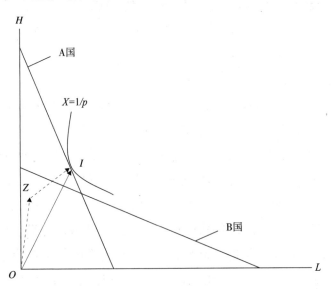

图 2-3 国际生产分割对就业技能结构的影响

① Deardorff, Alan V., "Fragmentation in Simple Trade Modles", *North American Journal of Economica and Finance*, Vol.12, Issue 2, 2001, pp.121-137.

在图 2-3 中，H 表示高技术工人，L 表示低技术工人。较陡的直线代表 A 国的生产情况，较平的直线代表 B 国的生产情况。在生产未分割时，X 只由 A 国生产，使用的要素组合比例为 OI。当生产被分割后，X 由 2 个环节共同生产，每个环节使用不同的要素组合比例，分别为 OZ 和 ZI。OZ 表示在 A 国生产中间产品更为便宜，ZI 表示在 B 国组装更有利可图。即使两个环节的组合超过了 I 点（即分割生产需要更多的生产要素），只要每个环节能够在合适的国家生产，要素价格差异足够大，允许生产分割的这项技术就能降低成本。在本模型中，通过两个环节生产 X 产品的总成本将比 X 产品的全部生产环节仅在 A 国生产的成本更低。要素价格差异越大，两个环节所使用的要素密集度差异越大，分割生产就越能降低成本。

在模型中，一旦生产分割技术被采用，A 国将不再生产最终产品 X，只生产具有高技术含量的中间产品，如图 2-3 中 OZ 所示。低技术含量的部分将转移到 B 国进行，使用的要素组合为 ZI。这种分割生产将带来以下结果：（1）B 国将产生生产 X 产品的新产业。在封闭条件下，B 国不会选择生产 X 也不会生产中间产品（如 OZ 所示），但当中间产品 Z 能从国外进口时，B 国将会通过要素组合 ZI 以组装进口中间产品的形式参与产品 X 的生产。（2）A 国保持高技术含量环节的生产，向 B 国转移的是相对于 A 国来说低技术含量的环节，但对于 B 国来说是高技术含量的环节。对于 A 国的劳动力而言，原先在 A 国从事这一部分低技术密集型生产的工人开始向其他技术密集度较高的生产环节转移，导致 A 国熟练劳动力的相对工资得到提高；而 A 国转移出去的低技术密集型的生产环节在 B 国则属于高技术密集型的生产环节，因此 B 国也会增加对本国熟练劳动力的相对需求。

东亚生产网络正是在跨国公司基于各国要素禀赋差异进行国际生产分割的基础上形成的。因此，按照上述理论推导，对于承接

生产转移的发展中东道国而言,融入东亚生产网络分工体系意味着东道国熟练劳动力的需求也会相对增加,原因是从发达国家转移过来的生产环节可能对该国而言是高技术密集型的生产环节,会增加对本国熟练劳动力的相对需求。该国就业结构的转变就是劳动力不断流向技术密集型的生产部门,导致了劳动力的技能升级。

第二节　融入东亚生产网络的分工效应:跨国公司视角

一、跨国公司本地嵌入的内涵及分类

(一)跨国公司本地嵌入的内涵

本地嵌入(local embeddedness)的概念最早可以追溯至格兰诺维特(Granovetter,1985)提出的所谓"企业的地域性嵌入"(territorial embeddedness of enterprises)概念,此后,哈里森(Harrison,1992)将本地嵌入定义为:在跨国公司运营的地理范围内,其与竞争者、消费者、供应商、地区商业组织和公共组织的网络关系。① 迪肯(Dicken,Peter,2001)认为在新的全球竞争当中,跨国公司与其投资所在地区的经济、文化、社会条件的互动更为深刻,认为跨国公司的本地嵌入可以分为两个层面:一是跨国公司之企业内部生产链中被分派的运营位置与被投资地区之企业外部的地方性网络之间的组织关系,二是跨国公司生产网络不同节点之间的统合和控制,属于内部网络合作。亨德森等人(2002)提出了相互联系的两种全球生产网络嵌入形式:"地域嵌入"(territorial

① Yeung Yue-man and Xiaojian Li, " Transnational Corporations and Local Embeddedness: Company Case Studies from Shanghai, China", *Professional Geographer*, Vol.52, No.4, 2000, pp.624 - 635.

embeddedness）与"网络嵌入"（network embeddedness）。前者是指全球生产网络的本地化过程。①。杨春（2009）指出地域嵌入是生产网络中的跨国公司分支机构"根植"（anchoring）东道国特定的制度环境和本地市场的过程,因而地域嵌入本质上就是跨国公司的空间嵌入过程。后者主要是指网络内部不同层级的参与者（跨国公司）之间联系的紧密程度。赫斯（Hess,2004）指出,全球生产网络从来就是"嵌入"到以特定地域为基础的本地经济制度环境之中的。杨友仁（2005）进一步提出了"在地镶嵌"（即本地嵌入）的概念,认为"在地镶嵌"（即本地嵌入）是跨国生产网络整合到区域经济发展的程度与过程。② 徐海洁（2007）指出跨国公司的本地嵌入可以理解为跨国公司通过建立本地产业网络与被投资地区发生的各种经济及社会联系。魏也华、李健、宁越敏（2012）认为跨国公司的本地嵌入是与跨国公司本地生产网络相近的概念,表现为跨国公司同本地经济联系的性质、深度和广度。

综上所述,跨国公司生产网络的本地嵌入实际上是在价值链治理基础上进一步从空间维度来考察跨国公司的网络嵌入,即在特定的地域维度上,跨国公司与被投资地区发生的各种经济社会联系的过程。确切来说,跨国公司生产网络的本地嵌入实际上是跨国公司生产网络中的不同经济单元之间在特定空间维度上的关系构造过程（Jones,1997）。③

（二）跨国公司本地嵌入的分类

根据赞菲（Zanfei Antonello,2000）提出的跨国公司的"双网络

---

① Jeffrey Henderson, Peter Dicken, Martin Hess, Neil Coe and Henry Wai-Chung Yeung, "Global Production Networks and the Analysis of Economic Development", *Review of International Political Economy*, Vol.9, No.3, 2002, pp.436 - 464.

② 杨友仁:《跨界生产网络之在地镶嵌与地方性制度之演化:以大东莞地区为例》,《都市与计划》2005 年第 3 期。

③ 转引自 Necibe Aydan Sat, "Local Embeddedness of Transnational Corporations: Turkish Case",Middle East Technical University,2005。

模型",在跨国公司的生产体系中同时存在相互依存的内部网络和外部网络,内部网络是指母公司与东道国子公司、分公司形成的基于控制权和所有权的紧密依存关系,外部网络是指子公司与东道国合作伙伴不依赖于控制权和所有权而建立的合作关系,见图2-4。本质上讲,跨国公司的内部和外部网络的划分是基于对跨国公司企业边界的划分。在此基础上,可以将跨国公司本地嵌入进一步分为两大类:跨国公司外部网络的本地嵌入和内部网络的本地嵌入,见图2-5。图2-5表明,对于生产网络嵌入的研究,结合跨国公司的企业边界和地域边界两个维度进行划分,产生了四个区间,而本章重点研究的是右侧上下两个领域,即跨国公司外部网络和内部网络在东道国的本地嵌入。

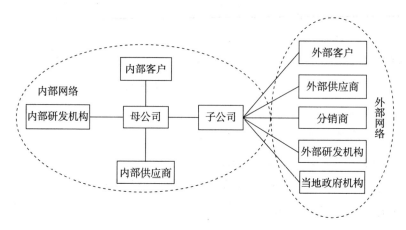

图2-4　跨国公司内外生产网络示意图①

----

① Schmid 和 Schurig(2003)在对子公司发展能力的研究中将跨国公司的主要组成单元总结为:母公司、子公司、内部客户、内部供应商、内部研发机构、外部客户、外部供应商、分销商、外部研发机构和当地政府机构。参见 Schmid and Schurig, "The Development of Critical Capabilities in Foreign Subsidiaries: Disentangling the Role of the Subsidiary's Business Network", *International Business Review*, Vol. 12, 2003, pp. 755 – 782。

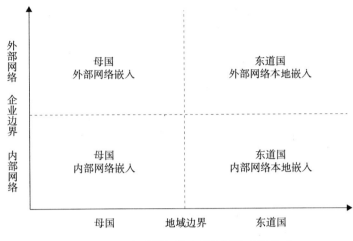

图 2-5　本地嵌入的内外部网络分析维度

二、跨国公司本地嵌入对生产网络中知识转移的影响

跨国公司本地嵌入过程本质上是跨国公司生产网络与被投资区域要素的耦合过程,一定程度上也是跨国公司生产网络整合到被投资区域经济之中的过程,跨国公司的本地嵌入对东道国经济,尤其是跨国公司所投资区域的经济发展存在着很大的创造与重构(restructuring)效果。[1] 因此,恩斯特(Ernst,Dieter,1998)以及杨悦曼和李晓建(2000)认为,跨国公司的本地嵌入程度越高,越有可能带来更多的技术扩散效应,越有利于被投资区域的经济发展。[2] 本

---

① Yang, Chun, "Restructuring the Export-oriented Industrialization in the Pearl River Delta, China: Institutional Evolution and Emerging Tension", *Applied Geography*, Vol.32, 2012, pp.143 – 157.

② 例如,恩斯特(1998)指出东亚地区的新兴工业国家如韩国电子工业的崛起很大程度上是电子行业的跨国公司在本地的深度嵌入所导致,分别参见 Dieter, Ernst and Paolo Guerrieri, "International Production Networks and Changing Trade Patterns in East Asia: The Case of the Electronics Industry", *Oxford Development Studies*, Vol.26, Issue 2, 1998, pp.191 – 212;以及 Yeung, Yue-man and Xiaojian Li, "Transnational Corporations and Local Embeddiness: Company Case Studies from Shanghai, China", *Professional Geographer*, Vol.52, No.4, 2000, pp.624 – 635。

节重点研究跨国公司的本地嵌入对生产网络中的上下游企业间的技术扩散的影响,即对特定生产网络中企业主体间知识转移效应的影响。

(一)跨国公司生产网络中知识转移的内涵

悌斯(Teece,1977)首次提出了知识转移的概念,指出知识转移是知识发送和知识接受的过程,并认为通过知识技术的国际转移可以促进其扩散,从而缩小国家或地区间的技术差距。达文波特和蒲卢萨卡(Davenport 和 Prusak,1998)认为,知识转移是把知识从知识源转移到组织其他人或部门的过程。① 据此可以认为跨国公司生产网络中的知识转移是在有意识和有组织的条件下,将知识从跨国公司生产网络中的一个经济单元向另一个经济单元传输和再创造的过程。知识转移可以理解为跨国公司生产网络中各个节点(交易主体)在知识上的相互依赖关系。

由知识转移的内涵可知,跨国公司生产网络内部上下游微观企业主体间转移的知识主要包括显性知识和隐性知识两大类,其中生产性知识、技术诀窍等显性知识就是技术。不同类型的知识需要不同的转移媒介,知识本身越是显性,越容易通过物质媒介传输,而越是隐性,越需要人员媒介传输。② 由此可见,跨国公司生产网络中的知识转移实质上是技术扩散的一般形态。

综上,研究跨国公司生产网络内部的知识转移,不可避免地涉

① Davenport, Thomas H. and Lawrence Prusak, *Working Knowledge: How Organizations Manage What They Know*, Boston: Harvard Business School Press, 1998, p15.

② Alemeida 和 Grant(1998)首次根据知识的可编码程度划分了显性和隐性知识,并证明了不同知识的转移媒介。参见 Alemeida and Grant, "International Corporations and Cross-Border Knowledge Transfer in the Semiconductor Industry", School of Business Georgetown University, 1998。

及知识本身因素①、知识传送方②和接受方因素③以及知识转移环境因素等方面,跨国公司本地嵌入程度是影响知识转移绩效的重要环境因素。下面将着重从本地嵌入视角分析影响知识转移的环境因素。

(二)跨国公司本地嵌入对知识转移的影响机理

伍兹(Uzzi,1997)提出企业组织间嵌入关系包含三个基本要素:信任(trust)、高密度的信息传递机制(fine-grained information transfer)和共同问题解决安排(joint-problem solving arrangement)。信任被定义为对交易伙伴不会以牺牲对方利益为代价而自私自利地行事的肯定以及面对风险时对交易伙伴的行为作出最好预期的偏好。信任被视作本地嵌入形成的关键要素和前提条件,跨国公司对本土交易伙伴的信任越深,其本地嵌入程度越深。高密度的信息传递被定义为有价值信息的交换行为。与传递有关价格和商品数量的直观信息不同,高密度的信息传递行为中交换的信息具有不可分性(integrative),且更为复杂(intricate)和细密(detailed)。这些信息包括技术信息、市场趋势信息、企业经营战略,甚至包括一些商业机密,往往只在存在信任基础的嵌入关系的交易主体之间传递,因此高密度的信息传递实质上可以看作是存在嵌入关系的交易主体之间在信息上的相互依赖关系。跨国公司生产网络中存在嵌入关系的交易主体之间信息传递的程度越细

73

---

① 显性知识由于其较强的可编码化和传输工具电子化,容易在网络中进行转移。而相反,隐性知识由于其难以用语言、文字和数据加以呈现,往往需要人际网络中面对面的交流,所以转移成本较高。

② 知识发送方的知识存量首先影响知识转移的要素,低知识存量的单元不可能大量向外转移知识。其次,知识发送方的转移意愿与保护意识也是需要考察的因素。

③ 知识接受方的知识存量同样影响转移,因为知识具有连续性,与发送方存在过大的"知识鸿沟",将使得转移绩效下降。另外,接收方的吸收能力也是重要的影响因素。

密,表明跨国公司的本地嵌入程度越深。共同问题解决机制被定义为建立在相互协商和协调基础上的灵活解决共同面临问题的制度安排。这既是本地嵌入的一个组成部分,更是信任和优质信息共享在实务层面的体现,只有生产网络中的不同交易主体间存在坚实的信任和细密的信息传递才能保证共同问题解决机制的顺利运行。

由于跨国公司本身可以被视作是一个"组织间的网络"(inter-organisational network)①,根据伍兹(1997)的理论,信任、高密度信息传递和共同问题解决安排是构成跨国公司与本地企业间嵌入关系的三个基本要素,而这三个因素又恰恰深刻地影响了跨国公司生产网络中的知识转移,以下将从这三个层面就本地嵌入对知识转移影响机理进行阐述。

1.本地嵌入影响跨国公司知识转移的"信任机制"

本地嵌入影响跨国公司知识转移的"信任机制"是指本地嵌入通过信任影响知识转移意愿的机制与过程。信任是知识转移的前提。因为信任直接决定了转移双方的转移意愿,且信任的程度与转移意愿的程度呈正相关关系。信任缺失会降低跨国公司对投资地企业知识转移的意愿。之所以如此,是因为在知识转移中存在一个博弈的困境,即如果知识转移遵循市场原则,也即知识的接收方需要向发送方支付相应的代价以换取知识,这种知识的交易便很难在没有信任的基础上进行。原因是接收方为了保证自身利益,会提出在交易前查看发送方的知识作为接受交易的前提,对此发送方只能拒绝,因为一旦在交易之前向接收方发送了知识,换言

① Ghoshal 和 Bartlett(1990)最早将跨国公司本身定义为一个"组织间的网络",原因是在跨国公司的全球化经营过程中,企业边界也在扩展,从而使得企业间关系被蕴含于其全球化经营活动之中。参见 Giroud, Axele and Joanna Scott-Kennel, "MNE Linkages in International Business: A Framework for Analysis", *International Business Review*, Vol.18, 2009, pp.555-566。

之,即发送方允许接收方事前"验货",接收方实际上就已经获得了交易标的,不再有付出代价的动机,发送方只能空手而归。而只要发送方拒绝接收方的"验货"请求,出于规避风险的考虑,接收方也不会再要求交易。故此,在不存在信任的条件下,由于知识的无形性和可复制性,很难存在知识转移。反之,信任存在会增强跨国公司对投资地企业的转移意愿。这是因为如果转移双方存在坚实的信任基础,尤其是在彭特立等人(Panteli, Niki 和 Sockalingam, Siva,2005)所定义的"基于认同的信任"(identification-based trust)条件下[①],可能会改变上述知识转移博弈的条件,产生转移意愿,使得知识转移顺利进行,也就是说,如果交易双方存在坚实的信任基础,可能会更改博弈的规则使得知识转移顺利进行。原因是:其一,知识转移不再遵循市场原则,即不再存在交易或者说代价,接收方可以无条件从发送方处获得知识,在此情况下,知识接收方将不会面临损失,交易自然达成;其二,知识接收方完全信任发送方的知识储备,不提出事前查验的要求,而是直接进行交易;其三,知识发送方完全信任接收方,同意事前查验,但不担心其获得知识后拒绝提供代价。

75

总之,知识作为一种战略性资源,在经济生活中的地位与日俱增,而显性知识(其中很大一部分是技术)的重置成本很小,这就使得知识接收方只要能成功获取知识载体,就可以在一定程度上掌握知识,并进行再创造,而拥有了新知识的接收方无疑将会威胁到知识发送方的地位,所以如果知识发送方没有对接收方建立足够的信任,知识转移无从谈起。

综上,信任存在会提升知识发送方的转移意愿,从而促进知识转移,它既是实施知识转移的先决条件,也是增加知识转移深度和

---

① Panteli, Niki and Sockalingam, Siva, "Trust and Conflict within Virtual Inter-Organizational Alliances: A Framework for Facilitating Knowledge Sharing", *Decision Support Systems*, Vol. 39, 2005, pp.599-617.

广度的必要基础。信任缺失降低转移意愿,阻碍知识转移。根据伍兹(1997)的理论,信任是本地嵌入的基础组成部分,随着本地嵌入程度的加强,网络节点之间的信任也会不断增加,所以本地嵌入中的信任通过转移意愿和知识形态影响知识转移。

2.本地嵌入影响跨国公司知识转移的"信息传递机制"

本地嵌入影响跨国公司知识转移的"信息传递机制"是指本地嵌入通过高密度信息传递影响知识转移形态的机制与过程。体现在:一方面,高密度信息传递的存在有利于隐性知识的转移。"高密度信息传递机制"所强调的是传递信息的形态和质量,区别于一般意义上的信息传递,高密度的信息传递过程中传递的是整体的、细节性的、难以直接沟通的,甚至要从一些行为或活动中推断的信息或隐性知识,在传递过程中往往伴随着双方的信息反馈,从而保证了知识接受方对知识的深入理解。高密度信息被跨国公司精心挑选和梳理,利用最合适的渠道和方式传输给投资地企业,目的就是为了确保其可以完全吸收信息,并据此做出跨国公司预期的正确行动。所以可以认为,高密度信息传递不仅是知识转移的一种,更是一种高端知识转移,因为通过高密度信息传递转移的知识具有固定的形态,即以高价值隐性知识和默会知识为主,以不可能由其他方式传输的技术性知识为辅。高密度信息传递是在有组织、有步骤和有目的的状态下进行的高质量知识转移。

另一方面,由于高密度信息传递的复杂性,要求知识传输必须在一个完善的网络环境中进行,需要建立在与投资地企业的长期合作与信任基础之上。对作为技术接受方的东道国企业而言,隐性知识的积累往往依赖于其与跨国公司建立的高密度的信息传递机制。根据波兰尼(Polanyi,1966)的观点,隐性知识具有整体性、细节性,往往蕴含于一些生产或管理活动之中,隐性知识的不可分性可能会使得任何"碎片状"的信息变得毫无用处。高密度的信息传递过程本身可以视作一种隐性知识转移的过程,有助于增加知识接受方的隐性知识积累,并进一步增强对显性知识或一些知识性资源(knowledge-based assets)的理解和运用能力。

总之,本地嵌入程度越强,高密度信息传递机制越完善,从而优化了跨国公司生产网络中知识转移的形态,即促进了隐性形态知识的转移。

3.本地嵌入影响跨国公司知识转移的"共同问题解决机制"

本地嵌入影响跨国公司知识转移的"共同问题解决机制"是指本地嵌入通过共同问题解决安排影响知识转移途径的机制和过程。共同问题解决安排被定义为建立在相互协商和协调基础上的灵活解决共同面临问题的制度安排。这既是本地嵌入的一个组成部分,也是信任和高密度信息传递在实务层面的体现,只有坚实的信任和密集的信息共享才能保证共同问题解决安排的顺利运行。本地嵌入程度越强,共同问题解决安排越完善。

共同问题解决安排将为知识转移建立完善的途径,为知识转移提供制度化保障。特定生产网络节点之间的共同问题解决机制,往往是建立在格尔布莱斯(Galbraith, Jay R., 1974)所定义的"正式整合机制"①基础之上的,所谓正式整合机制是指企业之间为了完成知识转移,以便解决共同问题采取的交易机制。格尔布莱斯(1974)所述的七种正式整合机制实际上可以理解为七种不同的知识转移途径,虽然形式不同,但都是为企业间知识转移建立适当的渠道,以便完成知识转移任务,顺利解决共同问题以便完成生产任务。从直接接触(DC)到最后的矩阵化组织(MO),七种途径由初级到高级,逐步完善了知识转移的路径,为知识转移奠定了

---

① Galbraith(1974)指出,根据知识转移的不确定性和所需解决问题的复杂程度,企业之间为了完成知识转移,以便解决共同问题会采取正式团队、矩阵化组织等不同的正式整合机制。参见 Galbraith, Jay R., "Organization Design: An Information Processing View", *Interface*, Vol.4 ,1974,pp.28 - 36。

制度化基础和系统化保障。作为本地嵌入的组成部分,共同问题解决安排在一定程度上与正式整合机制相互重叠,具体来说,可以认为从正式整合机制的正式团队(team)这种表现形式开始,企业之间开始存在了固定的共同问题解决安排,所以说共同问题解决安排是较高形式的正式整合机制,见图2-6。由此可见,建立在正式整合机制基础上的共同问题解决机制畅通了知识转移的途径和渠道,是知识转移的制度化保证,故可以认为本地嵌入通过共同问题解决机制为跨国公司生产网络中的知识转移提供了制度保证。

综合以上分析,我们可以将本地嵌入对跨国公司生产网络中知识转移的影响机理概括为图2-7。

图2-6 正式整合机制与共同问题解决安排概念图解①

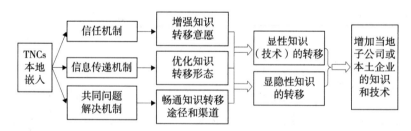

图2-7 跨国公司本地嵌入对知识转移的影响机理

① 图中DC是指"直接接触",LR是指"中介角色",TF是指"任务团队",Teams是指"正式团队",IR是指"整合角色",MLR是指"管理联系角色",MO是指"矩阵化组织"。

三、跨国公司本地嵌入对东道国产业升级的影响

（一）全球生产网络分工模式下产业升级的内涵

1.产业升级的内涵

格里菲（Gereffi，1999；2001）认为产业升级（industrial upgrading）是一个企业或企业集群提高其更具盈利能力的资本和技术密集型经济领域的能力的过程,该过程是其在价值链分工链条上从低到高的增值活动转变,实现在价值链上竞争地位提升的过程。这一过程又包含了企业通过嵌入（insertion）全球价值链实现其价值创造能力提升和学习能力提升的过程。朋（Poon，Teresa Shuk-Ching,2004）认为产业升级就是制造商成功从生产劳动密集型低价值产品向生产高价值的资本或技术密集型产品的转换过程。[①]

综合以上概念,可以认为,产业升级的过程是企业通过融入全球生产网络,吸收高层级企业的外溢或转移的显隐性知识,进而实现在全球生产网络中或价值链上的竞争地位提升的过程。

关于全球生产网络分工模式下产业升级的衡量主要包括两个方面:（1）企业在技术研发方面的能力提升。格里菲（1999）提出产业升级可以通过企业的研发能力来衡量,而企业的研发能力又可以根据研发成果产出前和产出后分类选取衡量指标。所谓研发能力产出前衡量指标,是指在科研成果尚未出现之前的投入指标,如R&D研发经费、新产品研发投入、科研人员数量等,可以视作技术研发能力提升的原因;研发能力产出后衡量指标是指科研成果的实际获得指标,如拥有的专利数目、新产品销售收入等,是技术研发能力提升的结果。（2）由利润率表征的价值链分工链条上地位的提升。

79

[①] Poon, Teresa Shuk-Ching, "Beyond the Global Production Networks:A Case of Further Upgrading of Taiwan's Information Technology Industry", *International Journal of Technology And Globalisation*, Vol.1, 2004,pp.130－144.

汉弗莱和施米茨(Humphrey，John 和 Hubert Schmitz，2010)认为产业升级的另一个表征是对价值链控制能力的提升,也即从价值链的低端环节向高端环节迈进,或从低端价值链向高端价值链转变。在这些变迁过程中,企业的利润率必然会有明显的提高。

2.产业升级的分类

恩斯特(1998)将产业升级分为产业间升级和产业内升级两大类。[1] 其中,产业间升级是指在不同产业中从低附加值产业向高附加值产业的转换,是行业的转型升级;产业内升级又可以被细分为四种:要素间升级,指生产要素集中从"禀赋资产"或"自然资产"向"创造性资产",即物资资本、人力资本和社会资本移动;需求升级,指消费者集中从必需品向便利品,然后是奢侈品转移;功能升级,指在价值链分工链条中,从组装、测试、零部件制造向产品开发和系统整合移动;产业联系的升级,指在具有前向和后向联系的行业中,从有形的商品类生产或供给向无形的、知识密集的支持性服务提供转换。

格里菲等人(2001)、汉弗莱和施米茨(2010)分别定义了四种类型的产业升级,其中共同的分类是:(1)过程升级(process upgrading),指利用重新整合的生产系统或高端技术更有效地将投入变为产出,体现为生产效率的提升;(2)产品升级(product upgrading),指将原有生产线转向单位价值更高的专业化生产线,生产更有价值的产品,体现为价值增值能力的提升;(3)功能升级(functional upgrading)[2],指企业在价值链环节中转向更高端的生产分工,如从加工组装向产品研发设计转变,体现为价值链上分工

---

[1] Dieter Ernst, Paolo Guerrieri," International Production Networks and Changing Trade Patterns in East Asia：The Case of the Electronics Industry ", *Oxford Development Studies*, Vol.26, Issue 2 ,1998, pp.191－212.

[2] Gereffi 等(2001)将其称为价值链内的升级(intra-chain upgrading)。参见 Gereffi, G., J. Humphrey, R. Kaplinsky and T. J. Sturgeon, " Introduction：Globalisation, Value Chains and Development ", *IDS Bulletin*, Vol. 32, No.3, 2001。

地位的提升;(4)部门间升级(inter-sectoral upgrading)①,指在同一产业的不同部门之间进行转换,向更高收益的高端生产及服务部门迈进。我们将四种类型的产业升级归纳为表2-1。

表2-1　全球生产网络分工模式下产业升级的四种类型

升级类型	升级途径	升级表现
过程升级	重新整合的生产系统或高端技术更有效地将投入变为产出	生产效率的提升
产品升级	原有生产线转向单位价值更高的专业化生产线	产品市场份额扩充、新品牌市场份额增大、价值增值能力的提升
功能升级	在价值链环节中转向更高端的生产分工,专注于价值量高的环节	价值链上分工地位的提升
部门间升级	获得相关产业领域的更高收益	移向新的价值高的价值链

资料来源:笔者整理。

由于本章主要着重于从微观层面考察跨国公司的本地嵌入所导致的产业升级效应,我们所指的产业升级效应便包含格里菲等人(2001)、汉弗莱和施米茨(2010)所定义的四种产业升级类型。

(二)跨国公司本地嵌入对产业升级的影响机理

跨国公司本地嵌入对产业升级既有正面影响又有负面影响,按照伍兹(1997)的理论,这种"双刃剑"般的影响被称为"嵌入悖论"。一般认为,适度嵌入网络对于产业升级将起到正面作用,而过度嵌入网络可能阻碍产业升级,导致所谓的产业"锁定效应"。

以下首先对适度嵌入网络和过度嵌入网络的内涵加以说明,然后分别结合适度嵌入网络和过度嵌入网络解析跨国公司本地嵌入对本土产业升级的积极影响和消极影响。

81

---

① Gereffi 等(2001)将其称为价值链间的升级(inter-chain upgrading)。参见 Gereffi, G., J. Humphrey, R. Kaplinsky and T. J. Sturgeon, "Introduction: Globalisation, Value Chains and Development", *IDS Bulletin*, Vol. 32, No.3, 2001。

1.适度嵌入网络与过度嵌入网络

根据伍兹(1997)的研究观点,网络节点之间的联系方式可以分为两种:嵌入联系(embeddedness-tie)和市场联系(arm's-length tie)。嵌入联系指通过嵌入关系形成的连接,是建立在对交易伙伴充分信任基础上的长期联系,这种联系往往是互惠的,为了维持嵌入联系,网络节点之间会主动向对方提供额外的帮助,承担额外的成本。市场联系指的是简单的市场关系,交易双方在协商价格和数量之后即达成交易,这种交易往往是一次性的,且严格按照合同进行,双方没有动力也没有必要承担合同规定之外的任何义务。以此为基础,伍兹(1997)根据嵌入程度,将企业间网络分为三类:欠嵌入网络(underembedded network)、适度嵌入网络(integrated network)和过度嵌入网络(overembedded network),见图2-8。图2-8给出了上述三种网络结构,其中实线表示嵌入联系,而虚线表示市场联系,图A表示过度嵌入网络,其中,第一层网络中,核心企业(focal firm)与一级供应商(合同制造商)之间的交易关系是嵌入关系;第二层网络一级供应商(制造商)和次级供应商(制造商)之间的交易关系也是嵌入关系,也就是说该网络几乎全部是由嵌入关系构成。图C表示欠嵌入网络,其中,第一层网络中,核心企业与一级供应商(合同制造商)之间的交易关系是市场关系;第二层网络中一级供应商(合同制造商)和次级供应商(制造商)之间的交易关系也是市场关系,也就是说该网络几乎全部是由市场关系构成。图B表示适度嵌入网络,其中,第一层网络中,核心企业与一级制造商之间的交易关系主要以嵌入关系为主,第二层网络一级供应商(合同制造商)和其他供应商(制造商)之间的交易关系既存在嵌入联系,又存在市场联系[①],且比例均衡,是

---

① 在第二层网络中嵌入联系主要存在于一级供应商与其设在东道国的当地子公司之间。市场联系主要存在于一级供应商与其缺乏足够的信任关系的东道国的本土企业之间。

典型的适度嵌入网络。总之,适度嵌入网络意味着网络中的上下
游企业间的关系既不是过于严格的纵向约束关系,也不是过于松
散的无约束关系。

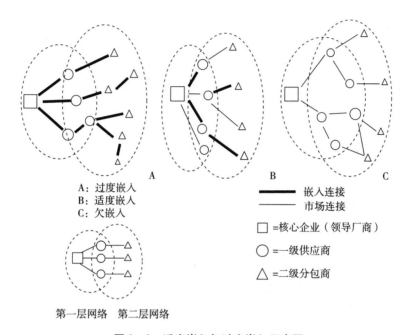

A:过度嵌入
B:适度嵌入
C:欠嵌入

━━━ 嵌入连接
─── 市场连接

□=核心企业(领导厂商)
○=一级供应商
△=二级分包商

第一层网络　第二层网络

图2-8　适当嵌入与过度嵌入示意图

资料来源:根据 Uzzi(1997)图2绘制。①

2.适度嵌入网络对本地产业升级的积极影响

适度嵌入网络的结构特征是:第一层网络中,核心企业与一级
供应商(合同制造商)之间的交易关系主要以嵌入关系为主,第二
层网络一级供应商(合同制造商)和其他次级供应商(制造商)之
间的交易关系既存在嵌入联系,又存在市场联系。可以推断,在第
一层网络中核心企业与一级供应商(制造商)之间以及第二层网

① Uzzi, Brain, "Social Structure and Competition in Interfirm Networks:The
Paradox of Embeddedness", *Administrative Science Quarterly*, Vol.42, No.1,1997,
p.60.

络一级供应商(制造商)和其他次级供应商(制造商)之间均存在信任、高密度信息传递和共同问题解决安排等价值链治理方式,由于核心企业与一级供应商(制造商)往往位于发达国家及次发达国家(地区),其他次级供应商(制造商)往往位于发展中国家,以信任、高密度信息传递和共同问题解决安排为基础的价值链治理方式不仅有利于推动次发达国家(地区)的产业升级(台湾地区PC制造业的升级便是典型例证)①,也有利于促进发展中国家的产业升级。以下将重点阐述适度嵌入网络对发展中国家的产业升级的积极影响,我们仍以构成嵌入关系的三个要素即信任、高密度信息传递、共同问题解决安排分别加以说明。

第一,信任不仅保证了品牌主导企业和各级供应商之间形成互惠性的紧密关系,也保证了一级供应商和次级供应商之间的互惠性的紧密关系,有利于东道国的产业升级。在适度嵌入网络的第一个层次,由于快速的技术进步缩短了产品生命周期,要求经常性地对产品设计和研发作出改变,居于销售终端品牌主导企业在推广产品时面临的时间压力大,使得品牌主导企业和各级供应商之间形成互惠性的紧密关系以满足市场的需求和弹性生产。在适度嵌入网络的第二个层次,一级供应商直接接受来自品牌主导企业的订单,利用自己的技术优势研究开发产品,并将生产放到要素低廉的发展中国家进行,形成将发展中国家次级供应商乃至更低层次的供应商纳入其中的生产网络。由于一级供应商在研发上的技术能力,次级供应商需要根据它们的设计生产对应的零部件配

---

① 随着台湾地区企业技术能力的提高和产业升级,美欧主导品牌商专注于具有核心竞争力的品牌推广、产品概念设计和销售,将产品研发活动交由台湾地区企业进行。台湾地区企业则从"原始设备制造"厂商(OEM, original equipment manufacturing)升级为"原始设计制造"厂商(ODM, original design manufacturing),1998年以来,OEM/ODM业务所占比重维持在80%以上。参见于明超、刘志彪、江静:《外来资本主导代工生产模式下当地企业升级困境与突破》,《中国工业经济》2006年第11期。

套产品,在一级供应商和次级供应商之间乃至更低层次的供应商之间形成了技术驱动型价值链(于明超等,2006),以上两种互惠关系的发展会直接推动发展中国家的产业升级。

第二,产业升级意味着必须获得技术和效率上的优势,而这两种竞争力部分来源于生产网络高层级企业的显性和隐性知识传递。由适度嵌入网络的结构特征可知,第一个层次网络中品牌主导企业和一级供应商之间的交易关系是建立在信任基础上的嵌入关系,为了满足市场需求的变化和弹性生产,他们之间需要就产品概念和产品研发信息不断进行交流,从而隐性知识会从品牌主导企业向一级供应商那里传递和转移;第二个层次网络中的一级供应商接受来自品牌主导企业的订单并利用自己的技术优势研究开发产品之后,会向位于发展中国家的次级供应商乃至更低层次的供应商①传递和转移模块化的生产技术,即显性知识。由前面的分析可知,位于发展中国家的次级供应商之间乃至更低层次的供应商不仅包括与一级供应商(合同制造商)有嵌入关系的当地子公司,也包括与一级供应商具有一定信任基础的其他国家跨国公司的子公司以及本土企业。因此,第二个层次网络中的知识转移无疑将会使得当地子公司和本土企业获得技术信息并将其转化为生产力,从而实现汉弗莱和施米茨(2010)所提出的基于效率提升的"过程升级"和基于价值创造能力提升的"产品升级"。

第三,共同问题解决安排为解决子公司面临的生产问题提供了保障。子公司在生产中必然会遇到诸多困难,如不能妥善加以解决,产业运营尚且无法保障,产业升级更是无从谈起。适度嵌入网络中的共同问题解决机制的存在,为解决子公司面临的生产问题提供了保障,通过该机制形成的科学管理运营方法,同样有利于

85

---

①　位于发展中国家的次级供应商之间乃至更低层次的供应商不仅包括与一级供应商有嵌入关系的跨国公司当地子公司,也包括与自己建立在信任基础的市场关系的本土企业。

与子公司具有产业联系的本土企业实现"过程升级"和"产品升级"。

3.过度嵌入网络对本地产业升级的消极影响

过度嵌入网络对产业升级的消极影响主要体现为锁定效应（lock-in effect）。"锁定效应"这一概念最早是由阿瑟（Arthur，1989）在研究后进国家的技术创新路径时提出，他认为在技术创新方面，一国现有的技术条件对技术创新的方向和路径具有锁定效应，会导致该国的技术水平停滞不前，从而不利于该国的产业升级。根据阿瑟（1989）的观点，"锁定效应"解释的是现实中的经济为什么常常会长期地陷入一种初始发展模式而难以发生改变。在开放条件下，"锁定效应"则表现为开放中资源配置的某种"路径依赖"效应。与此相对应，在以产品内分工为基础的全球生产网络背景下，"锁定效应"在宏观上表现为一国产业的发展模式对跨国公司主导的价值链分工中"依附性"代工角色的路径依赖，最终可能损害经济或产业的可持续发展；在微观上则表现为本土企业无法通过拥有自主品牌而摆脱代工者角色，从而无法控制终端市场，最终削弱其长久竞争力。[1]

格莱伯哈（Grabher，1993）将产业锁定效应进一步分成三种类型：一是功能性锁定（functional lock-ins），指层级制的企业间关系锁定，即长期、稳定的企业间网络关系，逐渐在集群内部形成相对封闭、稳固的信息圈，削弱了企业到网络外部获取新信息的动机，降低了集群技术、市场创新的可能性。一方面，低层级供应商会围绕核心企业（领导厂商）及高层级供应商的投资计划来制定自己的研发和生产目标，从而其产品的技术与功能被锁定；另一方面，这种紧密的关系会在很大程度上削弱供应商的营销能力，从而将

---

① 参见杜宇玮：《国际代工的锁定效应及其超越》，南京大学博士学位论文，2011年，第8页。

供应商的能力锁定在为核心企业提供产品的功能上（杜宇玮，2011）。二是认知锁定（cognitive lock-in），指企业与相关组织在地理上高度集中，频繁互动，并在此基础上形成一种本地经济、技术、生产活动等方面的高度趋同、同质性的群体性思维，导致对事件错误性判断。三是政策锁定（political lock-ins），指以支持本地产业集群发展和维持现有的产业结构为目标的政府行为介入，往往形成集群内部的企业与当地政府之间的政策系统，左右集群的发展方向，使集群发展可能偏离按照市场机制进行自我更新与业务转型的轨迹①，不可避免地会减缓当地产业升级的进程。维纳布斯（Venables，1996）提出产业锁定还包括技术锁定，即企业对业已掌握的技术墨守成规，不愿放弃或采用革新方法，致使该产业的技术长期得不到更新和提高的现象。

　　如前所述，跨国公司的过度嵌入网络标志了生产网络各个节点之间的严格的层级制关系，将会导致微观层面的产业锁定效应，即功能性锁定和技术锁定，最终阻碍本土产业升级。以下我们仍从嵌入关系的三个基本构成要素来解析跨国公司的本地嵌入对微观层面的产业锁定的影响机理。

　　第一，以信任作为最主要的价值链治理模式的过度嵌入网络在发展中东道国往往会呈现为一种"伪本地化"的网络，可能导致发展中国家企业的功能锁定。由前面的分析可知，过度嵌入网络的结构特征是：第一层网络中核心企业（领导厂商）与一级供应商（合同制造商）之间的交易关系以及第二层网络中一级供应商（合同制造商）和其他次级供应商（制造商）之间的交易关系主要都是嵌入联系，意味着信任是最主要的价值链治理方式，从而过度嵌入网络的第二个层次在发展中国家的嵌入模式表现为"价值链整体

---

　　① 政策锁定产生的根本原因是地方政府在其税收来源主要由传统产业提供的条件下，往往缺乏吸引新的投资和推动产业重构的动机，最终会间接地阻碍本地创新能力的发展。

投资",表现为大量低层级零部件供应商跟随高层级领导厂商投资于发展中国家的某些特定区位,导致这一网络的具体活动地点与环境虽然出现在发展中东道国的某一区位,但其价值链活动联系以及知识联系机制本身却是非本地化的,而是全球生产网络的一个特定单元。也就是说,以信任作为最主要的价值链治理模式的过度嵌入网络在发展中东道国往往会呈现为一种"伪本地化"的网络,因而会制约本土企业在价值链上的功能升级,主要原因是:其后向产业联系效应和技术外溢效应微弱;在一级供应商(制造商)和本土企业之间几乎没有知识和技术的转移(因为缺乏信任基础);由于该生产网络对于本土优质生产要素的利用而产生"挤出效应"。

第二,过度嵌入网络的第二个层次中信息传递的选择性、排他性及专用性可能导致发展中国家企业的功能锁定。根据前面的分析可以推断,过度嵌入网络的第二个层次在网络形式上往往表现为在发展中国家基于"飞地式投资"形成的封闭式生产网络,即网络中的交易主体主要以一级供应商(制造商)的当地子公司以及与一级供应商建立在一定信任基础之上的其他国家跨国公司的子公司为主,发展中国家的本土企业很少纳入其中;过度嵌入网络的第二个层次在产业集群形式上表现为体现领导厂商的战略意图的"封闭式当地产业集群"[①]。鉴于此,过度嵌入网络意味着网络中上下游企业之间严格的纵向约束关系,是一种"严苛"的企业间网络(rigid inter-firm networks),虽然在核心企业(领导厂商)与一级供应商(合同制造商)之间以及一级供应商(合同制造商)和其他

① 这一类型的当地产业集群往往本身就是其全球生产网络在地理空间中延伸的产物,因而这种集群实际上是建立在原有生产网络联系的基础之上的,基本上不具有当地根植性,所反映的只是全球生产网络中领导厂商的战略意图。从一定程度上讲,战略性集群意味着与生俱来的选择性、封闭性和排他性。参见王益民、宋琰纹:《全球生产网络效应、集群封闭性及其"升级悖论"》,《中国工业经济》2007年第4期。

次级供应商(制造商)之间存在持久的高密度信息传递行为,前者转移的是隐性知识,后者转移的是显性知识(体现为模块化技术)。但是生产网络中大部分的低层级企业都只负责价值链中的某个部分,很少有某个低层级企业可以形成独立完整的产业价值链,所以大部分低层级企业所需信息是有限的,它们只关心与自身生产任务相关的信息(体现为模块化技术),因此,一级供应商向位于发展中国家的其他次级供应商(主要是当地子公司)转移的显性知识具有战略选择性、排他性、有限性,而这些信息几乎全部可以从封闭式生产网络中获得。总之,过度嵌入网络的第二个层次中信息传递的选择性、排他性及专用性,导致了次级供应商仅仅会围绕一级供应商(合同制造商)的投资计划来制定自己的研发和生产目标,提供相对单一的产品,从而其产品的技术与功能被锁定,功能锁定由此产生。加上本土企业被排除在知识转移过程之外,其技术能力形成受阻,也会导致功能锁定。

第三,过度嵌入网络的共同问题解决安排可能导致发展中国家企业的技术锁定。过度嵌入网络的共同问题解决安排虽然有利于网络节点之间有效解决生产中共同面临的任务,提高生产效率和组织效率,但同时也可能导致技术锁定。为了解决共同问题,网络节点之间必然需要对日常生产中出现的情况给出制度化、常态化的解决方式,因为只有这样才能形成所谓"机制",而不是等到问题出现时再重新进行协商。这种制度化、常态化的解决方式反映在技术上,形成技术标准和操作流程;反映在管理上,形成运营制度和管理模式;反映在设备人员上,形成专业化工厂和专业化工人。由此,生产的各个环节由于共同问题解决机制的需要,都被以一定模式固定下来,技术锁定由此产生。

另外,过度嵌入网络是一种建立在上下游企业间的纵向约束关系基础上"严苛"的企业间网络。从网络的分工角度看,为了维持整个网络的正常运营,共同问题解决安排要求部分网络节点,特

89

别是位居发展中国家的低层级供应商(包括外资企业和本土企业)从事不变的分工,提供不变的产品和服务,由此导致网络节点不会主动寻求技术突破,也制约了低层级供应商的技术创新动机。

第三章　中国在东亚生产网络中的
　　　　分工地位

首先,本章拟从制造业零部件贸易流动及模式分解角度从总体上考察中国的分工地位。同时,为了做到分析的全面性,规避由于数据库获得性局限而未将中国台湾地区包括在分析之中的缺陷①,我们选取台海两岸通讯信息(ICT)制造业零部件贸易模式作为一个个案,进一步考察中国在东亚通讯信息制造业生产网络中的相对分工地位。其次,由于东亚跨国生产网络主要聚集于电子行业、服装行业②以及汽车行业③,本章拟采用多种指标从生产区段国际分工角度分别考察中国在东亚电子行业、服装行业、汽车行业生产网络中的分工地位。

---

①　UN COMTRADE 数据库没有统计获得中国台湾地区的贸易数据。

②　东亚地区电子行业(electronics and electronic products)以及服装行业(wearing apparel)生产网络都是该行业的全球生产网络的重要组成部分,已形成"东亚接单—中国大陆生产—全球分销"的国际分工格局,美国跨国公司由于其在研发、设计方面的垄断优势而在这些行业的生产网络中居于绝对控制地位。

③　相较而言,东亚汽车行业生产网络相对落后一些,在很大程度上是由日本、韩国跨国公司主导的区域性生产网络,也即价值链的跨国延伸主要集中于东亚区域内部,其中,日本是东亚其他经济体汽车零部件的主要提供者。参见 Wang ,Z. , William Powers and Shang-Jin Wei ,"Value Chains in East Asian Production Networks—An International Input-Output Model Based Analysis" , The U. S. International Trade Commission, No. 2009-10-C。

第一节 从零部件贸易角度解析中国的分工地位

鉴于零部件贸易流动构成东亚生产网络运行的最基本内容，并且东亚跨国生产网络主要聚集于机电行业，本节主要从中国与东亚机电行业零部件贸易流动及模式分解角度考察中国的分工地位。如同前面的分析一样，笔者参照阿思克拉拉（2003）关于制造业行业零部件的分类方法，着重考察《国际贸易标准分类》（SITC Rev.3）中机械与运输设备（SITC 7）和杂项制品（SITC 8）两大类制造业的零部件贸易。①

一、基于零部件贸易差额的考察

从零部件贸易流动角度解析中国在东亚生产网络中的分工地位，我们可以得出以下分析结论：

（一）中国在对东亚的零部件贸易中基本处于贸易逆差地位

2007 年之前，在对东亚零部件贸易中，中国基本处于贸易逆差地位。从国别来看，1999—2009 年间，中国对日本和韩国的零部件贸易存在着巨额贸易逆差，并且贸易逆差呈增长之势（见表 3 - 1），表明中国对上述发达国家在零部件方面存在着较大的进口依赖，也反映了中国作为东亚生产网络的制造中心其比较优势主要体现为机械零部件的组装优势，而不是生产和供给优势。

---

① 如前所述，根据 Athukorala（2003）的统计，《国际贸易标准分类》（SITC Rev. 3）中机械与运输设备（SITC 7）和杂项制品（SITC 8）两大类制造业中 5 位数水平的零部件共计有 225 种。参见 Athukorala, Prema-chandra, "Product Fragmentation and Trade Patterns in East Asia", Working Paper No. 2003/21, Research School of Pacific and Asian Studies Australian National University, 2003, Statistical Appendix Table A - 5, pp. 57 - 67。

表 3 - 1　1999—2009 年中国与东亚零部件贸易差额

（单位：百万美元）

		东亚	日本	中国香港	韩国	东盟 6 国
1999 年	出口	13810.5	3607.7	6539.5	1036.0	2627.3
	进口	20424.1	11016.1	2072.1	3357.0	3978.9
	贸易差额	-6613.6	-7408.4	4467.4	-2321.0	-1351.6
2002 年	出口	32453	6693.7	16509.8	2450.4	6799.1
	进口	43105	18240.9	4251.3	8847.6	11765.2
	贸易差额	-10652	-11547.2	12258.5	-6397.2	-4966.1
2005 年	出口	77300	13392.7	41116.7	6265.1	16525.5
	进口	98673.4	33028.4	4362.3	28272.2	33010.5
	贸易差额	-21373.4	-19635.7	36754.4	-22007.1	-16485.0
2007 年	出口	101273.3	16253.4	56756.4	9096.6	19166.9
	进口	62478.9	29254.3	2291.7	17901.4	13031.5
	贸易差额	38794.4	-13000.9	54464.7	-8804.8	6135.4
2008 年	出口	117082.3	19133.6	63191.4	14013.5	20743.8
	进口	65580.2	31992.9	1989.9	17497.3	14100.1
	贸易差额	51502.1	-12859.3	61201.5	-3483.8	6643.7
2009 年	出口	104789.4	15585.95	58998.93	13197.01	17007.46
	进口	61203.92	29713.42	1414.19	17452.64	12623.67
	贸易差额	43585.43	-14127.47	57584.73	-4255.63	4383.78

资料来源：笔者根据 UN COMTRADE 数据库 SITC（Rev.3）数据整理计算得出。

（二）零部件贸易逆差集中于技术密集型产品，且主要来自日本和韩国

通过计算 2008—2009 年中国对东亚的零部件贸易差额笔者发现，中国对东亚的零部件贸易逆差主要集中于技术密集型的 5 类产品，包括办公机械零部件、通讯设备零部件、半导体、电子产品零部件和汽车零部件，见表 3 - 2。从表 3 - 2 可以看出，除中国香港外，中国与日本、韩国、东盟 6 国在这 5 类产品的贸易中基本处于逆差地位，尤其是在高技术含量的半导体贸易中对日本、韩国存在巨额贸

易逆差,对东盟也存在较大逆差。中国在中等技术含量的汽车零部件贸易中对日本、韩国也存在巨额贸易逆差,说明中国在技术密集型的零部件,尤其是高技术含量的零部件方面尚不具备自主研发和生产能力,而是对东亚较发达的经济体存在高度的进口依赖,这从一个侧面表明中国在当前东亚生产网络中处于较为低端的加工组装环节。

表3-2 2007—2009年中国与东亚5类产品的贸易差额

(单位:百万美元)

产品 地区 年份	日本		中国香港		韩国		东盟6国	
	2007年	2009年	2007年	2009年	2007年	2009年	2007年	2009年
办公机械零部件	-200.76	-185.13	11227.22	10440.48	-3337.79	-1828.72	726.39	-83.82
通讯设备零部件	198.02	1091.69	26095.24	30506.67	-511.71	3177.43	4575.76	3027.74
半导体	-4208.73	-3759.87	8977.03	8518.68	-1772.29	-2031.73	-181.03	-319.26
电子产品零部件	-2835.35	-153.33	202.24	79.25	-769.81	-112.18	521.90	-71.61
汽车零部件	-145.08	-4856.11	66.22	177.55	-137.72	-887.79	-58.35	645.25

资料来源:笔者根据UN COMTRADE数据库SITC(Rev.3)数据整理计算得出。

94

二、基于零部件贸易模式的考察

随着国际分工的不断深化,基于价值链分工形态的出现,发展中国家也可以基于自身优势参与产品生产的不同环节,产业内贸易开始在发展中国家之间盛行。一国对外贸易中产业内贸易份额越高,则表明该国参与国际分工程度越深,其产业规模和层次发展较好,在国际分工中所处地位则更重要。因此,贸易模式(产业间贸易与产业内贸易)能够更准确地反映一国参与国际分工的程度和产业的发育成熟程度,因而反映其在国际分工中所处的地位。笔者将进一步对中国与东亚零部件贸易模式进行分解以便更进一步解析中国在东亚生产网络中的分工地位。

(一)零部件单向贸易与产业内贸易模式分解

笔者借鉴日本学者安藤光代(2006)分解贸易模式的方法来

区分中国与东亚 9 个经济体之间的零部件贸易中单向贸易和产业内贸易各自所占的比例。计算公式如下：

$$\frac{Min(X_{kj}, M_{kj})}{Max(X_{kj}, M_{kj})} \leq 0.1 \qquad (3-1)$$

其中 X_{Kj} 表示 K 国向目的国出口产品 J 的贸易额，M_{kj} 表示 K 国从目的国进口产品 J 的贸易额[①]。笔者通过研究发现：

第一，中国与东亚各经济体的零部件贸易以产业内贸易为主。由表 3-3 可知，除香港地区外，中国与东亚经济体的零部件产业内贸易十分发达且增速十分明显。2007—2009 年中国与大多数东亚经济体的制造业零部件以及 5 类技术密集型零部件产品的产业内贸易份额分别都在 80% 和 70% 以上，中国与韩国的零部件产业内贸易份额甚至达到 98.04%。

第二，中国与东亚发展中经济体的零部件产业内贸易份额增长迅速。中国与马来西亚、越南的零部件贸易显著地转向产业内贸易。1999 年，中国与马来西亚、越南的零部件贸易中的单向贸易份额分别为 51.58% 和 99.41%；而到 2008 年，中国与马来西亚、越南的零部件贸易中的产业内贸易份额分别增长至 76.54% 和 69.24%。一方面，中国与东亚零部件产业内贸易的迅猛增长体现了"双向往返"式交易的分工特征，主要是由跨国公司所主导的垂直专业化分工链条在东亚各经济体之间的延展所导致，而这种"双向往返"式零部件贸易也正是驱动东亚生产网络运行的最基本因素；另一方面，中国与东亚零部件产业内贸易的迅猛增长也表明了日本、韩国等发达经济体在东亚生产网络中作为零部件提供者的主导地位在发生改变，中国也开始充当区域内零部件的供给

① 当(3-1)式成立时，则表明 K 国与目的国之间的贸易为单向贸易，即仅有 K 国向目的国出口产品 J 或仅有 K 国从目的国进口产品 J，而不存在 K 国和目的国之间向对方出口产品 J 的同时又从对方进口产品 J。反之则表明 K 国与目的国之间的贸易为产业内贸易，即 K 国和目的国之间互相向对方出口和从对方进口产品 J。

者,其零部件生产供给能力在逐步加强。

表 3-3 中国对东亚的零部件贸易模式解析　　（单位:%）

			日本	中国香港	韩国	泰国	印尼	马来西亚	越南	菲律宾	新加坡
零部件	1999年	单向贸易	22.36	3.58	31.69	11.40	32.11	51.58	99.41	6.66	5.11
		产业内贸易	77.64	96.42	68.31	88.60	67.89	48.42	0.59	93.34	94.89
	2002年	单向贸易	23.05	35.59	17.81	24.67	28.04	42.91	77.59	68.57	3.70
		产业内贸易	76.95	64.41	82.19	75.33	71.96	57.09	22.41	31.43	96.30
	2005年	单向贸易	13.83	65.43	53.19	22.88	24.29	68.42	83.92	83.93	10.28
		产业内贸易	86.17	34.57	46.81	77.12	75.71	31.58	16.08	16.07	89.72
	2007年	单向贸易	3.74	94.23	1.96	9.95	18.59	19.81	84.58	27.35	7.44
		产业内贸易	96.26	5.77	98.04	90.05	81.41	80.19	15.42	72.65	92.56
	2008年	单向贸易	2.47	97.88	3.13	11.21	27.50	20.66	37.16	26.54	11.70
		产业内贸易	97.53	2.12	96.87	88.79	72.50	79.34	62.84	73.46	88.30
	2009年	单向贸易	3.25	97.52	4.37	11.14	35.10	23.46	30.76	24.39	13.44
		产业内贸易	96.75	2.48	95.63	88.86	64.90	76.54	69.24	75.61	86.56
5类零部件	1999年	单向贸易	0.00	0.21	1.12	0.00	2.69	0.00	50.67	0.56	0.00
		产业内贸易	47.07	59.15	32.94	68.56	57.08	29.03	0.00	19.63	65.75
	2002年	单向贸易	0.00	28.80					11.00	0.55	0.29
		产业内贸易	48.28	37.52	50.89	62.57	57.69	38.64	20.94	17.35	46.37
	2005年	单向贸易	0.00	57.61	5.55	0.08	0.06	0.59	39.52	0.00	0.35
		产业内贸易	48.23	12.40	35.35	51.87	58.47	27.24	11.76	13.86	46.48
	2007年	单向贸易	0.00	64.32	0.60	0.00	0.00	2.34	48.54	1.61	1.07
		产业内贸易	61.07	0.27	73.09	77.63	67.02	67.13	13.06	69.06	80.13
	2009年	单向贸易	0.00	84.51	0.67	0.00	0.02	2.70	4.60	2.85	1.36
		产业内贸易	60.49	0.24	72.05	76.70	61.03	66.52	58.64	68.53	74.81
	2009年	单向贸易	0.00	85.49	0.42	0.00	2.73	3.20	4.17	1.00	1.42
		产业内贸易	63.79	0.25	72.85	76.79	56.37	62.96	63.481	69.31	70.69

注:表中5类零部件是指办公机械零部件(SITC759)、通讯设备零部件(SITC764)、半导体
　　(SITC772)、电子产品零部件(SITC77689)和汽车零部件(SITC784)5类技术密集型
　　产品。

资料来源:笔者根据 UN COMTRADE 数据库 SITC(Rev.3)数据整理计算得出。

（二）零部件产业内贸易结构的进一步分析

以下笔者通过中国与东亚零部件产业内贸易结构的进一步分析，即考察水平产业内贸易（HIIT）和垂直产业内贸易（VIIT）各自所占的份额来研究中国的国际分工地位。并进一步计算中国与东亚垂直产业内贸易中出口价格高于进口价格的贸易部分所占的比重，以考察中国相对于东亚较发达经济体的技术差异情况。由于水平产业内贸易主要归因于产品的水平差异，即指产品属性方面的差异性，而垂直产业内贸易主要归因于产品的垂直差异，即指产品质量方面的差异性。产品质量方面的差异性又主要通过要素投入差异，进而由产品价格差异体现出来。若贸易双方在零部件方面的水平产业内贸易份额越高，表明双方的技术差距越小，零部件供给能力相当。若双方垂直产业内贸易份额越高，表明双方的垂直专业化分工程度越高，且存在明显的质量阶梯或技术差距。在国际生产网络分工的背景下，产品的垂直差异往往表现为一个技术波谱中低端技术与高端技术的差异，主要由价值链的不同环节决定。若出口国出口某一产品的价格高于其进口的该同类产品价格的话，表明出口国提供的该产品的技术含量高于其进口的该同类产品的技术含量。

笔者根据格林纳韦（Greenaway，1994）提出的区分水平产业内贸易和垂直产业内贸易的方法，计算中国与东亚经济体间的产业内贸易，并进一步计算中国与东亚垂直产业内贸易中出口价格高于进口价格的贸易所占的比重，以考察中国与东亚零部件产业内贸易结构。格林纳韦（1994）区分水平和垂直产业内贸易的方法是：

$$\frac{1}{1+\alpha} \leqslant P_{kj}^{X}/P_{kj}^{M} \leqslant \frac{1}{1-\alpha} \qquad (3-2)$$

其中 P_{kj}^{X}、P_{kj}^{M} 表示 K 国向目的国出口、进口产品 J 的单位价格。当进出口单价的比值符合（3-2）式的范围时，则认为 K 国对

目的国的贸易属于 HIIT;而当进出口单价的比值在(3－2)式的范围之外时,则认为 K 国对目的国的贸易属于 VIIT。格林纳韦在分析英国产业内贸易时对 α 的取值分别使用了 0.15 和 0.25 这两个临界值,基于分析的需要,本书选取 0.25 作为临界值来进行分析。[①] 笔者的研究结论如下:

1.零部件垂直产业内贸易占据了绝对优势份额且呈上升趋势

表 3－4 和表 3－5 分别显示了中国与东亚经济体零部件产业内贸易以及中高技术含量的 5 类零部件的产业内贸易中的水平产业内贸易和垂直产业内贸易各自所占的份额。一方面,笔者发现 1999—2008 年间中国与东亚经济体零部件贸易中的垂直产业内贸易占据了绝对优势份额。2007 年中国垂直产业内贸易所占份额最大的是泰国(88.90%),其次为日本(88.73%)和新加坡(80.45%);到了 2009 年,除中国香港、越南外,垂直产业内贸易比重均在 30% 以上,见表 3－4。在中高技术含量的 5 类产品的产业内贸易中的垂直产业内贸易亦占据了绝对优势份额。另一方面,笔者发现,除中国香港、泰国、印度尼西亚外,1999—2007 年间中国与东亚经济体零部件垂直产业内贸易所占份额呈显著上升趋

98

---

① 为了避免临界值选取的随意性,尽量减少因进口使用 CIF 口径统计与出口使用 FOB 口径统计的差别,本书根据 Schindler, John W.和 Dustin H. Beckett(2005)分析中国贸易盈余时对出口价格的调整,将出口价格乘以 1.05 之后再进行计算。本书在计算产品单价时采取以下方法:若产品以数量计算,则采用总价值除以数量的计算方法,若产品以重量计算,则采用总价值除以重量的计算方法,避免在采用每公吨物品的单位价值时产品的质量与重量并不具有正的相关性的情况出现。此外,在收集数据的过程中,无法得到一些产品的数量信息,因而无法计算出这些产品的进出口单位价格,也就不能区分在这些产品上的贸易是属于哪种产业内贸易形态,所以在这里我们把这一类产品贸易归为“未分类产业内贸易(未分类 IIT)”。在本书中,未分类 IIT 所占份额＝1－(HIIT 所占份额＋VIIT 所占份额)。参见 Schindler, John W., Dustin H. Beckett,"Adjusting Chinese Bilateral Trade Data: How Big is China's Trade Surplus", International Finance Discussion Papers 831, Board of Governors of the Federal Reserve System (U.S.), 2005。

势①，而水平产业内贸易所占份额基本呈下降趋势。技术密集型的 5 类零部件产品的水平产业内贸易下降亦十分明显，其中，降幅最为明显的是日本，其水平产业内贸易比重在 1999 年为 10.53%，到 2008 年、2009 年则降为零。由于东亚生产网络中的零部件垂直产业内贸易本质上是伴随着垂直专业分工内分工链条扩展所导致的，即本质上是零部件在不同经济体之间"双向往返"交易或价值增值活动，因此，其所占据的绝对优势份额且呈上升的趋势反映了东亚生产网络的垂直专业化分工特征，也反映了在中国与东亚

表 3-4　中国与东亚零部件产业内贸易模式解析　（单位:%）

	1999 年		2002 年		2007 年		2008 年		2009 年	
	HIIT	VIIT	HIIT	VIIT	HIIT	VIIT	HIIT	VIIT	HIIT	VIIT
		$P^X>P^M$		$P^X>P^M$		$P^X>P^M$		$P^X>P^M$		$P^X>P^M$
日本	13.24 63.52	11.62	12.12 64.83	1.02	7.53 88.73	5.90	5.11 44.03	6.65	5.32 55.85	5.14
中国香港	15.51 78.00	20.21	10.62 53.79	1.67	1.28 4.49	0.59	0.50 1.62	0.05	0.22 2.26	0.18
韩国	3.99 64.23	10.64	1.78 80.41	3.99	34.70 63.34	8.78	2.24 35.67	9.06	7.86 31.84	9.78
泰国	0.96 87.64	14.38	2.70 72.63	3.56	1.15 88.90	0.38	1.74 44.89	0.07	2.89 43.84	0.71
印度尼西亚	2.96 64.93	1.27	9.41 62.55	0.64	55.31 26.10	6.12	11.03 15.85	6.31	0.70 20.71	3.44
马来西亚	0.62 47.80	11.44	1.56 55.54	2.60	1.00 79.17	1.62	0.51 40.93	3.74	0.30 36.31	5.83
越南	0.00 0.59	0.10	22.41 15.59		0.05 15.37	0.19	0.86 9.35	0.19	0.81 9.54	2.16
菲律宾	32.21 61.13	4.42	0.58 30.85	0.15	1.08 71.57	0.28	0.80 30.04	0.65	0.60 30.09	1.98
新加坡	13.94 80.88	13.60	58.06 38.24	2.56	12.11 80.45	2.29	1.05 38.69		0.50 46.12	1.83

注:HIIT 表示水平产业内贸易;VIIT 表示垂直产业内贸易。$P^X>P^M$ 则表明中国对东亚的零部件垂直产业内贸易中其出口单位价格高于其进口单位价格。

资料来源:笔者根据 UN COMTRADE 数据库 SITC(Rev.3)数据计算并整理。

---

①　我们计算的结果显示 2008—2009 年中国对东亚的零部件垂直产业内贸易所占份额相对于 2007 年而言总体上有所下降，主要原因是在收集 2008—2009 年的贸易数据过程中，数量信息缺失的产品种类较 2007 年有所增加，因而未分类产业内贸易（未分类 IIT）所占比重有所增加。而另一方面，水平产业内贸易所占比重又在下降。因此，我们认为占据绝对优势份额且呈上升的趋势总体并未改变。

　　较发达经济体之间仍然存在着一个明显的质量阶梯。技术密集型的 5 类零部件产品的水平产业内贸易比重下降更是反映了中国与东亚较发达经济体之间存在明显的技术差距。

表 3-5　中国与东亚 5 类技术密集型零部件的产业内贸易模式①

（单位:%）

	1999 年			2002 年			2007 年			2008 年			2009 年		
	HIIT	VIIT		HIIT	VIIT		HIIT	VIIT		HIIT	VIIT		HIIT	VIIT	
			$P^X>P^M$			$P^X>P^M$			$P^X>P^M$			$P^X>P^M$			$P^X>P^M$
日本	10.53	36.54	0.00	0.00	48.28	0.00	0.00	61.07	0.00	0.00	12.10	0.00	0.00	28.21	0.00
中国香港	1.51	57.64	14.20	10.54	26.99	0.00	0.00	0.27	0.00	0.00	0.24	0.00	0.00	0.25	0.00
韩国	0.00	32.94	0.00	0.00	50.89	0.47	33.86	39.23	0.00	0.00	13.08	0.00	6.61	10.30	0.00
泰国	0.00	68.56	5.00	0.00	62.57	2.00	0.00	11.63	0.17	0.22	34.32	0.00	0.00	34.17	0.00
印度尼西亚	0.00	57.07	0.00	0.00	57.69	0.00	36.58	30.43	0.00	10.60	4.81	0.00	0.00	12.87	0.00
马来西亚	0.00	39.21	6.53	0.00	38.64	0.27	0.00	67.13	0.00	0.00	28.61	0.00	0.00	23.03	0.00
越南	0.00	0.00	0.00	0.00	20.94	15.29	0.00	13.06	0.00	0.00	6.01	0.00	0.00	4.60	0.00
菲律宾	0.00	19.63	3.92	0.00	17.35	0.00	0.00	69.06	0.00	0.00	25.91	0.00	0.00	24.39	0.00
新加坡	1.55	64.21	0.00	44.90	1.46	0.00	0.00	80.13	0.00	0.00	26.25	0.00	0.00	31.23	0.00

注:HIIT 表示水平产业内贸易,VIIT 表示垂直产业内贸易。$P^X>P^M$ 则表明中国对东亚的零部件垂直产业内贸易中其出口单位价格高于其进口单位价格。

　　2.零部件垂直产业内贸易中出口单价高于进口单价的部分所占份额较小且呈下降趋势

　　如前所述,同类产品的进出口价格差异在决定产业内贸易形态的同时,也反映了一国出口产品的竞争力的强弱。从表 3-4 中可以看出,中国与东亚经济体零部件的产业内贸易中出

————————————

　　①　表中技术密集型零部件是指办公机械零部件(SITC759)、通讯设备零部件(SITC764)、半导体(SITC772)、电子产品零部件(SITC77689)和汽车零部件(SITC784) 5 类产品。

口价格高于进口价格的贸易部分所占份额都较小,而且近年来呈下降趋势。1999 年中国对香港地区零部件贸易中出口价格高于进口价格的贸易所占份额最高,达到20% 以上;对日本、韩国、泰国、马来西亚、新加坡也保持在 10% 以上,而对其他几国则低于 5%。而到 2008 年,除对日本、韩国、印尼、马来西亚该份额分别为 6.65%、9.06%、6.31%、3.74% 外,中国对其他东亚经济体贸易中该份额均下降到 1% 以下,2009 年才略有回升。这些情况表明中国向东亚经济体出口的是低技术含量、低质量的零部件,中国与东亚零部件产业内贸易增长属于一种"增量不增价"的粗放型增长,也进一步证实了中国处在东亚生产网络中价值链的低端生产环节,中国仍处于技术波谱中的较低层次,其分工地位总体低下。

3.中国在中高技术零部件方面的生产能力亟待增强

从中国与东亚零部件贸易中的中高技术含量的 5 类产品的产业内贸易结构的进一步分析表 3－5 中可以看出,1999—2008年间中国与东亚经济体在这 5 类产品零部件的产业内贸易中水平产业内贸易份额非常小,到 2008 年除印尼、泰国外中国与其他东亚经济体的水平产业内贸易份额几乎都为零。再次证明中国在高技术含量的零部件方面的生产和供给能力十分有限,无法与东亚发达经济体进行水平分工。进一步地,笔者发现中国对东亚在这 5 类产品的垂直产业内贸易中出口价格高于进口价格的部分所占份额不仅非常小,而且呈下降趋势,到 2009 年全部为零,表明中国在中高技术零部件方面的生产能力亟待增强。这与中国对东亚较发达经济体高度进口依赖的分工地位也是吻合的。

三、台海两岸 ICT 制造业贸易模式的个案分析

信息通讯科技(ICT)行业泛指信息、通讯及其相关的设备制

造(电子集成电路及光电制造)领域①,其内涵在不同国家或地区并不完全一致。美国将 ICT 产业定义为"信息科技产业"(Information Technology,IT),涵盖硬件产业、软件与服务产业、通讯设备产业与通讯服务产业等;经济合作与发展组织(OECD)1998 年基于国际标准产业分类(ISIC 第 3 版)将 ICT 产业定义为:"ICT 产业是以电子技术获取、传播和演示数据信息的制造业和服务业的集合,主要包括 ICT 制造业、ICT 商品交易业和 ICT 服务业。"中国台湾"行政院"主计处将 ICT 制造业划分为电脑产品、电脑外部设备、资料存储媒介、电脑组件、电子通讯设备、视听电子产品、半导体、光电元件及器材、电子零组件等 10 个部门。本书的研究为了数据的可获得性,直接采用中国台湾"行政院"的主计处分类标准。本书的研究所使用的贸易数据主要来自于中国台湾"财政部"关税局和"经济部"国际贸易局的进出口贸易统计,笔者主要基于国际上通用的协调税则(HS)编码统计的贸易数据来考察台海两岸 ICT 制造业的贸易模式。②

20 世纪 90 年代以来,伴随着以 ICT 制造业为代表的消费性电子行业的跨国生产网络在东亚地区的迅猛发展,作为东亚生产网络的制造中心的中国大陆逐步取代美国和东南亚成为台商海外投资的主要地区,并逐步形成"中国台湾接单—大陆生产—全球分销"的国际分工模式,由此导致了台海两岸 ICT 产品双边贸易的迅猛增长。台湾对大陆 ICT 产品的进出口贸易总额从 1993 年

① 不同国家或地区对 ICT 行业的称谓不尽相同,美国的称谓为"资讯科技行业",欧盟的称谓为"信息通讯科技行业",台湾地区"经济部"工业局的称谓为"电子资讯行业"。参见李仁芳、吴明机:《台湾电子资讯产业参与国际与大中华技术标准之策略》,《远景基金会季刊》(中国台湾)2007 年第 2 期。

② ICT 制造业 10 个部门的 HS 编码来自于 2002 年中国台湾中华经济研究院课题组呈交"行政院"经济建设委员会的研究报告中的"HS 编码与十类 ICT 制造业部门对照表"(见附录 3-1)。参见中国台湾中华经济研究院课题组:《台湾、南韩、日本在美国取得专利之比较分析及其所反映之产业竞争力差异——以资讯通讯科技产业为例》,2002 年 12 月,http://www.cepd.gov.tw/dn.aspx? uid=4804。

的 0.582 亿美元增长到 2010 年的 363.769 亿美元,年平均增长率为 46%。其中,ICT 制造业零部件进出口贸易总额从 1993 年的 0.202 亿美元增长到 2010 年的 283.337 亿美元,年平均增长率为 53.15%,并且台湾对大陆 ICT 制造业零部件贸易顺差显著大于最终产品贸易顺差。鉴于此,本书将台海两岸的 ICT 制造业贸易模式作为考察两岸在东亚生产网络中的分工地位的个案,拟从最终产品和零部件角度分别对台海两岸 ICT 制造业的贸易模式进行解析①,以说明中国在东亚生产网络分工中的相对地位。由于 ICT 制造业属于典型的高技术产业②,并且也是两岸都致力发展的战略性新兴产业,解析 ICT 制造业的贸易模式不仅能够识别两岸在东亚生产网络中的相对优劣势,也有利于为进一步深化台海两岸的经贸合作提供决策参考。

(一)两岸 ICT 制造业单向贸易与产业内贸易的分解

为了分别从最终产品和零部件产品的角度对台海两岸 ICT 制造业贸易模式进行解析,笔者首先区分 ICT 制造业最终产品和零部件贸易中单向贸易和产业内贸易所占的份额,然后分别考察最终产品和零部件产业内贸易中水平产业内贸易和垂直产业内贸易所占的份额,再进一步计算台海两岸 ICT 最终产品和零部件垂直产业内贸易中台湾对大陆出口的高技术含量产品所占比重,以识别台海两岸在 ICT 制造业的生产网络中的相对优劣势。

笔者仍然根据安藤光代(2006)的方法来区分 ICT 制造业最

---

① 我们主要依据 Ando 和 Kimura(2008)的分类方法来确定 ICT 制造业零部件的范围(参见附录 3-1)。参见 Ando, Mitsuyo, and Kimura, Fukunari, "Fragmentation in East Asia: Further Evidence", ERIA Discussion Paper Series, ERIA-DP-2009-20, www.crawford.anu.edu.au/acde/events/past/papers/Ando_Kimura.pdf。

② 中国台湾"行政院"主计处对 ICT 制造业的分类与中国国家统计局 2002 年公布的《高技术产业统计分类目录》中的电子及通信设备制造业、电子计算机及办公设备制造业两类高技术产业的内涵基本一致。

终产品和零部件贸易中单向贸易和产业内贸易各自所占的比重。台海两岸 ICT 制造业最终产品和零部件贸易中单向贸易和产业内贸易所占比重变化情况见表 3-6。

表 3-6　1993—2010 年台海两岸 ICT 制造业
最终产品和零部件贸易模式分解　　（单位:%）

年份	最终产品		零部件	
	单向贸易	产业内贸易	单向贸易	产业内贸易
1993	90.65	9.35	80.39	19.61
1994	94.20	5.80	84.72	15.28
1995	81.23	18.77	60.54	39.46
1996	66.78	33.22	45.89	54.11
1997	61.12	38.88	48.44	51.56
1998	67.92	32.08	54.24	45.76
1999	36.01	63.99	4.70	95.30
2000	46.08	53.92	29.85	70.15
2001	42.10	57.90	22.13	77.87
2002	48.93	51.07	46.03	53.97
2003	33.83	66.17	30.80	69.20
2004	30.42	69.58	26.74	73.26
2005	28.95	71.05	26.06	73.94
2006	29.83	70.17	25.54	74.46
2007	27.57	72.43	18.39	81.61
2008	24.56	75.44	16.52	83.48
2009	19.95	80.05	12.24	87.76
2010	21.12	78.88	14.80	85.20

资料来源:1993—2001 年的数据根据中国台湾"经济部"国际贸易局公布的 11 位数水平的 HS 编码贸易统计数据整理计算,http://cus93.trade.gov.tw/FSCI/;2002—2010 年的数据根据中国台湾"财政部"关税总局公布的 11 位数水平的 HS 编码贸易统计数据整理计算得出,http://www.customs.gov.tw/。

1.产业内贸易已成为两岸 ICT 制造业的主导贸易模式

从表 3-6 中可以看出,台海两岸 ICT 制造业的贸易模式逐步从 20 世纪 90 年代以产业间贸易为主转变为 21 世纪以产业内贸易为主,目前产业内贸易模式已成为两岸 ICT 制造业的主导贸易模式。首先,ICT 制造业最终产品的产业内贸易比重不断上升而单向贸易比重不断下降。1999 年之前,ICT 最终产品贸易主要是以产业间贸易为主,单向贸易占到了 60% 以上的份额。进入 21 世纪以后,该比重一直呈下降趋势,尤其是从 2002 年起这一比重呈平稳下降趋势,到 2010 年,这一比重下降到 21.12%,但产业内贸易所占比重自 1999 年有显著上升,由 1993 年的 9.35% 增加到 2001 年的 57.9%,自 2002 年起进一步平稳上升并稳定在 80% 左右。其次,ICT 零部件贸易方面,这种变化更为明显,单向贸易由 1993 年的 80.39% 下降到 2001 年的 22.13%,自 2002 年的 46.03% 平稳降低到 2010 年的 14.8%,但产业内贸易所占比重由 1993 年的 19.61% 波动上升到 2001 年的 77.87%,自 2002 年起呈平稳增长并在 2009 年达到 87.76%。综上,进入 21 世纪后,无论是 ICT 最终产品还是零部件,台海两岸的产业内贸易模式均占据绝对优势份额。台海两岸 ICT 制造业从产业间贸易向产业内贸易模式的阶段性转变很大程度上是由于台湾取消对大陆投资限制所致,2001 年底,台湾取消了实施 50 年的禁止岛内厂商直接对大陆投资的政策,允许信息硬件、通讯等产业赴大陆投资①,由于 ICT 产品的生产区段是高度标准化的、可高度分解的,并且这些产品生产过程中不同阶段的技术密集性存在很大差异,台湾对大陆 FDI 的增加导致了两岸 ICT 制造业最终产品以及中间产品"双向往返式"交易即产业内贸易的增长。

2.零部件贸易中产业内贸易所占比重明显高于最终产品贸易

从图 3 - 1 中可以看出,1993—2010 年间台海两岸 ICT 零部件

①　事实上,至今中国台湾地区仍禁止电子信息产业中的液晶显示器面板(TFT—LCD)和 8 寸以上晶圆的测试、制造与封装等部门到大陆投资。

的产业内贸易份额都显著高于最终产品,体现了台海两岸在 ICT 行业国际分工的不断深化,台海两岸都深深融入到了 ICT 产业的全球性生产网络之中,并且大陆作为"制造中心"在该分工体系中起到了核心作用①。

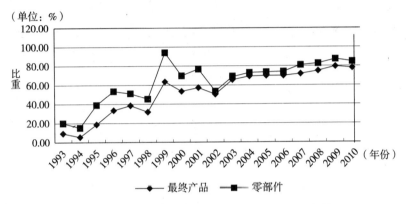

图 3-1　台海两岸 ICT 制造业最终产品和零部件
产品产业内贸易份额对比

资料来源:同表 3-6。

106

(二)ICT 产品产业内贸易的结构分析

笔者根据安藤光代(2006)提出的所谓"分解门槛"方法进一步将台湾与大陆 ICT 产品产业内贸易分为水平产业内贸易和垂直产业内贸易。其具体区分公式是②:

---

① 事实上,大陆已成为台商 ICT 制造业(最为典型的是个人电脑及其外部设备制造行业)对外直接投资的主要区位,在贸易方式上则表现为加工贸易。

② 公式(3-3)中 α 表示临界值,参照格林纳韦(Greenaway,1994)对 α 分别取值为 0.15 和 0.25 以及安藤光代(Ando,2006)对 α 取值为 0.25 的做法,本书选取 0.25 作为临界值来进行分析。分别参见 Greenaway, David, Robert Hine, Chris Milner, "Country-specific Factors and the Pattern of Horizontal and Vertical Intra-industry Trade in the UK", *Review of World Economics*, Vol.130, No.1, 1994, pp.77-100;以及 Ando, Mitsuyo, "Fragmentation and Vertical Intra-industry Trade in East Asia", *North American Journal of Economics and Finance*, Vol.17, No.3, 2006, pp.257-281。

$$\frac{1}{1+\alpha} \leqslant P_{kj}^{X} / P_{kj}^{M} \leqslant 1 + \alpha \qquad (3-3)$$

其中，P_{kj}^{X}、P_{kj}^{M} 分别表示 K 国（地区）向目的国（地区）出口、进口产品 J 的单位价格。当进出口单价的比值符合（3－3）式的范围时，则认为 K 国（地区）对目的国（地区）的贸易属于水平产业内贸易；而当进出口单价的比值在（3－3）式的范围之外时，则认为 K 国（地区）对目的国（地区）的贸易属于垂直产业内贸易。台湾与大陆 ICT 产品产业内贸易的结构特征如下：

1.ICT 产品的产业内贸易以垂直产业内贸易为主

无论是最终产品还是零部件，台海两岸 ICT 制造业的产业内贸易都以垂直产业内贸易为主，见表3-7。ICT最终产品中垂直

表3-7　台海两岸 ICT 制造业最终产品和零部件
水平型和垂直型产业内贸易比重[1]　　　（单位:%）

年份	最终产品		零部件	
	HIIT	VIIT	HIIT	VIIT
2002	3. 30	47. 77	2. 11	51. 86
2003	17. 21	48. 97	11. 85	57. 35
2004	15. 48	54. 10	11. 53	61. 73
2005	17. 04	54. 01	14. 34	59. 60
2006	10. 19	59. 98	8. 45	66. 01
2007	4. 27	68. 16	4. 08	77. 53
2008	8. 70	66. 74	9. 04	74. 44
2009	8. 55	71. 09	9. 96	77. 80
2010	6. 83	72. 05	4. 69	80. 51

注:HIIT 表示水平产业内贸易,VIIT 表示垂直产业内贸易。
资料来源:根据中国台湾"财政部"关税总局公布的 11 位数水平的 HS 编码贸易统计数据
　　　　整理计算,http://www.customs.gov.tw/。

————————————

[1]　由于无法获得 2002 年之前台湾对大陆 ICT 制造业 HS11 位数水平的进出口数量数据,本书在区分垂直产业内贸易和水平产业内贸易时所采用的数据样本期间为 2002—2010 年。

产业内贸易所占比重绝大多数年份都在 50% 以上,并有逐年增加的趋势,到 2010 年已达到 72.05%;而 ICT 零部件产品中垂直产业内贸易所占比重一直在 50% 以上并且逐年增加,由 2002 年的 51.86% 上升到 2010 年的 80.51%。究其原因,主要有以下两方面:一方面,随着台资企业对大陆投资的不断深入,台湾与大陆同一生产链上双向往返交易得到不断扩展;另一方面,是由两岸的要素投入差异所导致的产品质量差异所致,大陆与台湾相比,由于历史、经济发展水平的原因,在技术、研发投入、人均收入水平等方面存在较大差距,因而他们的产业内贸易存在较强的上下游之间的互补性,即台湾对大陆出口的是技术含量和价格相对较高的产品,而大陆向台湾出口的是技术含量和价格相对较低的产品,表现在贸易形态上就是垂直产业内贸易占主导,同时也体现了台海两岸 ICT 制造业发展的互补性。

2.零部件产业内贸易中垂直产业内贸易所占比重明显高于最终产品

从图 3-2 中可以看出,ICT 部门贸易中,最终产品和零部件

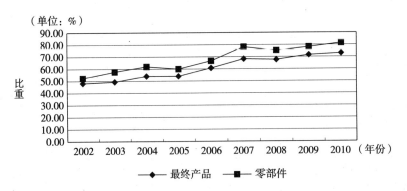

图 3-2 台海两岸 ICT 部门最终产品和零部件的
垂直产业内贸易份额对比

资料来源:根据中国台湾"财政部"关税总局公布 11 位数水平的 HS 编码贸易统计数据整理计算,http://www.customs.gov.tw/。

产品垂直产业内贸易所占比重在 2002—2010 年期间都保持着相同的上升趋势,并且零部件产品贸易中垂直产业内贸易所占比重明显高于最终产品。由于零部件的垂直产业内贸易主要归因于技术差异所导致的产品质量的差异,因此,零部件产业内贸易中垂直产业内贸易所占比重显著高于最终产品的现象一方面印证了两岸ICT制造业的垂直专业化分工特征,另一方面再次印证了大陆与台湾之间存在显著的技术差距,表明两岸在 ICT 零部件供给方面的互补性比最终产品的互补性更为显著。

(三)两岸ICT产品垂直产业内贸易中台湾的相对技术优势

由于产品价格能在一定程度上代表产品质量,进而反映产品生产过程中的要素投入比,通常产品价格高代表产品技术含量高,生产投入中技术密集型要素多,故进出口产品价格差异在决定产业内贸易形态的同时,也反映了一国或地区出口产品的技术含量的高低,进而反映了该国或地区在产业内乃至产品内分工体系中的相对优势。根据格林纳韦(1995)提出的进出口单价比例方法①,即依据垂直产业内贸易中出口价格高于进口价格的产品所占份额来考察台湾对大陆ICT产品出口的相对技术优势。笔者计算的台海两岸的ICT最终产品垂直产业内贸易中台湾对大陆的出口价格高于进口价格的产品即高技术含量的产品所占比重见表3-8。从表 3-8 中可以看出,自 2003 年以后,台海两岸的 ICT 最终产品垂直产业内贸易中台湾对大陆的出口价格高于进口价格的部分即高技术含量产品出口所占比重呈迅速上涨趋势,2010 年这一比重将近 60%。更为重要的是,ICT 零部件垂直产业内贸易中台湾对大陆的出口价格高于进口价格的部分所占比重更高,2010年这一比重增至 71.93%。再次证明大陆相对于台湾而言,在高技

---

①　公式为:$P_k^x j/P_k^m j > 1 + \alpha$,式中 α 取 0.25,若公式成立,则表明该国(地区)出口产品的技术含量和质量都高于他国(地区),其产品在市场上的竞争力较强,从而在产业内分工体系中处于相对优势地位。

术含量的 ICT 零部件方面的生产和供给能力较为有限,台湾在东亚生产网络中处于相对优势分工地位,中国大陆在 ICT 零部件方面的生产能力亟待增强。

表3-8　台海两岸 ICT 产品垂直产业内贸易中台湾对
大陆出口高技术含量产品的比重　（单位:%）

	2002 年	2003 年	2004 年	2005 年	2006 年	2007 年	2008 年	2009 年	2010 年
最终产品	40.79	39.91	41.06	38.35	45.73	53.86	54.79	58.95	59.39
零部件	47.32	48.36	48.30	43.38	52.29	64.85	64.62	68.58	71.93

资料来源:根据中国台湾"财政部"关税总局公布的 11 位数水平 HS 编码贸易统计数据整理计算,http://www.customs.gov.tw/。

通过以上分析可以得出如下结论:第一,伴随着台海两岸融入 ICT 产业的东亚生产网络之中,两岸 ICT 制造业的贸易模式发生了深刻变化,即台海两岸 ICT 制造业的贸易模式逐步从20世纪90年代以产业间贸易为主转变为21世纪以产业内贸易为主,目前产业内贸易模式已成为主导贸易模式,这一点在零部件产品贸易中表现得尤为突出。第二,台海两岸 ICT 制造业的产业内贸易模式结构分解表明,无论是最终产品还是零部件产品,台海两岸 ICT 制造业的产业内贸易都以垂直产业内贸易为主,并且零部件产品产业内贸易中垂直产业内贸易所占比重明显高于最终产品,一方面印证了两岸 ICT 行业的垂直专业化分工特征,另一方面则反映了大陆与台湾之间存在显著的技术差距,同时表明两岸在 ICT 零部供给方面的互补性比最终产品的互补性更为显著。第三,进一步解析台海两岸 ICT 产品垂直产业内贸易中台湾的相对技术优势发现,无论是在最终产品还是零部件垂直产业内贸易中,台湾对大陆出口的高技术含量产品均占据优势份额且呈迅速上涨趋势,同时在零部件垂直产业内贸易中高技术含量产品出口所占份额更高,表明台湾在这一垂直专业化分工体系中居于相对优势地位,大陆则处于相对劣势地位。

　　总的来说,无论是通过中国与东亚机电行业零部件贸易模式的总体分析,还是通过台海两岸 ICT 制造业贸易模式的个案分析,均表明中国在高技术含量的零部件方面尚不具备自主研发和生产能力,而是对东亚较发达经济体存在高度的进口依赖。中国与东亚较发达经济体仍然存在着较明显的技术差距,中国与东亚较发达经济体的零部件产业内贸易增长属于一种"增量不增价"的粗放型增长,说明中国处在东亚生产网络中垂直专业化分工链条的低端环节。这种分工模式不仅会局限中国贸易利益的获取,而且很可能会造成比较优势的"锁定效应"。

第二节　从特定行业的生产网络解析中国的分工地位

111

一、中国在东亚电子行业生产网络中的分工地位

(一)东亚电子行业生产网络的形成

　　东亚地区电子行业的跨国生产网络的发展可以追溯至 20 世纪 60 年代美、日电子业跨国公司在东亚的直接投资。[①] 当时在东亚地区电子行业存在两类直接投资:一类是以从事工业电子产品加工组装为主的直接投资,以美国跨国公司为代表。从 20 世纪 60 年代末期起,美国半导体以及电脑设备制造商开始在东亚地区投资出口导向型的劳动密集型的组装生产,随后,美国的家用电器制造商将一些组装生产活动外包给亚洲的制造商。目前东亚地区

---

　　① Borrus, M. , "Left for Dead: Asian Production Networks and the Revival of U.S. Electronics", in Naughton, B. (ed.), *The China Circle: Economics and Technology in the PRC, Taiwan and Hong Kong*, Washington DC: Brookings Institution Press, 1995, pp. 139 - 163.

已成为美国电脑产品的最后组装和零部件制造的重要基地。另一类是以生产消费型电子产品为主的进口替代型投资,以日本跨国公司为代表。这一时期,日本跨国公司主要将电视机、家用电器等消费型电子产品生产过程中的一些低端生产环节转移至东亚地区,并通过垂直一体化的方式向其位居东亚地区的子公司提供零部件,然后将生产的最终产品直接销售给第三国市场。

从 20 世纪 70—80 年代开始,美国电子行业跨国公司对东亚区域内部的电子产品供应商的依赖性加强,由当地或区域内部供应商提供的中间投入品以及参与生产过程或生产环节的范围越来越广。在此过程中,在当地政府政策的支持下,韩国、中国台湾、新加坡的供应商迅速融入其生产链条之中。随着东亚技术能力的加强,新加坡、中国香港、韩国等电子产品供应商的生产链条进一步延伸到马来西亚、泰国、中国。

到了 20 世纪 90 年代,美国电子行业跨国公司开始只关注其核心竞争力的生产环节,如产品界定(product definition)、产品开发以及市场营销,部分产品的价值链的生产环节完全在东亚实现,甚至价值链的生产环节也不完全局限于其位居东亚分支机构内部,而是将其分包到成本更低廉的生产区位来实现。与此同时,日本电子行业跨国公司自 20 世纪 90 年代开始在亚洲进行电脑、通讯、工业用软硬件等相关产品的投资,并逐步把中国作为一个技能型人才的获取地以及一个全球性的出口基地。①

在美国、日本两国电子行业跨国公司在东亚地区布局生产网络的过程中,东亚新兴工业化经济体,如韩国、新加坡、中国台湾,其电子业跨国公司在融入发达国家价值链的过程中诞生了由这些国家或地区的企业自己主导的生产网络。例如,由韩国

---

① Ernst, D., " Searching for a New Role in East Asian Regionalization: Japanese Production Networks in the Electronics Industry", East-West Center Working Papers of the U.S. Congress, No. 68, March 2004.

财阀(chaebol)主导的国际生产网络;由中国台湾个人电脑相关产品与零部件制造商在东南亚与中国大陆布局的国际生产网络;海外华人以中国香港、中国台湾、新加坡为基地布局的零部件和次组装服务供应网络,等等(见表3-9)。它们与美国、日本电子行业跨国公司主导的生产网络形成了复杂的委托—代理关系,并将发展中国家如中国、越南进一步纳入其分工体系之中,由此形成了东亚地区电子行业"网络中包含网络"的独特分工景象。

表 3-9 东亚电子行业跨国生产网络的类型

生产网络的类型	主要产品组合
美国跨国公司主导的生产网络	复杂的工业电子产品
日本跨国公司主导的生产网络	消费电子产品及零部件
中国台湾跨国公司主导的生产网络	与个人电脑相关的电子产品
韩国跨国公司主导的生产网络	消费电子产品及部分零部件
新加坡跨国公司主导的生产网络	磁盘驱动器及与个人电脑相关的电子产品

资料来源:Borrus, M. , "Left for Dead: Asian Production Networks and the Revival of U.S. Electronics", in B. Naughton (ed.), *The China Circle: Economics and Technology in the PRC, Taiwan and Hong Kong*, Washington DC: Brookings Institution Press, 1995, pp.139-163。

中国凭借低廉的要素价格优势及优惠的 FDI 政策和加工贸易政策迅速融入该分工体系,在其中发挥着重要作用。首先,由于受电子行业生产网络在东亚地区的扩张所驱动,中国信息通讯科技(ICT)行业的对外贸易已成为中国电子行业对外贸易中增长最快的部门。20 世纪 90 年代中期以后中国 ICT 产品的市场份额明显增强。2004 年,中国 ICT 产品出口总量超过 1500 亿美元,占全球 ICT 产品出口总量的 12%,首度超过美国,成为全球 ICT 产品出口第一大国。2006 年,ICT 产品出口一度占据了中国商品出口额总量的 27.3%,2007 年 ICT 产品在世界市场上

113

的出口份额达到20.4%,大大超过居于第二位的美国(出口份额为9.2%)。其次,中国也由最初的仅仅加工组装进口零部件逐步升级为自主制造和研发部分高技术含量的零部件。如前所述,硬盘驱动器的电路板等核心部件主要由日本等国跨国公司在中国生产提供。

由前面的分析可知,东亚电子行业的生产网络主要集聚于ICT制造行业,也是中国ICT产品的对外贸易迅猛增长的最主要驱动因素,因此本节试图主要通过ICT制造行业考察中国在东亚电子行业的国际生产网络中的分工地位。如前所述,由于ICT制造业属于典型的高技术产业,这一研究对于探讨新型分工模式下中国的产业升级问题具有重要意义。

(二)从ICT行业看中国在东亚电子行业生产网络中的分工地位

以下笔者将基于ICT行业的细分贸易数据,即采用《国际贸易标准分类》第三版(SITC Rev.3)五位数水平的数据,运用贸易差额、贸易平衡贡献指数、显示性比较优势指数、三角贸易指数等指标来考察中国在东亚电子行业生产网络中的分工地位。[①]这里笔者按照阿米基尼集结ICT产品数据的方法来收集数据,见附录3 – 3。ICT产品贸易数据来源于联合国商品贸易统计数据库。

1.中国ICT产品的出口供给状况

笔者基于贸易差额指标考察了中国ICT制造业部门对东亚的出口供给状况。从贸易差额来看,尽管中国ICT制造业部门对东

① Kimura, F. (2009)指出,尽管考察东亚跨国生产网络的详细结构及其所涵盖的错综复杂的公司内及公司间交易情况需要运用公司层面的微观数据,但运用细分行业的贸易数据亦是考察东亚跨国生产网络的性质及其运行特点的有效方法。参见Kimura, F., "The Nature and Characteristics of Production Networks in East Asia: Evidences from Micro/Panel Data Analyses", ERIA Discussion Paper ERIA-DP-2009-093, http://www.eria.org。

亚最终产品贸易存在明显的顺差,但零部件贸易上基本处于逆差地位,见表3－10。从最终产品贸易差额看,至2008年,在ICT最终产品贸易上中国除对东盟6国仍存在逆差外,对日本、韩国和中国香港有较大贸易顺差,ICT制造业部门最终产品的较大贸易顺差表明中国对东亚在高技术最终产品方面的供给能力不断增强。从零部件贸易差额看,中国则一直处于贸易逆差地位,其中对日本、韩国的贸易逆差尤为显著。这进一步表明中国对东亚ICT制造业部门最终产品出口实际上包含了大量从东亚经济体进口的零部件。也就是说,虽然中国在ICT制造业部门最终产品方面具备了较强的生产供给能力,但严重依赖东亚高技术含量的ICT零部件的进口,其更多的是扮演加工组装的角色,这也正是东亚电子行业生产网络运行的基本特征所在。

表3－10　1999—2008年中国对东亚ICT制造业部门的贸易情况

（单位:百万美元）

115

国别/区域	ICT行业最终产品贸易							
	1999 年		2002 年		2005 年		2008 年	
	出口总值	贸易差额	出口总值	贸易差额	出口总值	贸易差额	出口总值	贸易差额
日本	1339.87	-647.53	4685.33	1720.44	10630.84	5768.22	11090.33	3664.96
韩国	320.36	-115.17	889.09	-2315.68	2742.38	-259.11	8136.99	3384.87
东盟6国	782.96	-152.76	1982.21	-544.17	6261.56	-3484.93	11069.76	-3264.6
东亚	5624.66	1844.19	15770.17	6449.44	45101.48	26556.11	71933.94	44907.41
ICT行业零部件贸易								
日本	1915.03	-4511.19	3910.66	-7581.99	5934.96	-13475.82	4669.86	-3647.3
韩国	730.41	-1848.29	1494.96	-3853.59	4057.36	-18228.75	2561.92	-3288.6
东盟6国	1931.27	-1459.48	4652.58	-5898.14	10145.45	-20116.19	6153.39	-1619.5
东亚	7633.58	-6040.65	20548.42	-10016.67	45371.53	-29650.06	33345.84	10744.86

资料来源:根据 UN COMTRADE 数据库 SITC(Rev.3)数据整理计算得出。

2.中国 ICT 制造业的竞争地位

这里笔者主要基于拉菲(Lafay,1992)提出的贸易平衡贡献指数(CTB)[1]来分析中国 ICT 制造业部门在东亚生产网络中的竞争地位。贸易平衡贡献指数计算公式如下：

$$CTB_j^i = 100 \times \left[\frac{x_j^i - m_j^i}{x_j^i + m_j^i} - \frac{\sum\limits_{j=1}^{N}(x_j^i - m_j^i)}{\sum\limits_{j=1}^{N}(x_j^i + m_j^i)} \right] \times \left[\frac{x_j^i + m_j^i}{\sum\limits_{j=1}^{N}(x_j^i + m_j^i)} \right]$$

$$(3-4)$$

其中，i 表示某一国家(地区)，j 表示某种产品，N 是所有出口产品种类，x、m 分别表示出口、进口。如果 CTB_j^i 大于零，表明 i 国的 j 产品的对外贸易具有比较优势，该值越大，比较优势越明显；反之，CTB_j^i 小于零，表明该产品对外贸易具有比较劣势，该值越小，表明比较劣势越明显。

贸易平衡贡献指数是在贸易平衡的假设下根据每种产品在贸易中的相对重要性来衡量每种产品对贸易平衡的贡献，并且该指标考虑了特定产品的贸易平衡和所有产品的总体贸易平衡，能够控制由于宏观经济变动或周期性的影响因素在短期内影响贸易流动所导致的比较优势扭曲，因此能较好地衡量特定产业在国际市场上的竞争地位。由表 3-11 可以看出，除了东盟 6 国，中国对东亚 ICT 最终产品 CTB 指数几乎都大于零，但零部件 CTB 指数几乎都小于零，表明中国 ICT 最终产品具有明显的竞争优势，但零部件相对于日本、韩国、东盟 6 国乃至整个东亚处于明显的比较劣势地位。中国对上述地区的 ICT 最终产品贸易对贸易平衡的贡献为正，而零部件贸易的贡献为负，还体现了中国在东亚生产网络中的

---

① Lafay, J., "The Measurement of Revealed Comparative Advantages", in M. G. Dagenais and P. A. Muet (eds.), *International Trade Modeling*, London: Chapman and Hall, 1992, pp.209-234.

加工组装的中心地位:从日本和"亚洲四小龙"国家或地区进口高技术含量的 ICT 零部件,加工组装成最终产品后出口到东亚。

表 3‐11　1999—2008 年中国对东亚 ICT 制造业的 CTB 指数

年份 国别/区域	ICT 最终产品			
	1999 年	2002 年	2005 年	2008 年
日本	−0.876	2.059	3.876	2.271
韩国	0.676	−2.507	1.681	3.241
东盟 6 国	0.509	0.971	−1.768	−0.647
东亚	1.266	3.374	7.674	2.158
ICT 零部件				
日本	−6.560	−6.694	−6.084	−0.738
韩国	−2.410	−4.152	−7.515	−0.839
东盟 6 国	−3.214	−6.650	−10.597	−0.572
东亚	−5.063	−5.249	−6.560	0.500

资料来源:根据 UN COMTRADE 数据库 SITC(Rev.3)数据整理计算得出。

117

3.中国 ICT 制造业的比较优势

笔者主要采用修正的显性比较优势指数(RCA 指数)考察了中国 ICT 制造业部门在东亚生产网络中的比较优势。

首先,笔者分别基于 1999 年和 2008 年 ICT 最终产品(制成品)和零部件的出口数据,计算出口 RCA 指数来衡量中国 ICT 产品在东亚生产网络中的出口供给优势及贸易模式。[①] 笔者的计算结果见表 3‐12,从表中可以看出:(1)中国 ICT 制造业部门的部分最终产品和绝大多数零部件在东亚市场上已具备一定的出口供给优势,且零部件出口供给能力在不断增强。主要体现在:通讯设

---

① 计算公式为:$RCA_i = (X_i/X)/(X_{wi}/X_w)$,其中,$X_i$、$X_{wi}$ 分别表示中国对东亚经济体和世界 ICT 产品的出口额,X_i、X_w 分别表示中国对东亚和世界的所有商品出口总额。若 $RCA_i > 1$,则表示中国 ICT 产品在东亚市场上具有出口供给优势;若 $RCA_i < 1$,则表明不具有出口供给优势。

备产品中,2008 年最终产品的出口 RCA 值大于 1 的产品组所占比重为 37.1%,但零部件的出口 RCA 值大于 1 的产品组所占比重为 75%,且均呈现上升趋势,这说明中国通讯设备的零部件出口供给能力在近年来有所提高;IT 产品中,2008 年最终产品和零部件的出口 RCA 值大于 1 的产品组所占比重分别为 50% 和 100%;半导体产品中,2008 年最终产品和零部件的出口 RCA 值大于 1 的产品组所占比重分别为 70.8% 和 68.4%;办公机器中,2008 年最终产品和零部件的出口 RCA 值大于 1 的产品组所占比重分别为 18.75% 和 50%,且部分产品由 1999 年的比较劣势转为具有明显比较优势,如邮戳盖印机、计算器等(SITC75128)和其他办公机器零部件(SITC75993)。(2)由于出口 RCA 指数实际上反映了中国对东亚的 ICT 出口占中国对东亚的总出口的份额是否大于 ICT 产品在世界出口中的份额,那么 ICT 零部件产品出口 RCA 值大于 1 实际上意味着此类产品在东亚区域内部流动的程度大于区域外部流动的程度。笔者注意到,除半导体产品外,其他三类产品的零部件的出口 RCA 值大于 1 的产品组所占比重均大于最终产品,表明中国 ICT 部门的零部件出口贸易主要表现为东亚区域内部贸易,中国已成为 ICT 部门的生产网络的重要环节,跨国公司正逐步把中国作为一个 ICT 零部件的生产基地。

表 3-12　中国 ICT 产品在东亚市场上的出口 RCA 指数

		编码 年份	76411	76413	76415	76417	76419	76421	76422	76423
通讯设备	最终产品	1999 年	0.34	0.00	0.58	1.51	0.81	1.39	0.79	1.37
		2008 年	0.32	NA	NA	0.75	NA	1.74	0.74	1.60
		编码 年份	76424	76425	76426	76431	76432	76481	76482	76483
		1999 年	1.63	0.74	0.66	0.79	1.51	1.38	0.22	0.77
		2008 年	1.36	0.73	0.94	0.90	1.12	NA	NA	0.49

续表

		编码\年份	76491	76492	76493	76499	—	—	—	—
	零部件	1999 年	1.23	1.04	1.31	1.97	—	—	—	—
		2008 年	NA	1.41	1.48	2.60	—	—	—	—
IT产品	最终产品	编码\年份	7521	7522	7523	7526	7527	7529	—	—
		1999 年	0.70	1.41	0.67	0.37	0.78	0.41	—	—
		2008 年	NA	0.59	1.69	0.79	1.43	1.85	—	—
	零部件	编码\年份	75997	—	—	—	—	—	—	—
		1999 年	1.15	—	—	—	—	—	—	—
		2008 年	1.51	—	—	—	—	—	—	—
半导体产品	最终产品	编码\年份	7722	77231	77232	77233	77235	77238	77241	77242
		1999 年	1.42	1.61	1.69	1.58	1.76	1.93	0.67	1.40
		2008 年	2.34	1.98	2.38	1.54	2.36	1.93	0.56	1.20
		编码\年份	77243	77244	77245	77249	77251	77252	77253	77254
		1999 年	0.57	0.13	0.69	0.55	1.39	1.31	0.97	1.53
		2008 年	1.14	0.36	0.64	0.94	1.96	0.96	0.74	1.50
		编码\年份	77255	77257	77258	77259	77261	77262	77281	77282
		1999 年	1.67	0.40	0.64	0.81	1.28	1.08	1.00	1.27
		2008 年	1.51	1.10	1.42	1.79	1.32	0.95	1.17	1.49
	零部件	编码\年份	77611	77612	77621	77623	77625	77627	77629	77631
		1999 年	1.48	1.23	0.95	1.60	0.28	1.62	1.79	1.51
		2008 年	1.28	1.73	1.16	1.83	0.48	2.19	2.29	1.80
		编码\年份	77632	77633	77635	77637	77639	77641	77643	77645
		1999 年	2.03	2.16	2.18	1.65	1.46	2.14	1.37	1.24
		2008 年	2.31	2.38	2.69	0.43	2.23	NA	NA	NA
		编码\年份	77649	77681	77688	77689	—	—	—	—
		1999 年	1.41	1.58	1.98	1.64	—	—	—	—
		2008 年	NA	2.01	1.97	2.11	—	—	—	—

119

续表

	编码 年份	75113	75115	75118	75121	75122	75123	75124	75128
办公机器	最终产品								
	1999 年	2.19	0.54	1.19	1.10	0.75	0.24	1.56	0.58
	2008 年	NA	NA	NA	1.49	0.59	NA	1.27	1.56
	编码 年份	75131	75132	75133	75135	75191	75192	75193	75199
	1999 年	0.01	0.39	0.08	1.60	0.31	1.36	0.02	0.35
	2008 年	NA	NA	NA	NA	0.41	NA	0.27	0.83
	编码 年份	7591	75991	75993	75995	—	—	—	—
零部件	1999 年	1.51	0.73	0.82	1.88	—	—	—	—
	2008 年	NA	0.67	1.50	1.96	—	—	—	—

注:表中的黑体数字均指国际贸易标准分类 SITC(Rev.3)所对应的 ICT 产品编码。NA 表示数据无法获得。

资料来源:根据 UN COMTRADE 数据库 SITC(Rev.3)数据整理计算得出。

其次,笔者采用进口数据计算进口 RCA 指数来衡量中国对于来自东亚的进口 ICT 零部件的加工组装优势。根据恩基和意兹(2001)的研究[1],如果将 RCA 指数用于测定零部件的进口,可以看出一国在加工组装中是否具有竞争力。[2] 由表 3 - 13 可知,中国在通讯设备、IT 产品、半导体、办公机器零部件的加工组装方面相对于日本、韩国乃至整个东亚市场均具有较强的比较优势。1999—2008 年间 ICT 零部件的进口 RCA 值都有所上升且进口 RCA 值几乎都大于 1。其中,2008 年,中国的加工组装优势在通讯设备零部件、IT 产品零部件、半导体零部件方面相对于日本、韩

[1] Ng, F., and Yeats, A., "Production Sharing in East Asia: Who does What for Whom, and Why?"World Bank Policy Research Working Paper, No.2197, 2001.

[2] 计算公式为 $RCA_i = (M_i/M)/(M_{wi}/M_w)$,其中,$M_i$、$M_{wi}$ 分别表示中国从东亚和世界进口 ICT 产品的数量;M、M_w 分别表示中国从东亚和世界的所有商品出口总额。若 $RCA>1$,表示该国在加工组装方面的竞争力越大,而在该零部件生产供给方面的竞争力越弱。

国尤为突出。

表3－13　中国 ICT 部门零部件在东亚市场上的进口 RCA 指数

	日本		韩国		东亚	
	1999 年	2008 年	1999 年	2008 年	1999 年	2008 年
通讯设备	1.43	2.07	0.88	1.19	1.17	1.57
IT 产品	1.12	0.40	0.48	1.75	1.47	1.24
半导体产品	1.18	1.72	2.37	1.03	1.44	1.52
办公机器	1.66	1.76	0.03	0.07	1.13	1.16

资料来源：根据 UN COMTRADE 数据库 SITC（Rev. 3）数据整理计算得出。

4.中国在东亚 ICT 制造业三角贸易格局中的作用

根据前面的分析可知，东亚电子行业的生产网络的运行一方面以东亚区域内部的零部件贸易流动作为其基本特征，另一方面高度依赖于美国、欧盟等区域外最终产品市场，在贸易格局上则表现为三角贸易。东亚 ICT 制造业部门三角贸易的基本含义是：以日本和"亚洲四小龙"为主的东亚国家或地区，向中国出口技术含量较高的 ICT 零部件，利用中国的生产要素优势，在中国进行加工、组装成最终产品后，大部分出口到美国、欧盟的贸易形态。三角贸易指数越大，则表明中国的加工贸易程度越高，中国所发挥的出口平台作用越显著。笔者根据浦田秀次郎（Shujiro Urata, 2007）提出的三角贸易指数[1]的方法计算了中国与日本、韩国和美国之间 ICT 制造业部门的三角贸易情况，计算公式为：

$$\text{Triangle Trade Index} = \left(\frac{X_{ij}^{I}}{X_{iw}^{I}}\right)\left(\frac{X_{ja}^{F}}{X_{jw}^{F}}\right) \tag{3-5}$$

121

---

[1] Shujiro Urata, "The Creation of Regional Production Networks in Asia Pacific: The Case of Japanese Multinational Corporations", in Juan J.Palacios（ed.）, *Multinational Corporations and the Emerging Network Economy in Asia and the Pacific*, London and Newyork: Routledge Taylor & Francis Group, 2007, pp.114－138.

公式(3-5)中,X_{ij}^I 表示日、韩两国出口到中国的 ICT 零部件贸易额,X_{iw}^I 表示日、韩两国出口到世界的 ICT 零部件贸易额,X_{ja}^F 表示中国出口到美国的制成品贸易额,X_{jw}^F 表示中国出口到世界的制成品贸易额。

1999—2008 年中—日、韩—美之间 ICT 部门三角贸易指数变化情况见图 3-3。从图 3-3 可以看出,三角贸易指数最大的行业主要是通讯行业和 IT 行业,其次是办公机器行业。其中,IT 产品、通讯产品的三角贸易指数总体上呈增长趋势,表明中国在东亚 ICT 制造业部门的三角贸易格局中发挥着出口平台的关键作用。半导体行业的三角贸易指数总体上比较小,可能的原因是该行业的最终产品贸易主要表现为东亚区域内部贸易,这与前面的分析也是一致的,即 2008 年半导体部门最终产品中有 70.8% 的产品出口流向了东亚地区。

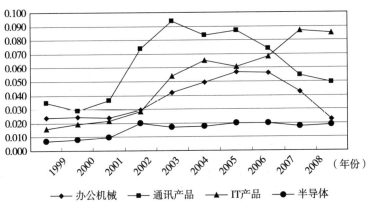

图 3-3　1999—2008 年中—日、韩—美之间
ICT 部门三角贸易指数变化情况

资料来源:笔者根据 UN COMTRADE 数据库 SITC(Rev.3)数据整理计算得出。

上述分析表明,中国正在成为东亚电子行业生产网络中的制造中心,凸显出其作为"世界工厂"的地位。但中国在东亚电子行业生产网络中更多的是扮演加工组装的角色,处于价值链分工中的低端环节,其比较优势主要还是表现为加工组装优势。第一,从贸易差额来看,尽管中国 ICT 部门对东亚最终产品贸易存在明显的顺差,但零部件贸易上基本处于逆差地位,表明中国虽然在 ICT 部门最终产品方面具备了较强的生产供给能力,但严重依赖东亚高技术含量的 ICT 零部件的进口。第二,从贸易平衡贡献指数看,中国对东亚地区的 ICT 最终产品贸易对贸易平衡的贡献为正,而零部件贸易的贡献为负,表明中国 ICT 最终产品相对于东亚具有明显的比较优势,但零部件相对于日本、韩国、东盟 6 国乃至整个东亚处于明显的比较劣势地位。第三,从显示性比较优势指数的分析来看,中国 ICT 部门无论是最终产品还是零部件在东亚市场上具备了一定的出口供给优势,零部件出口供给能力在不断增强,跨国公司正逐步把中国作为一个零部件的生产基地;但中国在零部件加工组装方面的比较优势更为明显,说明中国在东亚 ICT 制造业部门生产网络中的价值链分工中基本处于加工组装环节,中国 ICT 制造业部门所具有的比较优势主要来自加工组装优势。第四,从三角贸易指数看,中—日、韩—美之间通讯产品、IT 产品的三角贸易指数总体上呈增长趋势,表明中国在东亚 ICT 部门的三角贸易格局中发挥着出口平台的关键作用。

二、中国在东亚服装行业生产网络中的分工地位

(一)东亚服装行业生产网络的形成及演变

东亚服装行业生产网络的形成是自 20 世纪 50 年代开始的世界范围内纺织服装产业三次大的生产转移的结果。这三次生产转移是:第一次生产转移发生在 20 世纪 50 年代至 60 年代早期,该产业的生产由北美和西欧转移至日本;第二次生产转移发生在 20 世纪 70—80 年代,生产转移至亚洲新兴工业化国家或地区如韩国、中国香港、中国台湾,它们成为世界上最主要的服装加工生产基地;第三次生产转移发生在 20 世纪 80 年代中后期,在亚洲新兴

工业化国家或地区(NIEs)如韩国、中国香港及台湾地区与其周边国家及中国大陆之间出现了服装部门的产品内分工浪潮。服装生产过程中的加工环节主要转移到中国大陆、东南亚一些国家以及南亚的斯里兰卡进行。20世纪90年代以后,服装业的劳动密集型加工环节进一步转移到东南亚一些国家以及南亚地区进行,而东北亚的国家和地区如韩国、中国香港则专注于服装的设计工序以及营销活动。① 东亚服装行业生产网络的形成可以从以下层面理解:

首先,从生产网络节点(交易主体与交易关系)角度看,服装产业转移的结果使得来自不同国家和地区的企业按照生产成本、技术水平等因素分化为三个层次,在东亚生产网络中处于不同的分工地位:欧美跨国公司作为第一层次,成为该生产网络的主导者,专注于品牌设计及营销活动;新兴工业化国家和地区(NIEs)企业作为第二层次,早期主要从事加工装配环节或生产制造,后来逐渐演变为中间商,甚至部分企业上升为主导厂商;处于第三层次的主要是中国大陆、越南、老挝等地的企业,基于低廉的生产要素等优势目前主要从事加工装配业务或中间产品的生产。

其次,东亚服装业生产网络分工本质上属于所谓的"三角制造"(triangle manufacturing)。其含义是:美国服装品牌制造商将其生产定单交给亚洲新兴工业化国家的服装制造商,这些服装品牌制造商又将定单规定的部分甚至全部生产环节转移给它们位居海外的子公司或附属企业。例如,中国台湾、中国香港的服装制造商主要将生产转移到中国的珠三角等地,韩国的服装制造商主要将生产转移至朝鲜、印尼等地,新加坡的服装制造商主要将生产转移到位于马来西亚和印尼的子公司或附属企业。这些子公司或附

① Gereffi, Gary, "International Trade and Industrial Upgrading in the Apparel Commodity Chain", *Journal of International Economics* Vol.48,1999,pp.37-70.

属企业在完成加工工序后直接将最终产品出口给美国的服装品牌制造商,见图 3－4。在这种"三角制造"分工模式中,NIEs 国家或地区的企业实际上充当了服装产品的二级分包商的角色,它们通过向周边低成本的国家和地区(如中国大陆)进一步转移服装产品生产的劳动密集型环节(生产、物流环节),因此它们所参与的服装产品内分工活动不仅仅局限于双边的区域间的贸易流动,还涉及服装生产环节以及营销环节 FDI 和生产外包。

　　上述"三角制造"模式自 20 世纪 90 年代以后逐步演变为更为复杂的服装业生产网络,除了 NIEs 国家或地区的企业在该生产网络中继续充当服装产品的二级分包商的角色外,美欧服装品牌制造商诸如耐克等国际知名品牌制造商直接与中国大陆、泰国、印尼等地企业建立了较为稳定的生产外包关系,甚至把部分设计环节亦交由第三层级的企业(如台湾、香港地区在中国大陆建立的子公司)来完成,以充分利用东亚发展中国家,尤其是中国大陆的区位优势(生产要素及政策优势)。从这一角度看,中国大陆自 20世纪 90 年代以来因承接美欧以及 NIEs 国家或地区的服装产业转移而成为该生产网络的制造中心,也在一定程度上"重构"(reshape)了东亚服装业生产网络。

125

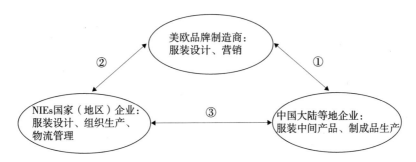

图 3－4　东亚服装业生产网络中的"三角制造"分工模式

注:图中①、②、③分别表示"三角制造"分工模式中不同层次的分工主体间的交易关系,既
　　包括公司间交易活动,也包括公司内交易活动。

（二）中国在东亚服装行业生产网络中的分工地位解析

笔者仍然基于细分行业的贸易数据来考察中国在东亚服装业生产网络中的分工地位。关于服装行业的分类，《国际贸易标准分类》（Rev.3）第65章（纺织纱线、织物、制成品和相关产品）和第84章（服装产品和衣着搭配物）均属于世界纺织品和服装的范畴；同时，由于纺织生产中主要投入品为纺织纤维，因而将第26章也纳入到纺织品服装中。所以，笔者按照《国际贸易标准分类》（Rev.3）第65章、第84章、第26章来收集贸易数据，本书中将《国际贸易标准分类》中编码为SITC84699（服装辅料）和SITC84848（头饰配件）两类产品归为服装行业的中间产品。

1.中国服装产品的出口供给状况

1999—2008年间中国服装产品对世界和东亚出口保持平稳较快增长，贸易顺差不断加大。中国服装产品对世界出口额从1999年的441亿美元上升到2008年的1878亿美元，10年间出口额平均增速高达17.73%，其出口额和出口平均增速都远高于其他东亚经济体，见表3-14。这说明中国在低技术含量产品上的生产、供给能力要高于东亚其他经济体，其在东亚服装生产网络中占据中心地位。

表3-14　东亚各经济体对世界服装贸易情况

（单位：百万美元）

	1999年		2003年		2007年		2008年	
	出口总值	贸易差额	出口总值	贸易差额	出口总值	贸易差额	出口总值	贸易差额
中国	44100.40	29980.70	79908.80	60185.80	173592.5	147517.9	187808.2	162141.89
日本	7975.90	-13979.10	7877.00	-17385.90	8869.70	-22066.90	9140.69	-24288.15
中国香港	34999.90	7153.20	36542.30	7212.90	42389.20	9315.50	40325.06	9171.95
韩国	17336.70	12655.80	15311.50	8826.60	13536.10	4321.50	13380.86	4237.25
泰国	5497.40	3528.60	6111.90	3629.90	7730.70	4510.30	7965.50	4150.48
印尼	6974.80	5245.00	7172.20	5642.40	10054.10	8001.80	10413.85	5208.40

续表

	1999 年		2003 年		2007 年		2008 年	
	出口总值	贸易差额	出口总值	贸易差额	出口总值	贸易差额	出口总值	贸易差额
马来西亚	3454.70	2028.40	3166.40	1980.40	4762.20	2918.90	5342.74	3439.87
越南	2000.20	296.10	3954.30	861.10	8800.80	2835.10	10376.79	3547.06
菲律宾	2528.10	1051.90	2539.20	1256.10	2535.80	1130.40	2214.88	1133.45
新加坡	2523.20	-333.50	2944.80	-271.20	2846.80	-830.10	2547.01	-948.08

资料来源:根据 UN COMTRADE 数据库 SITC(Rev.3)数据整理计算得出。

　　进一步分析中国对东亚各经济体服装行业的制成品与中间产品贸易情况(见表 3 - 15)。可以看出,中国对东亚经济体服装制成品贸易存在较大顺差且增速较快,而服装部门中间产品贸易除

表 3 - 15　1999—2008 年中国与东亚经济体服装行业的贸易情况

(单位:百万美元)

服装制成品贸易								
	1999 年		2003 年		2007 年		2008 年	
	出口	贸易差额	出口	贸易差额	出口	贸易差额	出口	贸易差额
日本	10430.61	7476.64	14889.03	11384.06	19747.77	16085.99	21358.68	17655.04
中国香港	11450.65	9643.56	15384.67	13376.12	18253.99	16480.62	16114.81	14682.74
韩国	1796.00	-833.73	3911.52	1075.07	5685.79	2961.73	5583.80	3040.75
东盟 6 国	1453.73	1044.15	3392.47	2705.49	10225.65	9262.46	10504.63	9425.46
服装中间产品贸易								
	1999 年		2003 年		2007 年		2008 年	
	出口	贸易差额	出口	贸易差额	出口	贸易差额	出口	贸易差额
日本	6.62	0.49	8.75	1.91	14.63	8.78	20.87	14.38
中国香港	94.73	21.37	133.59	113.10	92.03	59.28	85.59	49.72
韩国	0.24	-9.03	1.23	-5.86	3.46	-4.48	3.44	-3.83
东盟 6 国	3.65	0.21	13.04	8.42	19.37	18.52	32.31	31.62

资料来源:根据 UN COMTRADE 数据库 SITC(Rev.3)数据整理计算得出。

127

韩国外,亦保持顺差状态。这反映出中国在低技术含量的劳动密集型产品的生产和供给能力较强。同时,通过对中国向东亚经济体出口占中国向世界出口贸易的份额考察发现,1999—2008年间中国对东亚经济体出口服装产品总值占中国对世界出口该类产品总值的比重有所下降,由1999年的56.9%,下降到2008年的28.52%。这说明作为东亚区域内的服装产品的出口大国,中国服装制成品出口对东亚市场的依赖程度在降低,其向区域外市场出口的能力较强。这进一步说明中国在东亚服装生产网络中处于低附加值、低技术含量的生产加工环节。

2.中国服装行业中间产品的比较优势

如同前面的分析一样,本节依然使用贸易平衡贡献指数(CTB)[1]来分析中国服装业在东亚生产网络中的竞争地位。首先,笔者分别计算了东亚各经济体在服装制成品和中间产品世界贸易中的CTB指数的变化情况,见表3-16。可以看出,1999—2008年间,中国对世界的服装制成品和中间产品贸易对贸易平衡的贡献为正(1999年的中间产品贸易除外),表明中国在服装制成品上一直处于比较明显的优势地位,如表3-16所示,1999年中国服装制成品的CTB指数高达7.01,韩国、印度尼西亚次之,分别为4.04和3.16;而日本和新加坡则分别为-2.53和-0.18。到了2008年,中国该指数仍高达5.35,韩国则降为0.52,日本和新加坡的该指标则仍为负。但中国在服装中间产品贸易上的CTB指数明显低于韩国和中国香港,说明中国在服装中间产品供给方面处于相对弱势地位。其次,计算中国对东亚各经济体服装贸易的CTB指数,见表3-17。可以看出,中国在服装中间产品供给方面

---

① 计算公式为:$CTB_j^i = 100 \times \left[\dfrac{x_j^i - m_j^i}{x_j^i + m_j^i} - \dfrac{\sum\limits_{j=1}^{N}(x_j^i - m_j^i)}{\sum\limits_{j=1}^{N}(x_j^i + m_j^i)} \right] \times \left[\dfrac{x_j^i + m_j^i}{\sum\limits_{j=1}^{N}(x_j^i + m_j^i)} \right]$,其中,$x_j^i$

和m_j^i分别表示i国家或地区服装产品j的出口和进口,N表示所有进出口产品种类。

相对韩国和中国香港处于弱势地位。

表 3-16　1999—2008 年间东亚经济体服装贸易的 CTB 指数变化情况

服装制成品									
	1999 年	2000 年	2001 年	2003 年	2004 年	2005 年	2006 年	2007 年	2008 年
中国	7.01	6.92	6.76	6.70	5.99	5.78	5.78	5.66	5.35
日本	-2.53	-2.44	-2.59	-2.43	-2.28	-2.09	-1.99	-1.85	-1.61
中国香港	2.27	2.23	2.22	1.67	1.64	1.61	1.62	1.58	1.47
韩国	4.04	3.70	3.34	2.12	1.45	1.07	0.69	0.52	0.53
泰国	2.74	2.42	2.53	2.17	2.17	2.06	1.72	1.40	1.20
印尼	3.16	3.01	2.75	3.20	3.42	3.58	3.16	2.89	1.79
马来西亚	0.94	0.88	0.90	0.79	0.76	0.73	0.74	0.72	0.73
越南	1.41	0.91	1.17	3.69	3.39	2.74	3.15	4.25	4.00
菲律宾	1.36	1.74	2.18	1.99	1.69	1.79	1.71	1.31	1.35
新加坡	-0.18	-0.19	-0.21	-0.26	-0.21	-0.22	-0.22	-0.22	-0.17
服装中间产品									
	1999 年	2000 年	2001 年	2003 年	2004 年	2005 年	2006 年	2007 年	2008 年
中国	-0.002	0.011	0.019	0.017	0.014	0.009	0.008	0.006	0.006
日本	-0.001	-0.001	-0.001	-0.001	-0.001	-0.001	-0.001	-0.001	-0.002
中国香港	0.062	0.064	0.069	0.033	0.036	0.042	0.018	0.013	0.011
韩国	0.004	0.009	0.01	0.012	0.011	0.012	0.01	0.007	0.008
泰国	-0.005	-0.003	-0.004	-0.006	-0.003	-0.005	-0.006	-0.003	-0.005
印尼	-0.004	-0.002	-0.001	-0.002	-0.003	0.004	-0.002	0.001	-0.004
马来西亚	-0.007	-0.006	-0.006	-0.011	-0.013	-0.01	-0.005	-0.002	-0.002
越南		-0.029	-0.031	-0.043	-0.064	-0.07	-0.016	-0.008	-0.017
菲律宾	-0.016	-0.012	-0.009	-0.007	-0.006	-0.013	-0.017	-0.014	-0.008
新加坡	-0.005	-0.003	-0.003	-0.001	-0.003	-0.003	-0.002	-0.004	-0.004

资料来源：根据 UN COMTRADE 数据库 SITC（Rev.3）数据整理计算得出。

①　由于数据无法获得，因而无法计算 1999 年越南服装部门中间产品贸易的贸易平衡贡献指数。

3.中国在东亚服装业三角贸易格局中的作用

如同前面的分析一样,本节根据浦田秀次郎(2006)计算三角贸易指数的方法来考察中国与日本、韩国和美国之间服装业三角贸易情况[①],结果见表3－18。从表中可以看出,在所考察的10年间中国服装部门三角贸易指数总体呈上升趋势,这说明中国对美国服装制成品出口的加工贸易程度较高,对日本、韩国服装中间产品存在进口依赖;结合中国对世界和对东亚经济体出口服装产品规模较大和增长加快的事实可以看出,中国通过其在低技术含量的劳动密集加工组装生产环节上的优势融入到东亚生产网络中,并且扮演着加工组装的角色。

表3－17　1999—2008年间中国对东亚各经济体服装贸易的CTB指数

服装制成品的CTB指数										
	1999	2000	2001	2002	2003	2004	2005	2006	2007	2008
日本	11.711	11.916	11.497	10.661	10.041	9.148	8.508	8.624	8.151	7.826
中国香港	1.499	1.507	0.610	0.839	0.470	0.075	-0.501	-0.638	-0.455	-0.286
韩国	3.343	3.499	4.448	6.032	5.593	4.479	3.539	3.966	3.401	2.532
泰国	4.584	4.032	3.156	2.768	3.146	1.877	1.939	2.176	2.428	2.786
印尼	2.944	2.492	2.238	2.316	2.806	3.078	3.276	4.393	4.823	4.549
马来西亚	3.182	3.721	2.490	2.459	2.988	3.191	3.178	3.481	4.224	4.335
越南	6.567	2.787	2.097	5.135	5.430	5.962	5.682	4.597	3.974	4.160
菲律宾	4.915	6.560	6.304	6.487	4.927	4.721	4.272	3.932	3.701	4.166

130

---

①　计算公式为:Triangle Trade Index$_{ija}$ = $\left(\dfrac{X_{ij}^{I}}{X_{iw}^{I}}\right)\left(\dfrac{X_{ja}^{F}}{X_{jw}^{F}}\right)$,$X_{ij}^{I}$表示日、韩两国出口到中国的服装中间产品贸易额,$X_{iw}^{I}$表示日、韩两国出口到世界的服装中间产品贸易额,$X_{ja}^{F}$表示中国出口到美国的服装制成品贸易额,$X_{jw}^{F}$表示中国出口到世界的服装制成品贸易额。

续表

服装制成品的 CTB 指数										
	1999	2000	2001	2002	2003	2004	2005	2006	2007	2008
新加坡	5.662	4.839	4.898	5.632	6.611	5.095	4.621	3.902	5.583	2.875
日本	0.001	0.003	0.001	0.003	0.003	0.001	0.003	0.005	0.005	0.007
中国香港	-0.214	-0.054	0.018	0.009	-0.002	-0.010	-0.035	-0.023	-0.025	-0.028
韩国	-0.022	-0.014	-0.016	-0.012	-0.004	0.000	-0.001	0.001	-0.001	-0.001
泰国	0.000	0.003	0.003	0.004	0.006	0.005	0.006	0.007	0.018	0.027
印尼	-0.004	-0.016	-0.039	-0.007	0.013	0.009	0.014	0.010	0.016	0.021
马来西亚	0.055	0.024	0.002	0.001	0.007	0.001	0.002	0.001	0.002	0.003
越南	0.009	0.003	0.003	0.019	0.075	0.036	0.026	0.027	0.017	0.027
菲律宾	-0.078	-0.034	-0.048	-0.022	0.001	0.007	0.010	0.009	0.010	0.006
新加坡	0.001	0.002	0.000	0.001	0.003	0.002	0.002	0.002	0.001	0.001

资料来源:根据 UN COMTRADE 数据库 SITC(Rev.3)数据整理计算得出。

131

表 3-18　**1999—2008 年中一日、韩一美之间
服装部门三角贸易指数变化情况**

年份	1999	2000	2001	2002	2003	2004	2005	2006	2007	2008
三角贸易指数	0.029	0.034	0.034	0.033	0.035	0.045	0.079	0.071	0.065	0.055

资料来源:根据 UN COMTRADE 数据库 SITC(Rev.3)数据整理计算得出。

　　综上所述,总的来看中国在东亚服装生产网络中仍处于相对低端地位。第一,从贸易差额来看,中国服装出口额和出口平均增速都远高于其他东亚经济体。作为东亚区域内的服装产品的出口大国,对韩国在服装中间产品方面存在较大贸易逆差,但中国服装制成品出口对东亚市场的依赖程度在降低,而对区域外出口市场的依赖度较大,从一个侧面说明中国在东亚服装生产网络中处于低附加值、低技术含量的生产加工环节。第二,从贸易平衡贡献指数看,中国凭借劳动力供给优势参与到东亚服装生产网络之中,获

得了服装制成品贸易的显著比较优势,而其在服装部门中间产品贸易上处于比较劣势地位。第三,从三角贸易指数看,中国对日本、韩国服装中间产品存在进口依赖,对美国服装制成品出口的加工贸易程度较高,从另一个侧面说明中国在东亚服装生产网络中处于相对低端地位。

三、中国在东亚汽车行业生产网络中的分工地位

(一)东亚汽车行业生产网络的形成及演变

东亚地区汽车行业的生产网络形成的主要原因是汽车生产的产品内分工范围受到运输距离的局限,即汽车生产所需的许多零部件的价值—重量比率很小,因而其加工组装环节适合分散到与母国邻近的区位进行。该生产网络在很大程度上是伴随着日本汽车跨国公司对东亚的直接投资而逐步形成的,因而也主要是由日本汽车企业主导的①,其形成和演变经历了以下几个阶段:

第一,自20世纪70年代开始,日本通过对外直接投资在东盟4国(马来西亚、泰国、印尼、菲律宾)建立生产网络。到了20世纪80年代,日本大规模地在东亚地区的泰国、马来西亚、菲律宾、印尼以及台湾地区进行对外直接投资。在当地建立组装工厂和合资企业,从日本进口零部件进行整车的组装和加工。而泰国、马来西亚则通过优惠的FDI政策、良好的基础设施以及有效率的出口加工区政策②承接了以日本为代表的世界汽车生产"三极"③的汽车组装厂商以及零部件制造厂商的生产转移。美、日、欧的大型汽车

---

① 韩国汽车跨国公司一定程度也在东亚的汽车生产网络中扮演重要角色。参见 Dicken,P.," Global Production Networks in Europe and East Asia:The Automobile Components Industries", www.sed.manchester.ac.uk/ geography/ research/gpn/gpnwp7. pdf, 2003。

② 建立出口导向型的汽车产业是泰国在20世纪90年代初期工业化战略的重要组成部分。

③ 世界汽车生产"三极"是指美、日、欧三地。

跨国公司都在泰国建立了组装工厂,将泰国作为其出口基地。由于外资的大量流入,从20世纪60年代到90年代中期,在不到40年的时间内,泰国即发展成为"亚洲的底特律",其轿车的生产能力从1961年的525辆增长至2006年的117.68万辆。泰国目前已经成为东亚地区仅次于日本和韩国的第三大汽车产品出口国,并且成为东南亚地区对日本、美国和欧洲的全球性汽车跨国公司出口的"轴心"。至2003年已拥有725家汽车零部件制造厂商,其中大约有225家服务于OEM市场。

第二,东盟(ASEAN)自由贸易协定生效后尤其是"东盟产业合作计划"于1996年启动后,其优惠性关税安排促进了以日本汽车跨国公司的直接投资为首的外国直接投资的伴随性投资的发展,促进了汽车生产网络在不同国家的扩展。例如,到东盟国家投资的日本汽车跨国公司为了继续使用日本汽车零部件,它们往往会带动日本汽车零部件供应商也到东盟国家进行投资。由于零部件等能够在东盟区域内部自由流动,便利了美、日、欧等地区的汽车跨国公司在该地区建立完整的跨国生产网络,进而将东亚的其他国家或地区纳入其生产网络之中。典型的例证是:日本著名的汽车零部件生产商Denso自1972年起先后在泰国、印尼、马来西亚和菲律宾建立了生产基地,2001年又在越南建立了生产基地,这些生产基地全部由该公司位于新加坡的地区总部管辖。该公司位居马来西亚、泰国和印尼的生产基地的产品大量出口至日本和美国(Dicken,2003)。

第三,自20世纪80年代以来,在中国"市场换技术"的外资战略指引下,欧美汽车组装厂商以及零部件制造厂商开始向中国进行加工组装环节的转移。例如,德国大众、美国通用等汽车巨头以及德尔福、伟世通、电装、博世等国际零部件供应商纷纷进入中国。大量的合资企业建立起来。① 为了应对欧美汽车企业的竞争,日本汽

133

————

① 中国汽车合资公司有着独特的股权安排,即"50∶50"的股权比例安排。

车企业,尤其是三大汽车巨头本田、丰田、日产开始加大对华投资力度。其对华直接投资经历了三个阶段:技术合作与零部件生产阶段(20世纪80年代—90年代中期)、试水合资整车生产阶段(20世纪90年代末—2003年)、全面进入中国市场阶段(2003年后)。[①] 2003年之后,日本汽车企业逐渐将中国纳入其全球生产体系,除在中国生产销售最新车型外,开始利用中国工厂生产出口整车。

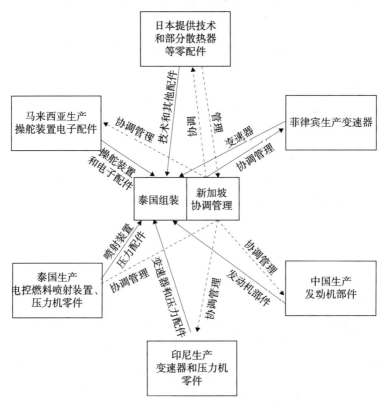

图3-5 日本汽车企业在东亚的生产网络

资料来源:转引自杨静:《论后雁行时代的新雁阵模式——正确定位中国在东亚经济中的位置》,《对外经贸探索》2009年第5期。

---

① 蔡天一:《日本汽车企业东亚生产网络及对我国启示》,广东外语外贸大学硕士学位论文,2009年,第36—37页。

总体上看,日本对东亚汽车产业的投资经历了一个由低级到高级、由点到面、由组装生产到构建区域性生产网络,再到成为日本汽车企业全球生产网络的一个重要战略环节的过程。图3-5描述的是日本汽车企业在东亚的生产网络,从图中可以看出,整个生产网络中的高附加值的生产环节(高技术产品的研发)主要保留在日本,加工组装中心(生产出口基地)主要是泰国,零部件生产主要集中于东盟国家。而中国由于其巨大的市场潜力、零部件生产和加工组装能力的不断增强,扮演着重要的生产出口基地的角色。[1] 根据东亚各经济体的综合实力分析,中国在日本汽车企业主导的东亚生产网络中将不断强化。事实上,目前国外汽车企业同中国汽车企业的合作模式已逐步由依托中国企业建立出口生产基地转变为包括管理、销售、研发、制造的完整的价值增值链条的全面合作。

(二)中国在东亚汽车行业生产网络中的分工地位解析

本节仍然运用细分行业的贸易数据来考察中国在东亚汽车行业生产网络中的分工地位,依据《国际贸易标准分类》(SITC Rev. 3)中第78章(道路车辆)5位数水平的SITC编码来收集汽车最终产品和零部件数据,数据来源于联合国商品贸易统计数据库。

1.中国与东亚经济体汽车行业贸易密集度

贸易密集度指数(trade intensity index)是衡量两国贸易紧密关系及贸易互补性最常见的指标。该指数计算公式如下:

$$TII_{ab}^{ti} = (X_{ab}^{ti}/X_{aw}^{ti})/(M_{ba}^{ti}/M_{bw}^{ti}) \times 100 \qquad (3-6)$$

其中,TII_{ab}^{ti} 表示t年a国对b国i商品出口贸易密集度,X_{ab}^{ti}、X_{aw}^{ti} 分别表示t年a国对b国、对世界出口i商品的出口额,M_{ba}^{ti}、M_{bw}^{ti} 分别表示t年b国从a国、从世界进口i商品的进口

———————————

[1] 据国际汽车制造商协会(OICA)统计,2011年中国的汽车产量为1840万辆,居世界各国之首。

额。若 TII_{Xab}^{ti} >100,表明 t 期 a 国与 b 国在 i 商品的贸易方面联系紧密,两国间贸易互补性较强,a 国 i 商品的出口对 b 国依赖程度较高;反之,两国在 i 商品贸易方面的联系相对较松散且互补性较弱。当采用 b 国从 a 国进口 i 商品占从世界进口比重与 a 国对 b 国出口 i 商品占对世界出口比重之比时,得到的 TII_{ba}^{ti} 便是 b 国 i 商品进口贸易密集度,衡量的是 b 国 i 商品的进口对 a 国的依赖程度。

表 3 - 19　1999—2008 年间中国与东亚经济体汽车行业的贸易密集度指数

	出口				进口			
	1999 年	2002 年	2005 年	2008 年	1999 年	2002 年	2005 年	2008 年
日本	259.12	157.51	86.74	40.95	38.59	63.49	115.29	203.09
中国香港	71.16	72.84	72.30	53.83	140.53	137.28	138.31	152.68
韩国	286.95	134.57	46.31	18.97	34.85	74.31	215.94	444.22
泰国	268.02	103.42	30.85	16.40	37.31	96.69	324.10	601.97
印尼	75.36	47.83	45.17	33.23	132.70	209.09	221.39	441.38
马来西亚	60.32	63.14	41.82	27.67	165.79	158.38	239.14	530.31
越南	16.14	13.63	7.62	8.38	619.47	733.65	1312.38	1375.27
菲律宾	32.78	30.61	16.94	15.25	305.02	326.67	590.35	771.79
新加坡	79.17	75.11	42.83	41.32	126.31	133.14	233.50	221.50

资料来源:根据 UN COMTRADE 数据库 SITC(Rev.3)数据整理计算得出。

　　笔者依据上述方法计算了 1999—2008 年间中国与东亚经济体在汽车部门的贸易密集度指数,结果见表 3 - 19。根据结果可以发现:1999 年中国汽车部门对日本、韩国和泰国出口贸易密集度指数分别为 259.12、286.95、268.02,而到 2008 年则分别下降为 40.95、18.97、16.40;与此同时,中国与其他东亚经济体的出口贸易密集度指数也都有所下降。而与之相反的是,日本、韩国、泰国汽车部门对中国的进口密集度指数分别由 1999 年的 38.59、34.85 和 37.31 上升至 2008 年的 203.09、444.22 和 601.97;其他东亚经

济体对中国的进口贸易密集度指数也都上升了。这说明中国汽车
部门出口对东亚经济体依赖显著下降,而东亚经济体汽车部门进
口对中国的依赖性显著增强,表明中国汽车产品生产供给能力不
断增强,作为东亚地区汽车生产出口基地的重要性在不断强化。

2.中国汽车行业的竞争地位

这里依然采用贸易平衡贡献指数[①]来分析中国服装业在东亚
生产网络中的竞争地位。根据 CTB 计算公式,笔者分别对东亚经
济体在汽车部门最终产品贸易和零部件贸易的 CTB 指数进行计
算,结果见表3－20。东亚经济体在汽车部门最终产品对外贸易
中的比较优势由强到弱依次是:日本、韩国、泰国、中国;在汽车部
门零部件对外贸易中比较优势由强到弱依次是:日本、菲律宾、韩
国。由表3－20 可知,1999—2008 年间中国汽车部门最终产品对
外贸易 CTB 指数大小在 0.5 左右波动,而日本 CTB 指数大小都在
6 以上,到 2008 年更是高达 8.33;韩国 CTB 指数也在 4 左右;泰国
CTB 指数则由 1999 年的 0.81 增长至 2008 年的 3.08。这说明中
国在汽车部门最终产品上具备一定生产优势和国际竞争力,但相
对其他发达东亚经济体,中国的竞争力明显不足。此外,1999—
2008 年间中国汽车部门零部件 CTB 指数几乎都为负值说明中国
在汽车部门零部件上不具备生产优势和竞争力。中国汽车部门最
终产品 CTB 指数大于零,而零部件 CTB 指数小于零的事实说明:
中国在汽车部门最终产品的出口能力主要依赖于其零部件的进
口,其在该部门的竞争力主要表现为汽车零部件的加工组装能力。
其次,进一步计算中国对东亚各经济体汽车行业贸易的 CTB 指
数,见表3－21。从表3－21 中可以看出,中国对日、韩汽车零部件

137

---

① 计算公式为: $CTB_j^i = 100 \times \left[\frac{x_j^i - m_j^i}{x_j^i + m_j^i} - \frac{\sum_{j=1}^{n}(x_j^i - m_j^i)}{\sum_{j=1}^{n}(x_j^i + m_j^i)} \right] \times \left[\frac{x_j^i + m_j^i}{\sum_{j=1}^{n}(x_j^i + m_j^i)} \right]$,其中, x_j^i 和 m_j^i
分别表示 i 国家或地区汽车产品 j 的出口和进口, N 是所有进出口产品的种类, x、m 分别表示出口、进口。

表 3 - 20　1999—2008 年间东亚地区汽车行业的 CTB 指数变化情况

最终产品 CTB									
	1999 年	2000 年	2001 年	2003 年	2004 年	2005 年	2006 年	2007 年	2008 年
中国	0.49	0.76	0.59	0.36	0.50	0.57	0.45	0.51	0.41
日本	6.84	6.23	6.99	7.58	6.98	7.20	7.92	8.23	8.33
中国香港	-0.23	-0.29	-0.28	-0.18	-0.16	-0.12	-0.14	-0.16	-0.18
韩国	3.94	3.85	4.30	4.60	4.92	4.84	4.65	4.55	3.74
泰国	0.81	1.01	1.40	1.53	1.86	2.36	2.57	2.67	3.08
印尼	-0.50	-0.80	-1.16	-1.08	-1.16	-1.15	-0.79	-0.70	-0.93
马来西亚	-0.65	-0.72	-0.73	-0.73	-0.75	-0.71	-0.60	-0.46	-0.63
越南	-2.21	-3.25	-3.10	-1.90	-1.29	-1.36	-0.55	-0.60	-0.71
菲律宾	-0.90	-1.04	-1.01	-0.65	-0.48	-0.56	-0.82	-1.16	-1.28
新加坡	-0.32	-0.55	-0.54	-0.44	-0.43	-0.40	-0.32	-0.31	-0.31
零部件 CTB									
	1999 年	2000 年	2001 年	2003 年	2004 年	2005 年	2006 年	2007 年	2008 年
中国	-0.31	-0.32	-0.34	-0.61	-0.39	-0.14	-0.17	-0.09	0.00
日本	1.88	2.01	2.15	2.24	2.21	2.27	2.06	1.98	1.89
中国香港	-0.11	-0.10	-0.10	-0.08	-0.07	-0.05	-0.05	-0.04	-0.05
韩国	0.09	0.06	0.10	0.37	0.50	0.87	0.98	1.07	1.11
泰国	-0.65	-1.07	-1.12	-1.24	-0.94	-0.44	-0.24	-0.06	0.05
印尼	-0.58	-1.74	-1.64	-1.48	-1.18	-1.15	-0.63	-0.47	-0.88
马来西亚	-0.18	-0.20	-0.18	-0.25	-0.26	-0.40	-0.33	-0.31	-0.36
越南	-0.02	-0.18	-0.15	-0.14	-0.14	-0.15	-0.11	-0.25	-0.39
菲律宾	0.20	0.36	0.54	0.74	1.00	1.15	1.09	1.34	1.77
新加坡	-0.14	-0.16	-0.19	-0.08	-0.01	0.02	0.03	0.04	0.08

资料来源：根据 UN COMTRADE 数据库 SITC（Rev.3）数据整理计算得出。

贸易 CTB 指数都显著小于零，对东盟国家汽车零部件贸易 CTB 指数大于零，表明中国对日、韩在汽车零部件方面存在明显的进口依赖，这与当前东亚汽车生产网络中以日本、韩国企业占据主导地位的事实是相符的，即日、韩汽车业跨国公司主导了汽车生产中的新产品研发设计、高端零部件等高附加值生产环节,而以中国为代表的发展中国家主要从事较低技术含量的汽车通用零部件生产、低附加值的加工组装环节。

表3-21 1999—2008年间中国对东亚各经济体汽车行业贸易的CTB指数

最终产品的CTB指数										
	1999	2000	2001	2002	2003	2004	2005	2006	2007	2008
日本	0.135	-0.071	-0.031	-0.855	-0.466	-0.219	0.006	0.039	-0.257	-0.605
中国香港	0.434	0.556	0.454	0.322	0.350	0.215	0.183	0.122	0.138	0.116
韩国	1.443	1.509	1.170	0.734	0.535	0.516	0.400	0.091	0.044	-0.124
泰国	0.539	0.477	0.332	0.314	0.588	0.351	0.540	0.383	0.299	0.436
印尼	0.644	3.947	2.053	1.868	2.008	2.158	1.563	1.569	1.316	1.396
马来西亚	0.153	0.277	0.283	0.283	0.568	0.342	0.410	0.493	0.229	0.222
越南	1.958	13.400	11.797	1.620	0.430	0.721	0.467	0.493	1.241	1.540
菲律宾	0.271	0.502	1.363	2.036	1.449	1.184	0.849	0.636	0.742	0.853
新加坡	0.086	0.151	0.543	0.268	0.296	0.417	0.237	0.253	0.505	0.623
汽车零部件的CTB指数										
	1999	2000	2001	2002	2003	2004	2005	2006	2007	2008
日本	-0.725	-0.778	-0.888	-0.694	-1.189	-1.088	-0.866	-1.038	-1.075	-1.094
中国香港	0.006	0.010	0.008	0.010	0.010	0.009	0.009	0.005	0.012	0.013
韩国	-0.052	0.005	-0.049	-0.075	-0.657	-0.714	-0.788	-0.484	-0.126	0.006
泰国	0.017	-0.001	0.113	0.147	0.098	0.087	0.292	0.386	0.530	0.592
印尼	0.351	0.482	0.604	0.565	0.461	0.531	0.452	0.264	0.420	0.592
马来西亚	0.167	0.175	0.187	0.170	0.213	0.376	0.436	0.411	0.520	0.621
越南	0.124	0.170	0.368	1.204	0.946	1.121	1.049	0.710	0.530	0.371
菲律宾	0.192	0.275	0.304	0.302	0.265	0.368	0.451	0.378	0.335	0.327
新加坡	0.092	0.117	0.110	0.076	0.060	0.135	0.151	0.123	0.140	0.170

资料来源:根据UN COMTRADE数据库SITC(Rev.3)数据整理计算得出。

3.中国在东亚汽车行业三角贸易格局中的作用

笔者计算了中—日、韩—美之间汽车行业三角贸易指数,见表

139

3-22。这里汽车部门中间产品主要是指 SITC7139（活塞内燃发动机零件）、SITC77833（发动机设备零件）和 SITC784（车辆零配件）。由表 3-22 可以看出，中—日、韩—美之间汽车行业三角贸易指数由 1999 年的 0.007 增长至 2008 年的 0.020，表明中国汽车生产的加工装配能力逐步增强。但同时笔者注意到，一方面，从总体水平看，中—日、韩—美之间汽车行业三角贸易指数大大低于 ICT 制造业以及服装行业；另一方面，从增长速度看，中—日、韩—美之间汽车行业三角贸易指数的增长速度远远不及 ICT 制造业以及服装行业显著，这一方面表明中国尚未真正成为日、韩汽车企业主导的东亚生产网络的加工装配中心，与泰国作为东亚汽车行业生产网络的加工装配中心的事实是相符的（见图 3-5）；另一方面也体现了东亚汽车行业生产网络主要表现为区域性生产网络、对美欧市场的依赖性小于电子业和服装业的特征。

表 3-22　1999—2008 年中—日、韩—美之间
汽车部门三角贸易指数变化情况

年份	1999	2000	2001	2002	2003	2004	2005	2006	2007	2008
三角贸易指数	0.007	0.006	0.008	0.011	0.026	0.034	0.033	0.030	0.021	0.020

资料来源：根据 UN COMTRADE 数据库 SITC（Rev.3）数据整理计算得出。

总的来说，东亚汽车行业生产网络主要表现为区域性生产网络、对美欧市场的依赖程度小于电子业和服装业。尽管中国汽车产品生产供给能力不断增强，作为东亚地区汽车生产出口基地的重要性在不断化，但中国尚未真正成为日、韩汽车企业主导的东亚生产网络的加工装配中心。

综合本章的分析，可以将中国在东亚生产网络中的分工地位概括如下：作为东亚生产网络中的制造中心，中国在东亚生产网络中仍处于低端分工地位。一方面，从中国与东亚机电行业零部件贸易流动及贸易模式来看，中国在高技术含量的零部件方面尚不

具备自主研发和生产能力,对东亚较发达经济体存在较高的进口依赖。中国与东亚较发达经济体之间仍然存在着较明显的技术差距。中国与东亚零部件产业内贸易增长尚属于一种"增量不增价"的粗放型增长。基于台海两岸 ICT 制造业的产业内贸易模式的个案研究也证实了这一点。

另一方面,从东亚特定行业的生产网络,如服装业生产网络、汽车生产网络以及信息通讯行业生产网络考察,中国作为东亚生产网络中的制造中心,在这三类行业的三角贸易格局中发挥着出口平台的关键作用,但无论是在东亚电子行业生产网络、服装行业生产网络还是在汽车行业生产网络中更多的是扮演加工组装的角色,尚处于价值链分工中的低端环节。

141

第四章　中国在东亚生产网络中的
分工效应:东道国视角

由前面的分析可知,无论从贸易流动角度还是从特定行业的生产网络看,中国作为制造中心和出口生产基地,已成为东亚生产网络中垂直专业化分工生产链的核心环节。那么,如何衡量中国参与这样一种新型分工模式的分工效应呢? 并且,中国从东亚生产网络分工中获得分工利益的途径有哪些? 中国能在多大程度上从这种分工模式中获得分工效应呢? 这些正是本章和下一章试图考察的问题。

在国际生产网络这种新型分工模式下,鉴于生产区段或工序层次的国际分工是生产网络分工的基本内容,笔者将深入到产品内分工层次来解析中国的分工效应或利益。本章将从中国作为东道国角度解析中国得自东亚生产网络分工的静态和动态分工效应或利益,其中,静态分工效应或利益是指中国得自东亚生产网络分工的静态贸易利益①,动态效应或利益包括参与东亚生产网络分工所导致的技术扩散效应、出口竞争力提升效应、就业效应及产业结构升级效应等。

---

① 本部分所考察的中国得自东亚生产网络这种分工模式的静态利益属于传统贸易理论所界定的贸易利得的内涵,即直接的静态贸易利益。

第一节　中国参与东亚生产网络
分工的静态贸易利益

一、参与东亚生产网络分工静态贸易利益的衡量

在传统的基于最终产品进行国际分工的条件下,贸易(分工)利益主要表现为一国通过国际贸易(分工)而获得的较之自给自足经济的福利的改善,主要通过贸易顺差指标、贸易条件指标等来衡量一国参与国际分工的贸易利益。20世纪80年代后期,以罗默(Romer,1986)和卢卡斯(Lucas,1988)为代表提出的内生经济增长模型的基本思想被融入国际贸易理论之后,国际贸易的动态利益,即进口贸易的技术溢出效应开始备受关注,但这样的考察也是基于传统贸易理论的单区域(single cone)假设,即假设作为分工和贸易对象的产品,其全部生产过程在特定国家或经济体内部实现。[①]

143

然而,在国际生产网络这种新型分工模式下,国际分工深入生产工序层次,原来局限于一国内部进行的某一定特定产品的生产过程被"打断",中间产品(尤其是制造业的零部件)被独立地生产出来并多次跨越国界进行交易,并且中间产品的贸易流动往往伴随着跨国公司通过FDI以及生产外包活动铺展生产网络的过程而发生[②]。因此,参与国际生产网络的国家的最终产品出口往往包含大量的进口中间产品(零部件),这就导致了贸易利益主体的多元化

① 参见许彬:《现代国际贸易学对贸易类型的实证研究》,中欧国际工商学院工作论文,2003年。
② 在当代国际分工的发展已深化到特定产品生产流程所包含的生产区段或工序层次即产品内国际分工层次的背景下,当代企业将原来局限于一国进行的一体化的生产流程分割成不同的生产区段并跨越国界着眼于全球充分利用国家间的技术差异和要素价格差异来布局生产网络,从而使国际生产分散化为主的制造范式成为跨国公司生产组织方式变革的主导内容。

（包括东道国、跨国公司母国以及跨国公司本身等）。此外，中间产品贸易实现的贸易利益不完全等同于最终产品贸易，中间产品（零部件）贸易的利益更多地体现为资源配置效率提高以及贸易的外部性，包括产业组织技术效率提高，关联产业的技术外溢等（代中强等，2007）。总之，从静态角度看，传统的基于最终产品贸易的贸易利益衡量指标如贸易顺差指标、贸易条件指标等无法准确刻画归属于国际生产网络参与国的贸易利益（曾铮、张路路，2008）。

如前所述，中国作为东亚国际生产网络的制造中心以及最终产品出口平台，其面向世界的最终产品出口中不仅包含了来自东亚各经济体的大量的进口中间产品（零部件），也包含了来自第三国的进口中间产品（零部件）。由于中国主要通过吸收跨国公司FDI的途径、以加工贸易方式融入东亚生产网络分工体系之中①，因此，若仅仅基于贸易顺差指标来衡量中国参与东亚生产网络分工的贸易利益，可能会忽略东亚地区的贸易转移效应②，也无法剔除来自东亚地区的进口中间产品的贡献。同样，价格贸易条件指标也会忽略来自东亚地区以及第三国进口中间产品的价格转移效应。更为重要的是，来自东亚各经济体的进口中间产品实际上要融合国内生产要素、经过国内多阶段的投入—产出循环后才进入最终产品的生产，产生一种产业循环效应或产业波及效果（陈宏

---

① 在产品内国际分工条件下，一方面，企业把特定产品的不同工序的经济活动拆分到不同国家进行；另一方面，生产特定产品的目标，又使这些空间离散的经济活动的主体——企业构成了由某些"旗舰型"跨国公司主导的国际性生产网络中的不同节点，即"贸易的一体化"与"生产全球分解"的辩证统一（Feenstra，1998）。以外商投资企业为主体的中国加工贸易企业正是基于这样的机制成为融入东亚生产网络中的微观分工主体。

② 事实上，喻春娇、张洁莹（2010）通过实证研究发现，在华跨国公司从东亚的进口中间产品贸易以及美国从除中国外的东亚各经济体的进口所占比例的减少所代表的外部需求变动对中国融入东亚的跨国生产网络具有促进作用，一定程度上证实了上述贸易转移效应。参见喻春娇、张洁莹：《中国融入东亚生产网络的影响因素分析》，《亚太经济》2010年第1期。

易，2002）。这种产业循环效应是中国作为东亚国际生产网络的制造中心的直接的贸易利益所在。

本书拟采用净附加值指标来衡量中国融入东亚生产网络后归属于中国的直接的贸易（分工）利益，即静态分工效应。这种净附加值不仅剔除了出口中的进口投入品价值，而且还考虑到这些进口投入品在国内产业的循环效应或产业波及效果，它能够更加客观地体现中国融入东亚生产网络的贸易（分工）效应或利益。

二、中国参与东亚生产网络分工静态贸易利益的测度

（一）中国制造业总出口中来自东亚的中间产品创造的净附加值

笔者主要基于陈宏易（2002）所定义的净附加值指标来测度中国在东亚生产网络中的静态分工效应（直接的贸易利益）。陈宏易（2002）在胡梅尔斯（Hummels，2001）提出的垂直专业化贸易计算公式基础上推导出考虑国内产业循环后的净附加值计算公式。即：

145

$$VA = VS^M - VS^N = \mu A^M (I - A^D)^{-1} X^V - \mu A^M X^V = \mu A^M [(A^D)^1 + (A^D)^2 + \cdots + (A^D)^K] X^V \tag{4-1}$$

其中，VS^M 和 VS^N 分别为考虑及不考虑国内产业循环或波及效果的垂直专业化贸易额。

依据上述计算公式，笔者得到 1997—2009 年中国制造业部门总出口中分别来自世界和东亚的进口中间产品在经过国内产业循环后创造的净附加值[①]，见表 4-1。从表 4-1 可以看出，来自东

---

① 由第二章关于中国与世界以及东亚的垂直专业化分工的计算公式可知，我们对净附加值的计算实际上是在中国与世界以及东亚的垂直专业化贸易基础上进行的。因此，该净附加值不仅反映了中国参与东亚生产网络分工模式的垂直专业化分工特点，也反映了贸易利益的归属。此部分东亚地区包括日本、韩国、中国香港、新加坡、马来西亚、泰国、印度尼西亚、菲律宾和越南 9 个国家和地区，由于数据可获得性的困难（UN COMTRADE 数据库中没有统计中国台湾的贸易数据），此部分的分析未包括中国台湾地区的数据。

亚的进口中间产品在我国创造的净附加值呈稳定增长态势,从1997年的44.9亿美元上升到2009年的436.8亿美元,增长了近10倍,尤其是2002年之后增长幅度十分明显。更为重要的是,来自东亚的中间产品在中国创造的净附加值占中国从世界进口的中间产品所创造的净附加值43%左右的份额(见图4-1),说明参与东亚国际生产网络的分工对于中国国际分工利益的获得有着决定性的作用,同时与中国融入东亚生产网络中的程度不断加深的现状是一致的。

表4-1　中国制造业总出口中来自东亚和世界的
进口中间产品创造的净附加值　　(单位:亿美元)

年份 区域	1997	1998	1999	2000	2001	2002	2003	2004
世界	93.0	97.9	106.4	138.7	152.1	190.7	268.4	371.6
东亚	44.9	46.8	49.1	64.1	66.4	87.9	128.1	177.5
年份 区域	2005	2006	2007	2008	2009			
世界	482.2	615.1	1154.3	966.5	1015.9			
东亚	224.2	277.9	441.6	388.6	436.8			

资料来源:根据 UN COMTRADE 数据库以及中国投入产出表的数据计算得出。

　　进一步考察东亚中间产品进口来源地情况,笔者的计算结果显示:中国制造业总出口中从日本进口的中间产品在1997—2009年期间创造的附加值是最多的,年均约为68.2亿美元;其次是从韩国进口的中间产品,创造出了年均51.4亿美元的附加值,见图4-2。平均来看,来自这两个国家的中间产品在中国创造的净附加值在来自东亚的中间产品所创造的总附加值中占了近67%的份额,其中,2007年以来自这两个国家的中间产品在中国创造的净附加值占比高达77.6%。由此看来,"东亚来料"在我国制造业所创造的净附加值中有2/3以上是来自日本和韩国的中间产品所

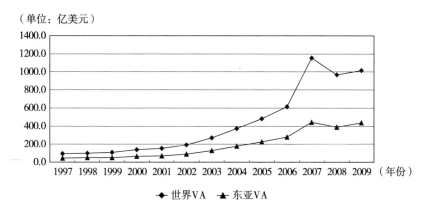

（单位：亿美元）

→ 世界VA　　→ 东亚VA

**图4-1　中国制造业部门从东亚和世界进口中间产品
创造的净附加值比较**

资料来源:根据 UN COMTRADE 数据库以及中国投入产出表的数据计算得出。

创造的。这足以说明中日韩三国的垂直专业分工十分显著,从日韩两国进口的中间产品创造的附加值对我国制造业在东亚生产网络中的贸易利益有着重要的影响。

147

（单位：亿美元）

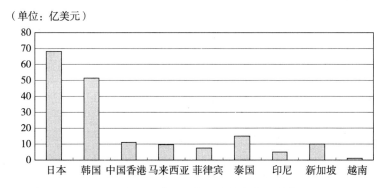

**图4-2　中国制造业总出口中来自东亚的中间产品
创造的平均附加值**

资料来源:根据 UN COMTRADE 数据库以及中国投入产出表的数据计算得出。

（二）中国制造业总出口中来自东亚的中间产品创造的净附加值比重

为了更进一步直观地测度中国在东亚垂直专业化分工体系中

的贸易利得,笔者进一步计算出中国制造业行业分别从世界和东亚各经济体进口中间产品所创造的净附加值比重,见表4-2。

从表4-2可以看出,中国分别从世界和从东亚经济体进口的中间产品创造的净附加值占中国制造业部门总出口的比重总体上呈稳定增长的态势,年均增长幅度分别为4.7%和3.5%。这充分说明随着产品内国际分工的不断深化,中国在东亚生产网络体系中的分工程度在不断加深。但有一个不容忽视的事实是,中国对进口的中间产品进行加工、组装所创造的净附加值占总出口比重实际上并不大,从世界进口的中间产品创造的净附加值比重平均不到7%,而从东亚进口的中间产品所创造净附加值比重平均不足4%,说明中国处于东亚生产网络中垂直专业化分工生产链的末端,只能从中获得较低的贸易利益,这也是导致我国加工贸易"贫困化增长"的根本原因。

表4-2 1997—2009 年中国制造业总出口中进口
中间产品创造的净附加值所占比重　　　　（单位:%）

	世界	东亚	日本	韩国	中国香港	马来西亚	菲律宾	泰国	印尼	新加坡	越南
1997	5.449	2.631	1.233	0.753	0.294	0.070	0.008	0.060	0.045	0.165	0.002
1998	5.622	2.690	1.206	0.798	0.278	0.072	0.015	0.076	0.066	0.177	0.002
1999	5.740	2.647	1.227	0.768	0.244	0.083	0.023	0.081	0.069	0.151	0.003
2000	5.870	2.712	1.186	0.813	0.253	0.102	0.030	0.094	0.078	0.153	0.003
2001	6.008	2.623	1.132	0.790	0.233	0.103	0.031	0.094	0.081	0.154	0.004
2002	6.126	2.822	1.118	0.868	0.250	0.138	0.054	0.112	0.089	0.188	0.004
2003	6.373	3.043	1.185	0.898	0.210	0.175	0.102	0.164	0.093	0.208	0.007
2004	6.461	3.087	1.183	0.912	0.181	0.190	0.114	0.197	0.092	0.210	0.008
2005	6.524	3.033	1.089	0.923	0.165	0.165	0.146	0.222	0.090	0.227	0.008
2006	6.503	2.939	1.074	0.900	2.939	0.160	0.148	0.245	0.093	0.170	0.011
2007	9.610	4.890	2.110	1.730	0.220	0.360	0.430	0.640	0.170	0.310	0.035
2008	6.190	3.580	1.290	0.970	0.170	0.300	0.190	0.370	0.071	0.210	0.017
2009	6.000	4.680	0.370	1.100	0.130	0.310	0.160	0.430	0.067	0.220	0.026

资料来源:根据 UN COMTRADE 数据库以及中国投入产出表的数据计算得出。

148

（三）中国不同制造业部门出口中来自东亚的中间产品创造的净附加值比重

笔者进一步计算了1997—2009年间中国16个制造业部门出口中来自东亚的进口中间产品所创造的净附加值比重，见表4-3。一方面，从总体平均水平来看，中国制造业各部门中的技术、资本密集型产业出口中来自东亚中间产品所创造的净附加值比重较高。其中，来自东亚中间产品所创造的净附加值比重较高的部门主要是通信设备、计算机及其他电子设备制造业、仪器仪表及文化办公用机械、交通运输设备制造业、电气机械及器材制造业和通用专用设备制造业5个部门，平均值分别为4.91%、4.78%、3.31%、3.30%和2.61%。这些技术、资本密集型产品为我国在东亚生产网络中获取相应的贸易利益起到了重要作用。另一方面，石油加工、炼焦及核燃料加工业、食品制造及烟草加工业的平均附加值比重比较低，平均约为0.5%。对比前面的分析可以看出，"东亚来料"创造的净附加值比重较高的5个部门，同时也是中国与东亚的垂直专业化分工程度较高的部门，表明这些资本、技术含量高的行业在逐渐融入了东亚生产网络后，创造出比劳动密集型行业更多的净附加值。也进一步说明了中国若要从东亚垂直专业化分工体系获得更多的贸易利益，进一步深化在上述资本、技术密集型部门的分工是其必然选择。

笔者依据要素密集度状况绘制了6个典型制造业部门出口中来自东亚的中间产品所创造的净附加值占总出口比重的变化趋势图，见图4-3。其中，服装皮革羽绒及其制品业属于劳动密集型行业，交通运输设备制造业、通用专用设备制造业、电气机械及器材制造业等属于资本和中等技术密集型行业，通信设备计算机及其他电子设备制造业、仪器仪表办用公机械制造业属于典型的高技术制造业。从图4-3中可以看出，在整个20世纪90年代，我国制造业中大部分的技术密集型行业进口的中间产品创造的净附

149

表4-3　中国不同制造业部门出口中来自东亚的
中间产品创造的净附加值所占比重　　（单位:%）

行业 ＼ 年份	1997	1999	2001	2002	2003	2004	2005	2006	2007	2008	2009
1.食品制造及烟草加工业	0.461	0.469	0.440	0.493	0.500	0.510	0.502	0.508	0.640	0.629	0.647
2.纺织业	2.269	2.245	2.192	2.492	2.501	2.523	2.458	2.403	3.520	3.503	3.517
3.服装皮革羽绒及其制品业	2.415	2.397	2.338	2.754	2.752	2.766	2.688	2.613	3.940	3.926	3.390
4.木材加工及家具制造业	1.999	1.963	1.832	1.619	1.632	1.658	1.611	1.688	2.240	2.184	2.072
5.造纸印刷及文教用品制造业	2.090	2.111	1.980	1.906	1.932	1.953	1.919	1.921	2.940	2.884	2.881
6.石油加工、炼焦及核燃料加工业	0.493	0.476	0.450	0.314	0.319	0.324	0.318	0.317	0.340	0.342	0.210
7.化学工业	2.250	2.248	2.162	2.073	2.102	2.134	2.104	2.127	2.540	2.485	2.186
8.非金属矿物制品业	1.524	1.516	1.417	1.204	1.214	1.239	1.216	1.222	1.600	1.579	1.621
9.金属冶炼及压延加工业	1.821	1.776	1.614	1.355	1.321	1.387	1.357	1.380	1.530	1.559	1.503
10.金属制品业	2.448	2.401	2.162	1.947	1.895	1.993	1.952	1.997	2.460	2.493	2.401
11.通用、专用设备制造业	2.604	2.505	2.324	2.416	2.429	2.493	2.446	2.449	3.230	3.263	3.157
12.交通运输设备制造业	3.329	3.250	3.054	2.908	2.945	3.050	2.999	2.957	4.240	4.282	4.269
13.电气、机械及器材制造业	3.252	3.141	2.922	2.597	2.613	2.673	2.619	2.624	3.540	3.589	3.461
14.通信设备、计算机及其他电子设备制造业	4.513	3.926	3.847	5.307	5.704	5.571	5.385	5.096	5.670	5.883	5.930
15.仪器仪表、办公用机械制造业	6.393	5.978	5.660	3.441	3.615	3.589	3.488	3.374	4.680	4.796	4.756
16.其他制造业	1.988	1.980	1.865	1.873	1.875	1.922	1.873	1.875	2.520	2.514	2.141

资料来源:根据 UN COMTRADE 数据库以及中国投入产出表的数据计算得出。

150

加值比重都大体上呈现出上升的趋势。但自 2002 年以来,中国大多数制造业出口中"东亚来料"创造的净附加值比重增长并不显著,个别行业如仪器仪表、办用公机械制造业的附加值比重甚至出现了下降的趋势,这与前面指出的中国从东亚进口的中间产品所创造净附加值占总出口的比重总体上不高的事实也是完全吻合的。我们同时注意到,自 2006 年起上述制造业行业出口中来自东亚进口中间产品创造的净附加值比重都有一定的增加。

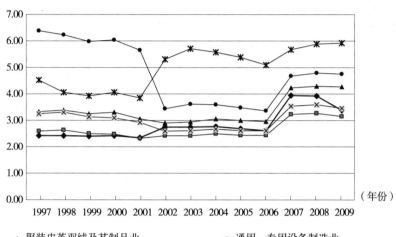

图4-3 中国不同制造业部门中来自东亚中间产品
创造的净附加值比重的变化趋势

资料来源:根据 UN COMTRADE 数据库以及中国投入产出表的数据计算得出。

151

导致"东亚来料"创造的净附加值比重总体上不高,并且在大多数制造业部门中这一比重增长不显著的主要原因包括:第一,如前所述,尽管中国的加工贸易企业是融入东亚垂直专业化分工链条的主要微观分工主体,但多数企业仍是东亚生产网络中较低层级的供应商,他们缺少核心技术和自主知识产权,自有品牌缺乏,设计与销售环节极为薄弱,并且他们对东亚生产网络中的高层级主体的依存度极高,在网络中处于被动和从属地位。鉴于此,东亚发达国家的跨国公司乃至位居东亚地区的欧美跨国公司的分支机

构向中国转移的生产环节往往是一些低端的加工装配环节,在中国本土实现的加工链条非常短。由前面净附加值的计算公式可知,进口中间产品在国内产业循环的次数越多,其创造的净附加值也就越大,反之则越小。第二,中国在技术进步方面存在对外资的严重依赖,特别是中国企业的研发投入很低,导致了技术上"落后、引进、再落后、再引进"的恶性循环局面,这也是制约中国工业部门出口中"东亚来料"创造的净附加值增长的重要原因。第三,在华投资的跨国公司在中国的根植性差,独资化经营趋势越来越明显,导致跨国公司在华分支机构与本土企业的产业联系不强,其零部件采购往往在其企业内部生产网络中进行,即以公司内贸易的方式进行①,因而国内配套采购率低,制约了中国工业部门出口中"东亚来料"创造的净附加值的增长。第四,中国虽然基于劳动力禀赋优势,通过吸收跨国公司的 FDI 途径融入东亚国际生产分工网络之中,但面临着来自东亚各经济体在劳动力要素、FDI 政策等方面的激烈竞争。② 在这样的背景下,跨国公司往往只会选择那些能够提供最佳区位优势的地点来布局生产网络,从而使要素价格能够与特定生产区段的要素密集度很好地匹配起来。然而,近年来受中国劳动力成本上升、人民币升值等因素的影响,中国的劳动力等生产要素的比较优势呈现弱化趋势,在华跨国公司开始

---

① 一个典型的例证是,虽然近年来中国出口产品的差异化程度在增加,但多数差异化的新产品并非由本土企业所开发,而是由在华投资的跨国公司分支机构所开发的。参见 Haddad,Mona," Trade Integration in East Asia: The Role of China and Production Networks ", World Bank Policy Research Working Paper 4160, March 2007。

② Kimura(2006)指出,东亚各国政府近年来吸引外资的竞争空前激烈,各国政府竞相提供完善的工业园区配套服务,包括稳定的能源供给、完善的基础设施、清关便利化措施等来吸引外资。参见 Kimura, F., Ando, M.,"International Production and Distribution Networks in East Asia: Eighteen Facts, Mechanics, and Policy Implications", Asian Economic Policy Review, Vol.1, 2006, pp.326‑344。

将部分劳动密集型制造环节向东南亚其他国家转移①。鉴于从东亚进口的中间产品在中国创造的净附加值在中国所有进口中间产品所创造的净附加值总量中所占据的绝对优势份额，跨国公司在华撤资活动也会在一定程度上抑制"东亚来料"所创造的净附加值的增长。

综上所述，中国与东亚的垂直专业化分工构成了中国融入全球生产网络体系的重要组成部分。以中国制造业总出口中包含的进口中间产品所创造的净附加值，即进口中间产品的国内产业循环效应，作为衡量中国融入东亚生产网络分工获得的直接贸易利益指标，可以将中国融入东亚生产网络分工获得的直接贸易利益归纳为：

一方面，若以进口中间产品所创造的净附加值来衡量，中国制造业部门获得的贸易利益有了显著增长。从净附加值的绝对量来看，1997—2009年间中国制造业部门总出口中从东亚进口中间产品所创造的净附加值增长迅猛，在从全世界进口的中间产品所创造的总的净附加值中平均占据了43%左右的份额，充分说明了中国融入东亚生产网络后给中国的出口贸易带来了巨大的推动力。

153

另一方面，相对于中国出口贸易总量的迅猛增长而言②，中国工业部门从东亚生产网络分工体系中获得的贸易利益仍然保持在一个较低的水平。第一，从净附加值的相对量，即来自东亚的中间产品所创造的净附加值占中国总出口的比重来看，1997—2008年间该比重保持在一个较低的水平并且年均增长幅度并不大。第

---

① 中国商务部数据显示，2008年上半年我国外商直接投资撤资清算等流出额高达44亿美元，比2007年同期增长28%。自2011年底以来，我国也确实出现了一定程度的外资撤资，例如，富士康宣布向亚洲其他国家分散生产业务，将在印尼投资100亿美元设厂；阿迪达斯传出在2012年底前关闭其在华的最后一家直属工厂，等等。

② 1992—2007年间，中国出口贸易的年均增长率高达20.27%，而2001—2011年间中国出口年均增速也达到了18.3%，远高于同期世界8.9%和9.0%的年平均增长速度，也远远快于中国GDP的增长速度。

二,从细分行业的净附加值比重来看,来自东亚的中间产品创造的净附加值比重较高的部门主要是技术、资本密集型工业部门,从细分行业的净附加值比重的变化来看,尽管在整个20世纪90年代,我国制造业中大部分技术、资本密集型行业进口的中间产品创造的净附加值比重都大体上呈现出上升的趋势,特别是自2006年起,技术、资本密集型制造业行业出口中来自东亚进口中间产品创造的净附加值比重都有一定程度的增加。但在2002—2006年间,中国大多数制造业出口中"东亚来料"创造的净附加值比重增长并不显著。这些在很大程度上说明了中国在东亚生产网络中的低端分工地位决定了中国在东亚生产网络中只能获得有限的贸易利益。

第二节　中国参与东亚生产网络分工的技术扩散效应

一、东亚生产网络分工的技术扩散途径

在东亚生产网络中,跨国公司的技术扩散可能通过两种途径实现:其一,从发达国家的旗舰厂商到东亚新型工业经济体的高层级供应商的溢出;其二,从东亚新型工业经济体的高层级供应商到中国的低层级供应商的溢出,见图4-4。参与东亚生产网络分工给中国带来的技术扩散效应主要通过以下几个途径实现:第一,中国本土企业可以从与东亚的垂直专业化分工中直接模仿发达国家旗舰厂商的先进技术和管理水平。如:对产品的逆向研发,通过间接获取生产该产品的先进技术,从而提高本土企业的技术水平。第二,产业链上不同企业在垂直专业化生产分工协作中会导致技术的非自愿扩散,旗舰厂商或高层级供应商在向位于中国大陆的低层级供应商提供仪器设备、技术指导、生产图纸,以及人员培训

等过程中,往往会伴随技术的扩散或外溢,从而促进中国企业的技术进步。第三,旗舰厂商或高层级供应商在中国采购零部件及半成品的过程中会对本土企业提出相应的技术标准,因而会对本土企业产品生产进行质量监督或提供技术援助,这也会进一步促进中国企业的技术进步。对当地产品的采购率越高、采购产品的技术含量越大、本土企业的配套改革越多,那么旗舰厂商或高层级供应商的技术扩散效应越大。第四,作为旗舰厂商或高层级供应商的跨国公司的进入带来的竞争效应能更直接地给中国本土企业以压力,迫使其建立赶超意识,更新观念,加强对技术的吸收能力,改善资源配置,从而推动本土企业的技术进步。

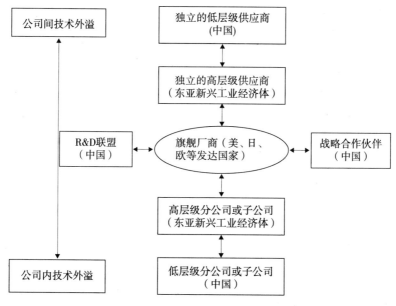

图4-4 东亚生产网络分工的技术外溢途径①

---

① 借鉴了喻春娇、喻美辞:《跨国公司生产组织变革、技术外溢与我国加工贸易的升级》,《国际商务》2007年第6期,第68页。

二、中国参与东亚生产网络分工的技术扩散效应的实证检验

(一)技术扩散效应的衡量

由本书第二章所讨论的东亚生产网络分工所导致的技术扩散效应可知,中国参与东亚生产网络分工所获得的技术扩散效应会导致中国本土企业的技术进步,本质上属于技术扩散的外部效应。技术进步可以概括为人们在生产过程中使用新的劳动手段、先进的工艺方法,通过提高资本或劳动效率以推动社会生产力不断发展的运动过程。在经济学分析中,一般用全要素生产率(Total Factor Productivity, TFP)衡量技术扩散效应。全要素生产率是衡量单位总投入的总产量的生产率指标,全要素生产率的变动反映了可能影响劳动生产率的技术水平等变量的变化,所以目前全要素生产率依然是衡量技术扩散效应的重要指标。在建立模型之前,本书将首先分别计算中国制造业部门在1997—2009年间的全要素生产率,然后再通过计量模型分析影响各部门全要素生产率变化的因素。

假设技术进步为"希克斯中性",用C—D生产函数来表示考虑技术进步情况下各部门的生产函数:

$$Q_{it} = A^{\gamma} K_{it}^{\alpha} N_{it}^{\beta} \tag{4-2}$$

其中, i 为制造业的各个部门, t 为时间, Q 为实际产出, K 为资本存量, N 为所使用的劳动力, A 为技术系数,即全要素生产率。参数 α 、β 、γ 分别是资本、劳动力和技术的产出弹性,且 $\alpha + \beta = 1$ 。

那么,要确定全要素生产率TFP,就要首先确定 α 和 β ,笔者根据段樵(Tuanchyau, 2009)的方法[1],即先将公式(4-2)取对数

---

[1] Tuan(2009)运用最小二乘法计算了全要素生产率,这种方法能够更准确地得到一国资本和劳动力产出的弹性。详见 Tuan, C., Ng, L. F. Y. and Bo Zhao, "China's Post-Economic Reform Growth: The Role of FDI and Productivity Progress", *Journal of Asian Economics*, Vol.20, 2009, pp.280-293。

即得到:

$$\ln Q_{it} = \gamma \ln A_{it} + \alpha \ln k_{it} + \beta \ln n_{it} + \ln \varepsilon_{it} \qquad (4-3)$$

将回归方程(4-3)用双向固定效应的面板模型对 X_w 和 β 进行估计,用双向固定效应的面板模型及 OLS 方法估计出回归方程(4-3)中的 α 和 β,并用 Wald 检验虚拟假设 $\alpha + \beta = 1$ 是否通过,若通过检验,则可将得到的 α 和 β 数值代入回归方程(4-3)得到全要素生产率:

$$TFP_{it} = \ln \hat{A}_{it} = \ln Q_{it} - \hat{\alpha} \ln K - \hat{\beta} \ln N \qquad (4-4)$$

本书用制造业各个部门的工业增加值表示各制造业部门的产出,用各个部门的固定资产原值来衡量各部门的资本投入,用制造业各部门从业人员衡量劳动投入。将相关数据代入回归方程(4-3),得到如下回归结果,即回归方程(4-5)[①]。于是,我们根据 OLS 估计结果 $\alpha = 0.94$、$\beta = 0.06$ 代入式(4-4),得到各个部门的全要素生产率,见表4-4。

$$\ln Q_{it} = -0.3445557 + 0.93266 \ln K_{it} + 0.06211 \ln N_{it}$$
$$(-0.199848^{***})\ (16.25032^{***})\ (1.530270^{*})\ (4-5)$$

由表4-4可知,在1997—2009年间中国制造业各部门的全要素生产率总体上呈现上升的趋势,大多数部门的全要素生产率在2007年达到了最高值,全要素生产率的增长说明了近年来中国的生产技术不断进步。从制造业各个部门全要素生产率的变动情况来看,技术含量较高部门的全要素生产率增长速度相对快一些,如仪器仪表办用公机械制造业、电气机械及器材制造业、金属制品业,这3个行业2007年的全要素生产率分别在1997年的基础上

157

---

① 从模型的回归结果看,$R^2 = 0.82199$,$D-W = 2.30334$,模型基本通过检验。接下来,我们用 Wald 检验来检验虚拟假设 $\alpha + \beta = 1$,得到 F 统计量为 63.81521,P 值为 0.0000,即在 1% 的水平上不拒绝虚拟假设 $\alpha + \beta = 1$。式中 ***、** 和 * 分别表示在 1%、5% 和 10% 的显著性水平上拒绝原假设。

增长了 193.3%、193.6% 和 226.8%，这说明了中国制造业中技术密集型部门的技术进步的速度比较快，而劳动密集型部门如纺织业等部门的技术进步的速度相对缓慢。

表 4-4　1997—2009 年中国制造业各部门的全要素生产率(TFP)的变化

	1997	1998	2000	2001	2002	2004	2005	2006	2007	2008	2009
1.食品制造及烟草加工业	0.97	0.95	1.02	1.16	1.37	1.77	1.92	2.06	2.34	2.20	2.21
2.纺织业	0.47	0.45	0.57	0.62	0.68	0.88	0.94	1.00	1.11	1.06	1.15
3.服装皮革羽绒及其制品业	2.99	3.40	4.03	4.74	4.96	5.68	5.85	6.08	6.62	6.18	6.70
4.木材加工及家具制造业	0.79	0.63	0.75	0.87	0.94	1.34	1.41	1.52	1.78	1.57	1.64
5.造纸印刷及文教用品制造业	0.67	0.61	0.61	0.67	0.75	0.90	0.88	0.94	1.07	1.09	1.15
6.石油加工、炼焦及核燃料加工业	0.65	0.50	0.54	0.58	0.69	1.00	1.02	1.03	1.26	1.18	0.96
7.化学工业	0.48	0.44	0.53	0.55	0.62	0.89	0.90	0.92	1.09	1.00	0.99
8.非金属矿物制品业	0.52	0.44	0.53	0.58	0.65	0.87	0.87	0.99	1.18	1.12	1.12
9.金属冶炼及压延加工业	0.42	0.39	0.46	0.54	0.60	1.18	1.18	1.26	1.40	1.28	1.22
10.金属制品业	0.77	0.78	0.92	1.02	1.20	1.61	1.67	1.83	2.07	1.73	1.67
11.通用、专用设备制造业	0.67	0.62	0.74	0.85	1.02	1.49	1.55	1.70	1.91	1.69	1.64
12.交通运输设备制造业	0.62	0.64	0.71	0.84	1.09	1.39	1.30	1.37	1.65	1.56	1.54
13.电气、机械及器材制造业	0.83	0.85	1.11	1.22	1.37	1.94	2.00	2.21	2.44	2.30	2.17
14.通信设备、计算机及其他电子设备制造业	1.01	1.11	1.50	1.37	1.50	1.75	1.77	1.88	1.76	1.70	1.72
15.仪器仪表、办公用机械制造业	0.68	0.79	1.01	1.10	1.19	1.81	1.83	2.08	2.22	2.07	2.09
16.其他制造业	20.49	12.49	8.68	12.99	11.42	1.31	2.35	1.68	1.92	1.60	1.61

资料来源：笔者整理计算。

（二）影响中国参与东亚生产网络分工的技术扩散效应的因素

如前所述，影响一国的技术进步主要依赖于直接和间接两条途径，直接途径是依靠内生的资本投入，主要是科技研发的各项费用、科研人员的投入等；间接途径是依靠外生资源的优势，可以通过国际贸易、国际分工、FDI、劳务输出、人口迁移等方式，间接地把国外的 R&D 资本投入渗透到国内的研发中，利用国外技术带动国内技术进步。沿着上述分析思路，本书在实证分析中国得自东亚生产网络分工的技术进步（扩散）效应时，除了选取学者们普遍引入的国内研发投入（R&D）变量外①，着重考虑了反映东亚生产网络分工特征的变量，即基于中国与东亚的中间产品贸易密集度指标和垂直专业化比重等变量，来估计中国融入东亚生产网络分工体系对技术进步的影响程度。下面具体分析影响中国在东亚生产网络中的全要素生产率的各个影响因素。

159

1.研究与开发投入（R&D）

新增长理论认为，创新活动是一国技术进步和生产力增长的主要引擎，而创新主要来自于研究与开发（R&D）活动的积累，一国 R&D 活动不仅直接导致新知识的出现，同时也增强了此国对外界已有知识存量的吸收与模仿能力。在开放经济系统中，一国国内的 R&D 投入可以直接促进本国的技术进步，其他国家的研发行为也可以通过各种技术溢出方式，如国际贸易、FDI 劳务输出、人

---

①　Coe 和 Helpman（1995）最早考察了国内 R&D 投入对一国技术进步的影响。国内学者李明智、王娅莉（2005）引入了企业的 R&D 投入、国内公共部门的 R&D 投入和对外开放因素作为自变量，根据 Cobb-Douglas 生产函数建立模型，对我国高技术产业的技术进步影响因素进行了定量分析，类似的研究还包括王英伟、成邦文（2005）等。参见 Coe, D. and Helpman, E., "International R&D Spillover", *European Economic Review*, Vol.39, No.51995, pp.859－887；李明智、王娅莉：《我国高技术产业全要素生产率及其影响因素的定量分析》，《科技管理研究》2005 年第 6 期；王英伟、成邦文：《我国研究与发展对全要素生产率影响的定量分析》，《科技管理研究》2005 年第 6 期。

口迁移以及信息交流等,直接或间接地促进本国的技术进步。表4-5统计了中国制造业各部门国内 R&D 投入情况,从国内 R&D 投入的分布情况来看,国内的 R&D 投入近些年来主要集中在资本、技术密集型部门,金属冶炼及压延加工业、交通运输设备制造业、通信设备计算机及其他电子设备制造业的国内 R&D 投入量一直保持在前三位。1997—2009 年间,制造业各行业的 R&D 投入量随时间呈现明显上升的趋势,木材加工及家具制造业的 R&D 投入年均增长率最快,达到 28%;其次是电气机械及器材制造业、金属冶炼及压延加工业和其他制造业,年均增长率均达到 19% 左右。

表4-5　1997—2009 年中国制造业部门国内研究与开发(R&D)支出①

(单位:亿元)

行业 ＼ 年份	1997	1999	2000	2001	2002	2004	2005	2006	2007	2009
1.食品制造及烟草加工业	130.38	94.51	128.88	144.49	185.35	263.12	246.59	269.50	359.29	417.52
2.纺织业	76.01	55.87	77.01	83.81	119.64	189.87	133.54	145.62	175.34	186.83
3.服装皮革羽绒及其制品业	9.15	6.43	10.07	11.82	22.13	54.95	35.91	45.75	59.23	47.58
4.木材加工及家具制造业	2.15	3.43	2.80	5.59	6.16	23.32	18.57	18.00	26.25	45.23
5.造纸印刷及文教用品制造业	43.48	40.79	58.19	42.08	77.25	99.51	86.94	110.11	158.74	184.89
6.石油加工、炼焦及核燃料加工业	153.44	105.07	129.95	136.03	100.68	217.12	187.41	271.58	297.50	252.72
7.化学工业	275.40	277.24	356.20	392.27	484.86	927.14	820.82	905.48	1111.49	1198.78

① 本表中的 R&D 支出主要是分行业的大中型企业的名义支出以及分行业的科研机构的研发经费内部支出。分行业的大中型企业的名义支出量包括分行业大中型企业的科技活动经费内部支出、其他技术活动经费支出,其中,其他技术活动经费支出又包括技术改造经费、技术引进经费、消化吸收经费和购买国内技术经费 4 个部分。

续表

行业＼年份	1997	1999	2000	2001	2002	2004	2005	2006	2007	2009
8.非金属矿物制品业	77.08	55.42	64.93	84.20	86.58	149.57	107.18	121.62	152.16	239.68
9.金属冶炼及压延加工业	331.26	340.26	416.74	453.13	570.30	1304.54	1561.65	1699.08	2163.51	1879.47
10.金属制品业	22.00	11.68	16.36	29.19	24.66	75.99	64.48	69.69	102.16	125.61
11.通用、专用设备制造业	174.16	136.98	177.89	170.75	215.12	476.74	450.68	570.51	754.94	956.10
12.交通运输设备制造业	203.73	152.98	187.79	239.14	332.11	581.27	647.91	783.64	904.90	1060.22
13.电气、机械及器材制造业	82.75	103.48	152.48	197.58	227.62	361.96	335.57	416.81	532.86	663.03
14.通信设备、计算机及其他电子设备制造业	141.48	156.22	240.28	306.65	359.35	623.48	586.62	658.40	860.12	762.82
15.仪器仪表、办公用机械制造业	19.36	16.08	18.13	21.15	23.81	71.20	50.04	62.16	85.17	112.71
16.其他制造业	2.96	5.22	2.85	2.90	3.86	11.84	15.15	23.10	20.08	22.44

161

资料来源:《中国科技统计年鉴》1998—2010年各期,经笔者整理得到。

2.中国与东亚经济体的垂直专业化分工程度

正如本书第一章所述,东亚生产网络分工模式的典型特征是以垂直专业化分工(产品内分工)作为其分工的基本内容,因此,中国参与东亚生产网络分工体系所获得的技术扩散效应在一定程度上是通过中国与东亚各经济体的垂直专业化分工实现的。垂直专业化分工能够通过多种渠道促进承接分工的发展中国家的技术进步,主要有两种形式:一种是通过合同外包,即厂商通过合约的方式,将某些零部件或其他服务外包给其他厂商;另一种是通过FDI,即跨国公司在海外设立公司或分支机构来承担某些工序的生产或其他服务。垂直专业化分工实质是把一个生产链条拆分成不同的生产环节,并由不同的厂商来承担生产或服务,此时这些厂

商成为生产网络体系内的利益共同体,在共享资源、优化生产来实现各个厂商利润最大化的同时也促进技术进步,这就很好地诠释了垂直专业化分工导致技术转移或技术扩散,从而促进东道国技术进步的机理。跨国公司为了使发展中国家零部件生产厂商提供的产品合乎要求,进而垂直专业化分工能顺利实现,一定程度上必须向发展中国家零部件生产厂商转移技术。东亚生产网络中各经济体之间的垂直专业化分工,既催生了各国新的生产和贸易模式,又为中国的技术进步提供了新的途径。中国通过吸引 FDI 或者承接生产外包吸收跨国公司的技术在很大程度上是垂直专业化分工的结果,因此笔者选取垂直专业化分工指标作为分析影响中国参与东亚生产网络分工的技术扩散效应的重要变量。

3.中间产品贸易密集度

如前所述,以垂直专业化分工作为分工的基本内容的东亚生产网络分工模式决定了东亚各经济体之间的贸易流动主要表现为零部件或中间产品的贸易流动,因此,零部件或中间产品的贸易流动构成了中国得自东亚生产网络分工的技术扩散效应的重要渠道。格鲁斯曼和赫尔普曼(Grossman 和 Helpman,1991)在《技术创新与全球经济增长》一书中,首次用一般均衡模型分析了开放经济中贸易增长和技术进步之间的关系,阐述了中间产品贸易和最终产品贸易对经济长期增长的影响。如果一国的 R&D 活动产生了新的中间产品,无论它是水平差异性产品还是垂直差异性产品,这种中间产品进口国的生产力都会通过其贸易伙伴的研发效应和技术扩散得到提高。进口中间产品对进口国的技术进步的影响主要体现在两个方面:其一,更多种类的中间产品能够增加最终产品的生产效率,进口国既不必对新的中间产品支付额外的费用,又会因进口贸易的技术外溢使生产率得到提高;其二,专业化生产的中间产品的进口会刺激进口国对这些产品的学习和模仿,甚至开发出具有竞争性的相似产品,从而促进进口国的技术进步和经济增长。

中国作为东亚生产网络的制造中心以及面向发达国家的"出口平台",这就决定了它需要承担大量的价值链中的生产加工环节,那么它就需要从东亚其他经济体进口原材料、零部件以及中间投入品,进行专业化加工生产后出口到世界各地,这也就导致了中国与东亚经济体之间频繁的中间产品(零部件)贸易流动。因此,中间产品的进出口贸易也就充当了技术扩散的重要渠道。当然,这种基于垂直专业化分工的中间产品(零部件)的进出口贸易对中国技术进步的促进作用除了通过"物化"其中的 R&D 溢出效应实现外,更重要的是通过中间产品的投入产出效应及产业关联效应等实现的。

笔者基于山下信明(2008)的方法来界定中国与东亚或世界的中间产品贸易密集度指标[①],即:

$$FIM_i = IM_i/imput_i \tag{4-6}$$

$$FEX_i = EX_i/output_i \tag{4-7}$$

163

其中, FIM_i 和 FEX_i 分别表示中间产品进口和出口贸易密集度, i 表示部门, IM 表示中间产品的进口, $imput$ 表示中间产品投入, EX 表示中间产品的出口, $output$ 表示总产出。这两个指标实际上衡量的是国际生产分散化程度,这些指标都反映东亚生产网络以垂直专业化分工作为基本分工内容的特点。

---

① 山下信明(2008)分别定义了特定产业中基于垂直专业化分工的中间产品贸易密集度指标,即 Frg^M 和 Frg^X。其中, $Frg^M = \dfrac{零部件进口}{中间投入}$, $Frg^X = \dfrac{零部件出口}{总产出}$。他指出这些指标能够反映国际生产网络的基本分工特点,即特定产业中的垂直专业化分工链条在东亚不同区位的延伸和分解。但他只考虑了 SITC7 和 SITC8 部门的零部件贸易,本书在此计算方法上做了修正,将研究范围扩大到 SITC2、SITC3、SITC4、SITC5、SITC6、SITC7 和 SITC8 部门,并集结了与投入产出比相对应的 16 个制造业部门的中间产品贸易数据。参见 Yamashita, Nobuaki, "The Impact of Production Fragmentation on Skill Upgrading:New Evidence from Japanese Manufacturing", *Journal of the Japanese and International Economies*, Vol. 22, 2008, pp.545 - 565。

需要强调的是,为了研究中国与东亚基于垂直专业化分工的中间产品进出口贸易密集度对中国技术进步的影响,笔者将中国与东亚的中间产品贸易从中国与世界的中间产品贸易中分离开来,一方面有助于我们更准确地考察中国与东亚基于垂直专业化分工的中间产品进出口贸易对中国技术进步的影响,另一方面有助于我们更好地比较东亚和除东亚外的各经济体(rest of world,ROW)的中间产品贸易对中国技术进步的影响。

(三)模型的建立及数据来源

根据前面关于影响我国技术进步的相关因素分析,并根据C—D 生产函数,建立如下计量模型:

$$TFP = C \times RD^{r_1} \times FEX_t^{r_2} \times FIM_t^{r_3} \times VSS^{r_4} \tag{4-8}$$

其中,TFP 为全要素出产率,C 为常数,RD 为国内研发投入,FEX 为中间产品出口密集度,FIM 为中间产品进口密集度,VSS 为垂直专业化比重,r_1、r_2、r_3、r_4 分别为国内研发投入、中间产品出口密集度、中间产品进口密集度和垂直专业化分工对 TFP 影响的弹性系数。因此,对式(4-8)左右两边取对数,构建如下计量模型:

$$\ln TFP_{it} = \ln C + r_1 \ln RD_{it} + r_2 \ln FEX_{it} + r_3 \ln FIM_{it} + r_4 \ln VSS_{it}$$

$$\tag{4-9}$$

由于要着重考察参与东亚生产网络分工对中国技术进步的影响,因此笔者将东亚的中间产品贸易从中国与世界的中间产品贸易中分离开来,作为一个单独的变量进行考察,于是计量模型可以修正为:

$$\ln TFP_{it} = C + \xi_1 \ln RD_{it} + \xi_2 \ln FEX_{it}^{asia} + \xi_3 \ln FIM_{it}^{asia} +$$

$$\xi_4 \ln VSS_{it}^{asia} + \xi_5 \ln FEX_{it}^{row} + \xi_6 \ln FIM_{it}^{row} + \varepsilon_t \tag{4-10}$$

其中,TFP 表示中国制造业的全要素生产率,C 为常量,RD 表示中国制造业国内研究和开发的经费投入,FEX^{asia} 和 FIM^{asia} 分别表示中国与东亚的中间产品出口和进口贸易密集度,FEX^{row} 和 FIM^{row} 分别表示中国与世界其他国家的中间产品出口和进口贸易密集度, VSS^{asia} 表示中国与东亚经济体的垂直专业化分工比重。

本部分的实证分析采用的是 1997—2009 年 16 个制造业行业的面板数据。在进行回归时, RD 变量采用的是中国制造业各部门的 R&D 资本存量数据。本书用永续盘存法计算中国制造业各行业的 R&D 资本存量,并假设折旧率为 5% 。初始年份的 R&D 资本存量用如下公式计算[1]: $RD_{i0} = I_{i0}/(g + \delta)$ 。其中, RD_{i0} 为行业 i 可得的最早年份的 R&D 资本存量, g 为期间平均的 R&D 支出增长率, δ 为折旧率。在计算各行业的 R&D 资本存量时,笔者用 R&D 支出平减指数将各行业的名义 R&D 支出进行平减[2],以得到实际的 R&D 支出(见附录 4 – 1)。制造业部门各行业 R&D 支出数据来自《中国科技统计年鉴》。为了分析的需要,此部分笔者将中间产品进口贸易密集度指标和中间产品出口贸易密集度指标稍作变化,将 FIM_{it} 和 FEX_{it} 分别表述成中国从东亚或世界其他地区的中间产品进口以及中国对东亚或世界其他地区的中间产品出口贸易占制造业行业的增加值比重。VSS 指数直接来源于本书第一章中的计算结果。

165

(四)模型估计结果及分析

以回归模型(4 – 10)为基础,笔者分别采用中国制造业所有行业(全部 16 个制造业部门)、劳动密集型制造业[3](7 个制造业

---

① 由于《中国科技统计年鉴》对各行业的其他技术活动经费支出在 1996 年后才有完整的统计,因此我们用该式计算出各行业 1996 年的研发资本存量,再利用永续盘存法计算以后年份的 R&D 资本存量。

② R&D 支出平减指数的计算借鉴李小平等(2008)的做法,用消费物价指数和固定资产投资价格指数的加权平均值来表示,其权重分别为 0.55 和 0.45。其中,R&D 总支出由企业科技活动经费内部支出、其他支出以及科研机构 R&D 加总得出。参见李小平、卢现详、朱钟棣:《国际贸易、技术进步和中国工业行业的生产率增长》,《经济学(季刊)》2008 年第 1 期。

③ 包括食品制造及烟草加工业、纺织业、服装皮革羽绒及其制品、木材加工及家具制造业、造纸印刷及文教用品制造业、石油加工炼焦及核燃料加工业和非金属矿物制品业 7 个部门。

部门)以及技术密集型制造业①(8 个制造业部门)的样本数据来估计东亚生产网络分工对中国制造业全要素生产率的影响。

表 4-6 东亚生产网络分工对中国制造业全要素生产率影响的回归结果

	回归方程 1	回归方程 2	回归方程 3
常数项	-2.929574 *** (-6.507232)	-3.597521 *** (-7.005246)	-3.317586 *** (-6.109069)
lnRD	0.516738 *** (8.063971)	0.445590 *** (6.919331)	0.487269 *** (6.675441)
lnFEX^{asia}	-0.086289 ** (-1.811477)	-0.086233 ** (-1.815213)	-0.093873 ** (-1.972424)
lnFIM^{asia}	-0.033276 (-1.060674)	-0.013384 (-0.434465)	-0.023600 (-0.751528)
lnVSS^{asia}	-0.370520 *** (-2.699935)	—	-0.225040 (-1.538716)
lnFEX^{row}	—	0.113632 *** (3.283063)	0.100621 *** (2.833792)
lnFIM^{row}	—	0.063057 (1.311864)	0.040834 (0.816310)
Hausman 检验 P 值	0.0000	0.0000	0.0071
$\bar{R}^2$ 值	0.765762	0.773855	0.776698
观测值	208	208	208

注:括号内数值为各系数的 t —统计量,***、**和 * 分别表示该系数在 1%、5% 和 10% 的水平下是显著的。

首先,笔者采用中国制造业所有行业(全部 16 个制造业部门)的数据对计量模型(4-10)进行回归,分别进行了三组回归,回归方程 1 是将 RD、FEX^{asia}、FIM^{asia}、VSS^{asia} 4 个变量对中国制造业的全要素生产率进行回归;回归方程 2 是将 RD、FEX^{asia}、

———————

① 包括化学工业、金属冶炼及压延加工业、金属制品业、通用专用设备制造业、交通运输设备制造业、电气机械及器材制造业、通信设备计算机及其他电子设备制造业、仪器仪表及文化办公用机械制造业 8 个部门。

FIM^{asia}、FEX^{row} FIM^{row} 5 个变量对中国制造业的全要素生产率进行回归；回归方程 3 是将 RD、FEX^{asia}、FIM^{asia}、VSS^{asia}、FEX^{row}、FIM^{row} 6 个变量对中国制造业的全要素生产率进行回归，见表4-6。从表4-6中的估计结果可以得出以下基本结论：(1)中国国内的自主研发投入(R&D)对中国制造业技术进步有显著的促进作用。国内自主研发能力的增强不仅可以直接促进国内技术进步的增长，更有助于国内企业对国外溢出技术的消化和吸收，从而间接地促进国内技术进步。(2)中国对东亚的中间产品出口贸易密集度变量、中间产品进口贸易密集度变量以及垂直专业化分工的程度的回归系数的符号均为负，表明它们对中国制造业的技术进步的影响是负向的，即中国参与东亚生产网络分工后，没有通过与东亚的中间产品进出口贸易获得预期的技术溢出效应，也没有从与东亚的垂直专业化分工中获得显著的技术溢出效应。(3)中国与世界其他国家的中间产品出口贸易密集度的回归系数均显著为正，中间产品进口贸易密集度变量的回归系数均为正但不显著，表明中国参与东亚生产网络分工后，通过对世界其他地区的中间产品出口贸易渠道对中国制造业整体技术进步产生了明显的促进作用。

167

其次，类似地，笔者分别采用中国劳动密集型和技术密集型制造业行业的数据对计量模型(4-10)进行回归，回归结果见表4-7和表4-8。

从表4-7中的估计结果可以得出：(1)中国国内自主研发投入(R&D)对中国劳动密集型制造业技术进步促进作用是显著的；(2)中国对东亚的中间产品出口贸易密集度变量、中间产品进口贸易密集度变量回归系数的符号均为负，中国与东亚垂直专业化分工的程度的回归系数的符号为正(但在统计上不显著)，表明中国参与东亚生产网络分工后，劳动密集型制造业没有通过与东亚的中间产品进出口贸易获得预期的技术扩散效应，也没有从与东亚的垂直专业化分工中获得显著的技术扩散效应；(3)中国对世界其他国家的中间

产品出口贸易密集度变量的回归系数显著为正,而中间产品进口贸易密集度变量的回归系数为负,表明中国参与东亚生产网络分工后,通过对世界其他地区的中间产品出口贸易渠道对中国劳动密集型制造业技术进步产生了促进作用,但中国从世界其他地区进口中间产品的促进作用在劳动密集型行业不显著。

表4－7　东亚生产网络分工对中国劳动密集制造业
全要素生产率影响的回归结果

	回归方程 1	回归方程 2	回归方程 3
常数项	−2.929574 *** (−6.507232)	−3.527596 *** (−5.580976)	−3.584473 *** (−5.622807)
lnRD	0.554465 *** (6.924093)	0.503733 *** (5.801546)	0.485213 *** (5.388392)
lnFEX^{asia}	−0.042722 (−0.909734)	−0.054141 (−1.203544)	−0.045518 (−0.981915)
lnFIM^{asia}	−0.025962 (−0.909734)	−0.028193 (−0.991398)	−0.022461 (−0.764304)
lnVSS^{asia}	0.044408 (0.421474)	—	0.091683 (0.800546)
lnFEX^{row}	—	0.043343 * (1.620102)	0.049997 * (1.780965)
lnFIM^{row}	—	−0.028193 (−0.623803)	−0.016027 (−0.364188)
Hausman 检验 P 值	0.0000	0.0000	0.0000
$\bar{R}^2$ 值	0.913080	0.915960	0.916645
观测值	91	91	91

注:括号内数值为各系数的 t—统计量,***、**和*分别表示该系数在1%、5%和10%的水平下是显著的。

从表4－8中的估计结果可以得出:(1)中国国内的自主研发投入(R&D)对中国劳动密集型制造业技术进步有显著的促进作用;(2)中国对东亚的中间产品出口贸易密集度变量为正,表明中国参与东亚生产网络分工后,技术密集型制造业通过对东亚的中间产品出口贸易促进了技术进步;(3)中国对东亚的中间产品进口贸易密集度变量以及垂直专业化分工的程度变量的回归系数符号均为负,表明中国参与东亚生产网络分工后,技术密集型制造业没有通过与东亚的中间产品进口贸易获得预期的技术扩散效应,也没有从与东亚的垂直专业化分工中获得显著的技术扩散效应;(4)中国对世界其他国家的中间产品进出口贸易密集度变量的回归系数均为正,表明中国参与东亚生产网络分工后,通过对世界其他地区的中间产品进出口贸易渠道,对中国技术密集型制造业技术进步产生了促进作用,并且中间产品进口贸易的促进作用比出口更大。

表 4-8　东亚生产网络分工对中国技术密集制造业
全要素生产率影响的回归结果

169

	回归方程 1	回归方程 2	回归方程 3
常数项	-4.050890^{***} (-14.73934)	-5.644715^{***} (-15.90837)	-4.648350^{***} (-5.622807)
$\ln RD$	0.675904^{***} (20.45145)	0.613307^{***} (17.00222)	0.672828^{***} (19.21933)
$\ln FEX^{asia}$	0.059601^{**} (2.152462)	0.038496 (1.246249)	0.044621 (1.597724)
$\ln FIM^{asia}$	-0.032569 (-1.579828)	-0.026831 (-1.199912)	-0.022461 (-0.764304)
$\ln VSS^{asia}$	-0.688528^{***} (-6.023170)	—	-0.565197^{***} (-4.644308)
$\ln FEX^{row}$	—	0.067572^{**} (2.199421)	0.044571^{*} (1.781388)
$\ln FIM^{row}$	—	0.149012^{***} (3.093299)	0.079881^{*} (1.737230)
Hausman 检验 P 值	0.0000	0.0000	0.0000
$\bar{R}^2$ 值	0.898151	0.882464	0.905187
观测值	104	104	104

注:括号内数值为各系数的 t —统计量,***、**和*分别表示该系数在 1%、5%和 10%的水平下是显著的。

归纳上述回归结果,可以得出以下结论:

第一,无论是从中国制造业整体来看,还是从不同要素密集度的行业看,中国国内自主研发(R&D)对中国制造业技术进步均有显著的促进作用,是促进中国制造业技术进步的最主要源泉。

第二,从中国制造业整体上看,融入东亚生产网络分工体系后,没有通过与东亚的中间产品进出口贸易获得预期的技术扩散效应,也没有从与东亚的垂直专业化分工中获得显著的技术扩散效应。但通过对世界其他地区的中间产品进出口贸易渠道获得了技术进步效应。其中,中国制造业没有从与东亚的中间产品进口贸易中获得预期技术扩散效应这一结论与理论预期是不一致的,因为,一般认为,中间产品往往蕴含了物化其中的国际先进 R&D 资本和技术,如果物化于中间产品中的国际先进 R&D 资本和技术在进口国无法获得,那么中间产品进口就是一种技术扩散的渠道。随着知识的学习、消化和吸收,进口国的劳动生产率会得到逐步提升(喻美辞,2012)。中国制造业没有从与东亚的中间产品进口贸易中获得预期技术扩散效应的可能原因是:中国主要以加工贸易方式参与东亚生产网络分工,尽管中国从东亚地区进口的是大量技术密集型的中间产品,但由于加工贸易的价值增值链条较短,再加上中国加工贸易的主体主要是以跨国公司为主,他们在东亚生产网络分工链条中所处的加工组装地位决定了其并没有足够的技术吸收、消化和创新的动机,因而即便中国从东亚地区进口的是技术密集型的中间产品,也未能对中国制造业的技术进步产生预期的促进作用。

第三,从不同要素密集度的行业看,劳动密集型制造业在融入东亚生产网络分工体系后,通过对世界其他地区的中间产品出口贸易渠道对中国劳动密集型制造业技术进步产生了促进作用;技术密集型制造业在融入东亚生产网络分工体系后,不仅通过对东亚的中间产品出口贸易渠道促进了技术进步,而且通过对世界其他地区的中间产品进出口贸易渠道对中国技术密集型制造业技术进步产生了促进作用,并且笔者注意到,在技术密集型行业,中国对世界其他地区的中间产品进口贸易的促进作用比出口更大,这不仅体现了中国经济的技术依赖型特征,也说明中国经济融入全球生产体系后获得了明显的技术扩散效应,这与张少华等(2012)的研究结论也是基本一致的。① 但这两类行业都没有通过与东亚的垂直专业化分工渠道获得显著的技术扩散效应。

综上,东亚生产网络分工对中国制造业的技术扩散主要是通过中间产品进出口贸易而不是垂直专业化分工渠道实现的。中国制造业融入东亚生产网络分工体系后不仅通过对世界其他地区的中间产品进口贸易渠道获得了技术扩散效应,也通过对东亚乃至世界其他地区的中间产品出口实现了出口贸易的"学习曲线"效应,提升了技术水平。

第三节 中国参与东亚生产网络分工的就业效应

一、中国制造业部门的就业概况

(一)制造业就业总量不断调整

20 世纪 90 年代后期以来,虽然我国劳动力呈现从第二产业向第三产业转移的趋势,但第二产业特别是制造业各部门仍然是吸收中国城镇劳动力正规就业的主导力量。然而,自 20 世纪 90 年代末期以来,伴随着中国融入全球分工体系的不断加深所导致的制造业各部门技术进步的加快、产业结构的调整以及农村剩余劳动力向城市的大规模流动,制造业吸纳就业的能力总体上呈现

---

① 张少华等(2012)通过实证研究证明,基于生产、贸易和投资"三位一体"的经济全球化对中国的自主研发优势有明显的促进作用。参见张少华、张少军:《经济全球化与中国的自主研发优势》,《科研管理》2012 年第 6 期。

下降而后缓慢回升的发展态势。从制造业整体的就业情况来看，通过对中国 28 个制造业城镇单位的年末从业人数进行加总①，得到中国制造业的总就业量的变化情况，见图 4-5。从图中可以看出，1997—2003 年间中国制造业吸纳城镇单位就业的人数呈不断下降的趋势，从 1996 年的 5344 万人下降到 2003 年的 2980.5 万人，下降了近 41%。直到 2004 年其下降速度才逐步放缓，呈现出缓慢回升态势。

表 4-9　1997—2009 年中国制造业不同部门的年末从业人数

（单位：万人）

年份	初级产品部门	劳动资源密集制造部门	低技术制造部门	中等技术制造部门	高技术制造部门	未分类部门
1997	452.35	1362.57	495.43	1320.35	838.59	239.43
1998	347.10	959.51	378.85	989.36	661.51	189.86
1999	322.35	875.46	352.17	919.37	624.54	175.05
2000	297.93	811.72	321.74	832.80	371.37	165.85
2001	273.94	747.11	296.72	773.80	569.25	148.55
2002	261.82	714.22	279.81	746.04	575.35	138.95
2003	260.25	703.01	271.00	765.24	607.43	134.61
2004	265.26	706.61	269.93	779.89	631.53	137.15
2005	279.80	758.29	282.42	804.27	675.17	141.40
2006	290.11	774.83	287.86	844.31	713.59	149.74
2007	402.00	975.11	346.10	901.02	883.30	892.01
2008	436.30	1039.23	364	1007.90	979.15	966.12
2009	448.20	991.14	367.00	1016.79	974.23	855.05

资料来源：笔者根据《中国劳动统计年鉴》1998—2011 年公布的各行业年末从业人数进行加总而得到。

---

①　由于木材及竹材采运业的从业人数、平均工资水平和产出值等数据统计不全，本书在考察中国与东亚中间产品贸易对中国就业和技术溢出的影响时将这个部门剔除。

（二）制造业不同行业的就业总量存在差异

从各个不同类型部门的就业情况来看,中国的劳动力就业状况存在着明显的部门差异,吸纳制造业劳动力就业的主导力量仍然是初级产品部门和劳动资源密集型制造部门。从表4－9可以看出,1997—2007年间尽管制造业的从业人数都有下降趋势,但劳动资源密集型制造部门和低技术制造部门从业人数下降的幅度较大,高技术部门从业人数下降的幅度相对缓慢,这表明技术进步存在明显的要素偏向。出现这一现象的主要原因在于两个方面:其一,高技术制造部门对国家的技术进步促进作用相对较大,于是对高技术工人的需求会增多;而初级产品部门、劳动力密集部门和低技术部门的技术型劳动力要素比较稀缺,随着技术进步的发生和生产的扩张,会减少对非技能型劳动力的需求。其二,如对技术进步的研究中所述,中国参与东亚生产网络分工后,通过中间产品贸易和垂直专业化分工吸收了先进的、智能化的技术和设备,这些技术和设备在一定程度上代替了部分劳动力,即产生了就业替代效应。

173

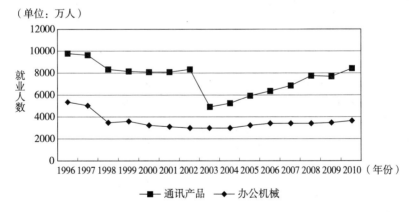

（单位：万人）

图4－5　1997—2009年中国制造业细分行业的就业变动情况

资料来源:笔者根据《中国劳动统计年鉴》1998—2011年公布的各行业年末从业人数进行加总而得到。

(三)制造业就业的技能结构逐步提升

随着中国制造业融入全球分工体系程度的加深以及国际市场竞争的加剧,技术创新逐步成为提升制造业竞争力的内在要求,制造业对劳动力的素质要求逐步提高,因而行业中技能型劳动力(熟练劳动力)的就业人数也相应逐步增加[①],从而导致制造业行业劳动力就业的技能结构逐步升级。[②] 以制造业大中型工业企业从事科技活动人员在全部从业人数中所占比重表示劳动力就业的技能结构[③],笔者发现,从制造业总体来看,整个制造业部门从事科技活动的人员的绝对数量不断增加,其所占比重也不断提高。表4-10的统计数据显示,中国制造业中从事科技活动的人员就业人数从1996年的97.08万人增加到了2008年的280.03万人,其所占比重也从1996年的1.82%上升到了2008年的8.15%,因而中国制造业行业的就业技能结构是在逐步改善的。当然,与发达国家美国相比,1996—2009年间中国制造业就业的技能结构还相当低,中国制造业中的科技活动的人员就业所占比重仅仅在

---

① 这里以制造业大中型工业企业从事科技活动的人员来表征熟练劳动力。根据《中国科技统计年鉴》的指标解释,科技活动人员是指直接从事科技活动以及专门从事科技管理活动和为科技活动提供直接服务、累计从事科技活动的实际工作时间占全年制度工作时间10%及以上的人员。

② 劳动力就业的技能结构是指熟练劳动力在全部就业人员中的比重。如果该比重不断提高,则意味着劳动力就业的技能结构升级。由于国内缺乏熟练劳动力和非熟练劳动力的数据,我们只能使用制造业大中型企业的科技活动人员比重作为制造业熟练劳动力比重的替代指标,以从事科技活动人员在全部从业人数中所占比重表示劳动力就业的技能结构,这是存在一定局限的。事实上,芬斯切和汉森(Feenstra 和 Hanson,1996)的分析中所界定的熟练劳动力包括所有非生产性工人(nonproductive workers),涵盖了企业中的管理人员、销售人员和工程技术人员等。因此,他们对熟练劳动力的定义范围要比我们对熟练劳动力的定义范围宽泛些。参见 Feenstra, Robert C. and Gordon H. Hanson, "Globalization, Outsourcing and Wage Inequality", *American Economic Review*, Vol.86, No.2, 1996, pp.240 - 245。

③ 根据《中国科技统计年鉴》的指标解释,科技活动人员是指直接从事科技活动以及专门从事科技管理活动和为科技活动提供直接服务、累计从事科技活动的实际工作时间占全年制度工作时间10%及以上的人员。

3%—6%之间,而同期美国制造业的熟练劳动力占比则高达30%。

表4-10　中国制造业分行业的就业技能结构

年份	全部从业人数(万人)	熟练劳动力人数(万人)	熟练劳动力占比(%)
1996	5344.0	97.08	1.82
1997	5129.9	124.49	2.43
1998	3826.1	119.2	3.12
1999	3554.3	123.14	3.46
2000	3300.7	116.80	3.54
2001	3070.1	116.21	3.79
2002	2980.7	116.98	3.92
2003	2980.5	123.53	4.14
2004	3050.8	161.21	5.28
2005	3210.9	145.34	4.53
2006	3351.6	164.81	4.92
2007	3465.4	193.71	5.59
2008	3434.3	280.03	8.15
2009	3491.9	177.71	5.09

注:表中全部从业人数由制造业28个细分行业的城镇单位就业人员年末人数加总得出,熟练劳动力人数由中国制造业分行业大中型工业企业科技活动人员加总得出。

资料来源:根据《中国劳动统计年鉴》和《中国科技统计年鉴》(1998—2011年)数据整理。

二、东亚生产网络分工对中国就业需求影响的机理

中国参与到以产品内分工为主要内容的东亚生产网络之中,从理论上讲,必然引起中国制造业就业总量与就业结构的相应变动。

首先,从就业总量来看,参与东亚生产网络分工对就业总量需求的影响具有双重性,既会产生就业创造效应,也会产生就业挤出效应。一方面,中国凭借其低廉的劳动力优势融入到东亚生产网络之中,伴随跨国公司将大量的劳动密集型生产环节或工序向中

国的转移,承接价值链上生产工序的转移以及由此导致的 FDI 流入、加工贸易等会相应地增加中国总的就业需求,其中,FDI 流入以及加工贸易的就业创造效应已经为学者们的实证研究所证实;另一方面,由于中国与东亚各经济体双边中间产品贸易流动的增加是中国融入东亚生产网络之中的特征性事实,考虑中间产品贸易对就业总量需求的影响更为复杂些,但总体上仍具有双重性。根据盛斌等(2008)的实证研究,中间产品出口对中国劳动力需求有正向影响,而中间产品进口对劳动力需求有负面影响,并且这些影响因为要素密集度的不同而存在部门差异。即中间产品出口对初级产品部门、劳动和资源密集型产品部门、高技术制造部门的劳动力需求具有显著的正向影响,中间产品进口对劳动和资源密集型产品部门、中等技术制造部门的劳动力就业具有较明显的替代作用。沿着盛斌等(2008)的理论逻辑,我们可以推断,一方面,参与东亚生产网络分工后,通过生产外包或者垂直 FDI 渠道从中国出口的中间产品数量越多,就越能增加对中国不同层次劳动力的需求,导致就业创造效应;另一方面,参与东亚生产网络分工后,中间产品进口的增加则可能会对中国劳动力就业产生替代和挤出效应。此外,根据罗德里克(Rodrik, Dani, 1997)的分析,国际贸易对劳动力需求的影响更多地体现为劳动需求弹性的改变而非劳动价格的改变,全要素生产率和产出的变化可以导致工资和劳动力需求的变化。那么,参与东亚生产网络分工后,中国与东亚双边中间产品贸易流动的增加必然会对劳动需求工资弹性产生影响,进而导致就业需求的波动效应。

其次,从就业结构来看,由于东亚生产网络的垂直专业化分工给中国制造业技术进步和产业结构调整都带来了促进作用,进而会引起中国制造业就业结构的相应变动。这一结构效应不仅由 FDI 流入所引致的技术溢出效应和产业升级效应所导致,更主要是由中间产品的进口贸易所导致。一方面,FDI 流入通过产业关联效应带动相关产业升级,通过资源存量调整重新配置提高经济效率,通过技术扩散效应加快产业结构的调整和升级,促使产业结构从劳动密集型转向资本技术密集型,增加对中国熟练劳动力的相对需求,减少对非熟练劳动力的相对需求。另一方面,按照芬斯切和汉森(Feenstra 和 Hanson,2003)的理论逻辑①,融入东亚生产网络所引致的中间产品进口会通过两种效应增加对中国熟练劳动力需求:其一是资本—技能互补效应。中国从技术前沿的发达国家如美国、欧盟、日本、韩国等进口资本密集型的中间产品,可以间接地分享国际先进的 R&D 成果,这需要熟练劳动力与国际先进的R&D 资本互补。其二是"物化型"技术溢出效应。中间产品进口的技术扩散有利于进口国学习物化于其中的先进技术。随着知识的学习、消化和吸收,进口国的劳动生产率会得到逐步提升。由于知识的学习和劳动生产率提高是技能偏向的,中间产品进口的技术扩散效应会增加对中国熟练劳动力的相对需求,减少对非熟练劳动力的相对需求,从而导致就业结构的相应变动。从另一角度看,这种通过参与东亚生产网络分工导致的对中国熟练劳动力的相对需求增加的结构效应,本质上也是东亚生产网络分工中国劳动力技能升级的效应。如果这种分工模式对中国存在劳动力技能升级效应,则表明在东亚生产网络的垂直专业化分工对中国劳动力的技术技能有不断的提升作用,进而表明中国不再局限于分工价值链条低端的零部件和中间产品的加工组装等简单的生产工序,自主研发和创新生产的能力有所提高,同时也反映了中国在东

177

---

① Feenstra 和 Hanson(2003)强调了中间产品贸易是导致劳动力结构性需求不平衡和加剧工资不平等的重要原因。他们指出,中间产品贸易不仅影响进口竞争行业的劳动力需求,还影响那些使用进口中间品作为原材料的行业的劳动力需求,因此,中间产品贸易对就业和工资的影响要远远大于最终产品贸易的影响。参见Feenstra, Robert C. and Gordon H. Hanson, "Global Production Sharing and Rising Inequality: A Survey of Trade and Wages", in E.Kwan Choi and James Harrigan(eds.), *Handbook of International Trade*, Oxford:Blackwell, 2003,pp.146 - 185。

亚生产网络中的地位在不断上升。

基于以上分析,可以提出如下假说:

假说1:东亚生产网络分工对中国的劳动力总量需求的影响是:既会产生劳动力的创造效应,又会产生劳动力的替代效应。

假说2:东亚生产网络分工这一分工模式对中国劳动力结构性需求的影响是:通过分工的技术扩散效应、资本—技能互补效应可能会增加对中国熟练劳动力的相对需求,减少对非熟练劳动力的相对需求,导致劳动力技能升级。

假说3:上述劳动力总量需求效应会因要素密集度的差异而不同。笔者把这些影响机理概括成图4-6,以下将采用计量模型对以上假说进行实证分析。

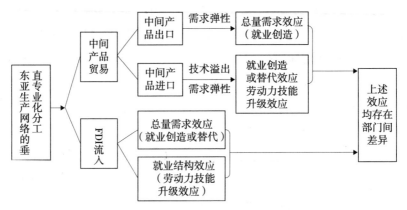

图4-6 东亚生产网络分工影响中国就业的机理图示

三、中国参与东亚生产网络分工的就业效应的实证检验

(一)东亚生产网络分工对中国就业总量需求的影响

1.模型的建立及数据来源

本书借鉴格林纳韦、海恩和赖特(Greenaway, Hine 和 Wright, 1999)研究进出口贸易的就业效应的实证模型,将技术进步视为

贸易开放提高出口效率的结果,同样利用 C—D 生产函数估计进出口贸易对就业的影响。与技术外溢效应类似,假设 i 部门在时期 t 的 C—D 生产函数为:

$$Q_{it} = A^{\gamma} K_{it}^{\alpha} N_{it}^{\beta} \tag{4-11}$$

其中,Q 为实际产出,K 为资本存量,N 为所使用的劳动力,A 为技术系数。参数 α、β、γ 分别是资本、劳动力和技术的产出弹性,且 $\alpha + \beta = 1$。根据部门 i 利润最大化的一阶条件,劳动力的边际产品等于工资 w,资本的边际产品等于资金成本 c(设为常数),即:

$$w_i = P \cdot MP_L = \beta P \cdot A^{\gamma} K_{it}^{\alpha} N_{it}^{\beta-1} \tag{4-12}$$

$$c = P \cdot MP_K = \alpha P \cdot A^{\gamma} K_{it}^{\alpha-1} N_{it}^{\beta} \tag{4-13}$$

由(4-12)式、(4-13)式可以得到 $K_{it} = \dfrac{\alpha N_{it}}{\beta} \cdot \dfrac{w_i}{c}$,将其代入(4-11)式得到:

$$Q_{it} = A^{\gamma} \left(\frac{\alpha N_{it}}{\beta} \cdot \frac{w_i}{c} \right)^{\alpha} N_{it}^{\beta} \tag{4-14}$$

179

格林纳韦、海恩和赖特(1999)设定技术系数 A 与进出口贸易之间存在如下函数关系:

$$A_{it} = e^{\delta_0 T_t} M_{it}^{\delta_1} X_{it}^{\delta_2} \tag{4-15}$$

其中 T 为时间趋势,M 为进口渗透率,即进口总额占总产出的比重,X 为出口导向率,即出口总额占总产出的比重。

将(4-14)式代入(4-11)式,取对数并整理可以得到部门 i 的就业方程:

$$\ln N_{it} = \varphi_0 + \mu_0 T + \varphi_1 \ln M_{it} + \varphi_2 \ln X_{it} + \varphi_3 \ln(w_i/c) + \varphi_4 \ln Q_{it} \tag{4-16}$$

其中,$\varphi_0 = -(\alpha \ln \alpha - \alpha \ln \beta)/(\alpha + \beta)$,$\varphi_1 = \delta_1 \cdot \gamma/(\alpha + \beta)$,$\varphi_2 = \delta_2 \cdot \gamma/(\alpha + \beta)$,$\varphi_3 = -\alpha/(\alpha + \beta)$,$\varphi_4 = 1/(\alpha + \beta)$。

由于本节所要考察的主要是中国参与东亚生产网络分工所导

致的就业效应,而中间产品贸易流动又是东亚生产网络运行的外在表现形式,因此,笔者将着重基于中国对东亚的中间产品贸易来考察中国参与东亚生产网络分工对中国就业带来的影响。因此笔者采用前面所定义的中间产品贸易密集度指标,即 FIM_{it} 和 FEX_{it} 替代公式(4-16)中的 $\ln M_{it}$ 和 $\ln X_{it}$,得到:

$$\ln N_{it} = \varphi_0 + \varphi_1 \ln FIM_{it} + \varphi_2 \ln FEX_{it} + \varphi_3 \ln(w_i/c) + \varphi_4 \ln Q_{it}$$
$$(4-17)$$

其中, $\varphi_0 = -(\alpha\ln\alpha - \alpha\ln\beta)/(\alpha + \beta)$, $\varphi_1 = \delta_1 \cdot \gamma/(\alpha + \beta)$, $\varphi_2 = \delta_2 \cdot \gamma/(\alpha + \beta)$, $\varphi_3 = -\alpha/(\alpha + \beta)$, $\varphi_4 = 1/(\alpha + \beta)$ 。笔者将中国与东亚的中间产品贸易密集度同中国对世界其他地区的中间产品贸易密集度分别单独考察,同时将时间趋势的变动对就业的影响归结于部门特殊的固定效应,建立如下就业效应估计模型 I:

$$\ln N_{it} = \lambda_{it} + \varphi_1 \ln FIM_{it}^{asia} + \varphi_2 \ln FEX_{it}^{asia} + \varphi_3 \ln FIM_{it}^{row} +$$
$$\varphi_4 \ln FEX_{it}^{row} + \varphi_5 \ln w_{it} + \varphi_6 \ln Q_{it} + \varepsilon_{it} \qquad (4-18)$$

其中, i 代表部门, t 代表时期, N 为部门从业人数, λ 为部门特殊固定效应, w 为部门的实际平均工资; Q 为部门的实际产出; FEX^{asia} 、FIM^{asia} 分别表示中国对东亚的中间产品出口和进口贸易密集度; FEX^{row} 、FIM^{row} 分别表示中国对世界其他国家的中间产品出口、进口贸易密集度; ε 为误差项。

回归模型 I(即模型4-18)反映了中国对东亚、中国对世界其他国家制造业的中间产品贸易密集度、实际工资和实际产出对中国就业的影响,它实质上是单方面基于东亚生产网络运行的外在形式即中间产品贸易来估计对就业总量需求的影响。

为了进一步估计由中国与东亚的垂直专业分工所导致的中间产品贸易对就业总量需求的影响,构建回归模型 II(即模型4-19),在模型 II 中引入两个交互项 $\ln FIM_{it}^{asia} \cdot VSS$ 和 $\ln FEX_{it}^{asia} \cdot VSS$,以便考虑垂直专业化分工所引致的中间产品贸易流动对就业需求的作用。从理论上讲，由于垂直专业分工所对应的贸易模式是加工贸易，因此我们可以通过模型Ⅱ中的交互项进一步剥离出中国通过加工贸易方式融入东亚生产网络的就业效应。

$$\ln N_{it} = \lambda_{it} + \varphi_1 \ln FIM_{it}^{asia} + \varphi_2 \ln FEX_{it}^{asia} + \varphi_3 \ln FIM_{it}^{asia} \cdot VSS + \varphi_4 \ln FEX_{it}^{asia} \cdot VSS + \varphi_5 \ln w_{it} + \varphi_6 \ln Q_{it} + \varepsilon_{it} \qquad (4-19)$$

其中，N 为部门从业人数，λ 为部门特殊固定效应，w 为部门的实际平均工资，Q 为部门的实际产出，FEX^{asia}、FIM^{asia} 分别表示中国对东亚的中间产品出口和进口贸易密集度，$\ln FIM_{it}^{asia} * VSS$ 和 $\ln FEX_{it}^{asia} \cdot VSS$ 分别表示东亚垂直专业化分工所引致的中间产品贸易流动对中国就业的影响，ε 为误差项。

笔者采集了 1997—2009 年中国 16 个制造业部门的面板数据。回归方程中的 N 用制造业各行业的从业人数表示；Q 用制造业各行业经平减后的工业总产值表示；w 用制造业各行业的实际平均工资表示；中间产品进口贸易密集度指标（FIM_{it}）和中间产品进口贸易密集度指标（FEX_{it}）的含义与前面完全一致，FEX^{asia}、FIM^{asia}、FEX^{row}、FIM^{row} 分别表示中国制造业对东亚地区的中间产品出口、进口以及中国对世界其他地区的中间产品出口、进口占制造业行业的增加值比重。其中，中间产品的进出口数据根据联合国的 COMTRADE 数据库的数据集结整理。制造业各部门的工业总产值数据来源于历年的《中国统计年鉴》；从业人数和名义平均工资数据来源于历年的《中国劳动统计年鉴》。

2.模型估计及结果分析

首先，笔者对模型Ⅰ（方程 4-18）分别进行了两次回归。回归方程 1 估计了劳动力市场的基本变量，工资、产出、中国对东亚中间产品出口贸易密集度 FEX^{asia} 及进口贸易密集度 FIM^{asia} 对就业需求的影响；回归方程 2 引入了中国对世界其他国家的中间产

181

品进出口贸易密集度 FIM^{row} 和 FEX^{row} 控制变量,来考察中国对世界其他地区的中间产品进出口贸易对就业的影响。笔者分别对两个回归方程进行了随机效应和固定效应的估计,根据 Hausman 检验值,回归方程 1 应该取随机效应估计结果,方程 2 应该取固定效应估计结果,见表 4－11。模型 I 的估计结果表明:(1)中国对东亚中间产品出口贸易密集度对中国的劳动力需求有负向的影响,这说明尽管中间产品贸易是中国融入东亚生产网络分工的最主要途径,若单方面考察中间产品贸易,理论上所预期的中国对东亚中间产品出口扩张所导致的就业创造效应并不存在。主要原因可能是:中国相对东亚发达经济体而言,在中间产品出口供给方面存在较大的技术劣势,在贸易额方面则表现为较大的逆差,因而其就业创造效应不显著。(2)中国对东亚中间产品进口贸易对中国的劳动力需求的影响为负,但是这种负向影响在统计上并不显著,这是符合理论预期的。(3)中国对世界其他国家的中间产品进出口贸易密集度对中国制造业的劳动力需求的作用都是负向的(但在统计上不显著),这与中国在中间产品出口供给方面技术劣势是相关的。(4)制造业的实际平均工资与就业呈负相关关系,实际产出与就业呈正相关关系,工资和产出对劳动力需求的影响与理论预期相符合。

其次,同样对模型 II(方程 4－19)进行了随机效应和固定效应的估计,根据 Hausman 检验值,该模型应该取固定效应结果。模型 II 的估计结果显示:(1)变量 $\ln FEX_{it}^{asia} \cdot VSS$ 的回归系数为正,但在统计上不显著,表明由中国与东亚的垂直专业化分工所导致的中国对东亚中间产品出口对劳动力需求有正向的促进作用。这说明融入东亚生产网络之中后,理论上所预期的中国对东亚的中间产品出口扩张所导致的就业创造效应并不明显。主要原因可能有两个方面:一是作为东亚生产网络的加工制造中心,由东亚垂直专业化分工导致中国从东亚的中间产品进口实际上远远大于出口,并且中间产品进口的技术外溢效应有限,因而并未相应地导致中国中间产品出口供给能力的增加,因而其就业创造效应不是十分显著;二是从制造业整体上看,中国融入东亚生产网络分工所产生的就业创造效应并不主要是通过中国对东亚的中间产品出口渠道实现的,而很可能是通过引进 FDI 等其他方式实现的。也就是说加工贸易出口对就业的创造作用很可能是通过引进 FDI 来体现

表4-11　东亚生产网络分工对中国就业总量影响的固定效应估计结果

解释变量	模型 I		模型 II	
	回归方程 1	回归方程 2	回归方程 1	回归方程 2
λ	25.26676 *** (8.624660)	19.14072 *** (37.11678)	19.64574 *** (31.43240)	19.42044
$\ln Q_{it}$	0.363536 (4.225413)	0.586864 (26.61696)	0.582889 (7.894397)	0.636880 (8.704847)
$\ln W_{it}$	−1.496961 (−4.631269)	−1.105513 (−8.697435)	−1.099823 (−8.735981)	−1.141939 (−8.966935)
$\ln FIM_{it}^{asia}$	−0.025282 (−1.376968)	−0.038772 ** (−0.451255)	0.063485 * (−1.668447)	
$\ln FEX_{it}^{asia}$	−0.045127 * (−1.704615)	−0.047142 (−1.607414)	−0.054751 −1.431087	
$\ln FIM_{it}^{asia} * VSS$			−0.000182 −0.032879	−0.003044 (−0.801233)
$\ln FEX_{it}^{asia} * VSS$			0.006442 (0.854512)	0.001014 (0.284502)
$\ln FIM_{it}^{row}$		−0.033085 (−1.109749)		
$\ln FEX_{it}^{row}$		−0.008595 (−0.391642)		
$\bar{R}^2$	0.921312		0.916499	0.902943
Hausman 检验 P 值	0.1181	0.0042		0.0853
观测值	204	204		204

注:各变量的回归系数下面的括号内为 t-检验统计量,***、**、* 分别表示 1%、5%、10%的显著性水平。

183

的。（2）变量 $\ln FIM_{it}^{asia} \cdot VSS$ 的回归系数为负,在统计上也不显著,表明由中国与东亚的垂直专业化分工所导致的中国对东亚的中间产品进口对劳动力需求的影响仍然为负,但这种负向影响在统计上并不显著,这是符合理论预期的。主要原因可能是伴随着跨国公司对华直接投资所引致的来自东亚的中间产品进口可能在一定程度上会替代国内的中间产品的生产,从而减少对劳动力的需求。

总之,若从制造业整体考察,融入东亚生产网络之中后,理论上所预期的中国对东亚中间产品出口贸易的就业创造效应并不明显,而中间产品进口贸易则存在就业替代效应;进一步剥离中国与东亚加工贸易对就业的作用,发现加工贸易出口的促进作用也不十分显著,加工贸易出口对就业的创造作用很可能是通过引进FDI来体现的。

（二）东亚生产网络分工对中国不同类型制造业部门就业的影响

1.计量模型的建立

由于要素密集度的差异,不同制造业部门融入东亚生产网络的程度存在差异,因此需要进一步衡量东亚生产网络分工对不同类型部门的劳动力需求的影响。下面根据要素密集度差异将所有制造业部门分为劳动密集型①和技术密集型②两大类,也就是将表4-9中的中等技术制造业部门和高技术制造业部门合并为技术密集型制造业部门,其余四类合并成为劳动、资源密集型制造业部门,考察中国与东亚不同类型制造业部门的中间产品贸易对中国

---

① 包括食品制造及烟草加工业、纺织业、服装皮革羽绒及其制品、木材加工及家具制造业、造纸印刷及文教用品制造业、石油加工炼焦及核燃料加工业和非金属矿物制品业7个部门。

② 包括化学工业、金属冶炼及压延加工业、金属制品业、通用专用设备制造业、交通运输设备制造业、电气机械及器材制造业、通信设备计算机及其他电子设备制造业、仪器仪表及文化办公用机械制造业8个部门。

劳动力需求影响的差异。

模型设定的变量选择与就业总量模型基本相同,首先,选定模型Ⅰ即回归模型(4-18)来估计东亚生产网络分工的外在形式即中间产品贸易流动的影响;其次,选定模型Ⅱ即回归模型(4-19)来估计参与东亚生产网络分工后所导致的中间产品贸易对就业需求的影响。对模型Ⅰ即回归模型(4-18)和模型Ⅱ即回归模型(4-19)的回归方法与前面关于制造业整体的就业需求的影响类似。

2.模型估计的结果分析

首先,基于劳动密集型制造业的数据,对模型Ⅰ即回归模型(4-18)和模型Ⅱ即回归模型(4-19)分别进行回归,并根据Hausman检验值,选取相应的固定效应或随机效应估计结果,见表4-12。模型Ⅰ的估计结果表明:(1)在劳动密集型制造业,中国对东亚以及世界其他地区的中间产品进口贸易对中国的劳动力需求都有负向影响,即存在就业替代效应,这可以从变量$\ln FIM_{it}^{asia}$以及$\ln FIM_{it}^{row}$显著为负的系数看出;(2)中国对东亚的中间产品出口贸易对中国劳动密集型制造业的就业需求有较明显的负向影响;(3)中国对世界其他地区的中间产品出口贸易对中国劳动密集型制造业的就业需求有促进作用,但不太显著。模型Ⅱ的估计结果显示:变量$\ln FIM_{it}^{asia} \cdot VSS$的回归系数为正但不显著,$\ln FEX_{it}^{asia}$的回归系数为负但不显著,这些表明由东亚垂直专业化分工所引致的中间产品进口贸易对劳动密集型制造业的就业需求有正向影响,但这一正向影响不太显著;垂直专业化分工所引致的中间产品出口贸易的作用则是负向的(尽管统计上不显著)。主要原因是:劳动密集型制造业的垂直专业化分工程度较低,由东亚垂直专业化分工所引致的中间产品进出口贸易规模较小,因而没有产生明显的就业创造效应。

表4-12 东亚生产网络分工对中国劳动密集型
制造业部门就业影响的估计结果

解释变量	模型 I		模型 II	
	回归方程1	回归方程2	回归方程1	回归方程2
λ	20.74652*** (18.44593)	34.38348*** (5.93310)	19.69334*** (18.35024)	20.01195*** (18.35024)
$\ln Q_{it}$	0.663208*** (5.818892)	0.367029*** (3.84895)	0.547292*** (4.082091)	0.706584*** (6.391586)
$\ln W_{it}$	-1.297584*** (-6.459419)	-2.492542*** (-2.541767)	-1.061733*** (-4.439605)	-1.271938*** (-6.351385)
$\ln FIM_{it}^{asia}$	-0.070335** (-1.948870)	-0.024257 (-0.635326)	-0.124705 (-1.273217)	
$\ln FEX_{it}^{asia}$	-0.084641 (-1.579534)	-0.131213* (-2.177093)	-0.034293 (-0.458111)	
$\ln FIM_{it}^{asia}*VSS$			0.015213 (0.521265)	-0.015430 (-1.458438)
$\ln FEX_{it}^{asia}*VSS$			-0.027314 (-1.475352)	-0.007646 (-0.860966)
$\ln FIM_{it}^{row}$		-0.012162 (-0.216802)		
$\ln FEX_{it}^{row}$		0.001798 (0.032108)		
$\bar{R}^2$	0.711521	0.852890	0.768162	0.768162
F—值	32.73263	22.74121	38.27521	38.27521
Hausman 检验 P 值	0.8819	0.00000	0.00000	0.3948
观测值	91	91	91	91

注:表中系数右上的***、**、*分别表示1%、5%、10%的显著性水平。

186

其次,基于技术密集型制造业的数据,同样对模型 I 即回归模型(4-18)和模型 II 即回归模型(4-19)分别进行回归,并根据Hausman 检验值,选取相应的固定效应或随机效应估计结果,见表4-13。模型 I 的估计结果表明:在技术密集型制造业中,若不考虑垂直专业化分工和中间产品贸易的交互作用,中国对东亚以及世界其他地区的中间产品进出口贸易劳动力需求的影响是负向的

（尽管在统计上不显著）。模型Ⅱ的估计结果表明：（1）由东亚垂直专业化分工所引致的中间产品出口贸易对技术密集型制造业的就业需求产生显著的正向作用，这可以从变量 $\ln FEX_{it}^{asia} \cdot VSS$ 前面显著为正的系数看出；（2）由东亚垂直专业化分工所引致的中间产品进口贸易对就业需求的作用也是正向的（变量 $\ln FIM_{it}^{asia} \cdot VSS$ 系数为正），但这一正向影响在统计上不太显著。

表 4 - 13　东亚生产网络分工对中国技术密集型
制造业部门就业影响的估计结果

解释变量	模型Ⅰ		模型Ⅱ	
	回归方程 1	回归方程 2	回归方程 1	回归方程 2
λ	20.03550*** (32.15755)	19.98423*** (29.71076)	19.74266*** (18.35024)	19.65835*** (32.03846)
$\ln Q_{it}$	0.675098*** (9.701740)	0.576167*** (7.180739)	0.577056*** (8.230762)	0.641832*** (9.360000)
$\ln W_{it}$	−1.214663*** (−9.786769)	−1.080143*** (−7.697137)	−1.096562*** (−9.045692)	−1.169341*** (−9.544920)
$\ln FIM_{it}^{asia}$	−0.001665 (−0.081887)	−0.008822 (−0.436632)	0.009926 (0.259132)	
$\ln FEX_{it}^{asia}$	−0.042801 (−1.636855)	−0.012956 (−0.473398)	−0.123916*** (−3.456435)	
$\ln FIM_{it}^{asia} * VSS$			−0.002946 (−0.499526)	0.000117 (0.039135)
$\ln FEX_{it}^{asia} * VSS$			0.013448** (3.040170)	0.004753* (1.739539)
$\ln FIM_{it}^{row}$		−0.109491*** (−2.560602)		
$\ln FEX_{it}^{row}$		−0.005596 (−0.202316)		
$\bar{R}^2$ 值	0.518613	0.953932	0.578346	0.514229
Hausman 检验 P 值	0.6186	0.00000	0.4865	0.2030
观测值	104	104	104	104

注：各变量的回归系数下面的括号内为 t—检验统计量，***、**、*分别表示 1%、5%、10% 的显著性水平。

归纳上述回归结果,可以得出以下结论:参与东亚生产网络分工对中国制造业的就业总量需求的影响存在显著的行业差异,即:

一方面,在中国融入东亚生产网络分工程度较低的劳动密集型制造业部门,由东亚垂直专业化分工所引致的中间产品进出口贸易对劳动密集型制造业的就业需求均未产生显著的促进作用;若不考虑垂直专业化分工对中间产品贸易的引致作用,而仅仅考虑中间产品进出口贸易的就业效应,中国对东亚的中间产品进出口贸易均存在就业替代效应,而中国对世界其他地区的中间产品出口贸易对中国劳动密集型制造业的就业需求有促进作用。如前所述,垂直专业化分工所对应的贸易模式是加工贸易,我们可以推断,在劳动密集型制造业的加工贸易模式的就业创造效应可能在实际上并没有我们所预期的那么大,相反,一般贸易模式的就业创造效应要明显一些。

另一方面,在中国融入东亚生产网络分工程度较高的技术密集型制造业部门,由东亚垂直专业化分工所引致的中间产品进口贸易和出口贸易均会对就业需求产生正向作用,并且中间产品出口贸易的就业创造效应显著大于进口;若仅仅考虑中间产品进出口贸易的就业效应,笔者发现中国对东亚的中间产品进口贸易也会对就业需求产生正向作用,但中间产品出口贸易对就业的促进作用不明显。换言之,在技术、资本密集型制造业部门,由东亚垂直专业化分工所引致的中间产品进出口贸易的就业创造效应是显著的,这就意味着在技术、资本密集型制造业加工贸易模式的就业创造效应是显著的;但若不考虑东亚垂直专业化分工的作用,单方面考虑中间产品进出口贸易的就业效应,此类制造业中间产品出口的就业创造效应就不显著了,这就意味着在技术密集型制造业一般贸易模式的就业创造效应实际上并不明显。导致这一结果的主要原因是:跨国公司向中国转移的往往是生产具有高度"分解性"特征的技术密集型制造业中的劳动密集型环节,这些由外资主导的劳动密集型制造环节恰恰是吸纳中国廉价劳动力就业的主要领域，因此，此类制造业通过加工贸易方式导致的就业创造效应是十分显著的；而在一般贸易领域，中国在高技术行业的中间产品供给方面与发达国家存在明显的技术劣势（这一点在本书第三章已经详述），高技术中间产品出口供给能力有限，因而就业创造效应不显著。

（三）东亚生产网络分工对中国制造业工人技能升级的影响

下面进一步考察东亚生产网络分工对中国制造业就业需求的结构效应，即对熟练劳动和非熟练劳动就业相对需求的影响。笔者拟从制造业工人技能升级效应角度来证明是否存在上述结构效应，即验证东亚生产网络分工是否增加了中国国内各制造业行业对熟练劳动力的相对需求？笔者将大中型工业企业中科技人员占从业人员比重作为技能升级效应的考察指标，若中国制造业就业存在技能升级效应，那么中国参与东亚生产网络分工会对中国的科技人员在从业人员所占比重有正向影响，从而说明中国参与东亚生产网络分工导致了制造业部门劳动力的技能结构的提高，中国不仅仅局限在垂直专业化分工价值链条低端的零部件和中间产品的加工组装等生产工序，也反映了中国在东亚生产网络中的地位在不断上升。反之，若中国参与东亚生产网络分工对中国制造业科技人员在从业人员所占比重是负向影响，或者正向影响不显著，表示融入东亚生产网络对中国制造业部门劳动力不存在技能升级效应，而是存在技能锁定效应。

国际垂直专业化分工对制造业工人技能升级的影响这一问题已经引起学者们的高度关注，唐宜红、马风涛（2009）的研究表明垂直专业化分工对中国制造业工人的技能升级具有锁定效应，中国工业部门参与国际垂直专业化分工提高了非熟练劳动力的相对就业水平。那么，以垂直专业化分工为主要内容的东亚生产网络对中国制造业就业的结构性影响是表现为技能升级效应还是技能锁定效

189

应呢,这正是本节接下来试图通过计量模型实证研究的问题。

1.计量模型的设定

根据本书的研究需要,我们借鉴芬斯切和汉森(2003)的短期成本函数法,建立熟练劳动力相对需求的回归式。假定生产函数为:$Y_i = G_i(L_i, H_i, K_i, Z_i)$,即生产商品 i 需要投入资本 K、熟练劳动力 H、非熟练劳动力 L。这里 Z 代表影响产量的外生结构性变量,例如技术、进出口贸易、商品价格等。在短期中资本存量是给定的,企业的决策是对劳动力组合的选择使成本最小化。因此,成本函数可表示为:

$$C_i(w_L, w_H, K_i, Y_i, Z_i) = \min_{L_i, H_i}(w_L L_i + w_H H_i)$$

$$s.t. Y_i = G_i(L_i, H_i, K_i, Z_i) \qquad (4-20)$$

将这个一般形式的成本函数作为对数型的泰勒近似二次展开,并定义 $w_n \equiv (w_L, w_H)$ 和 $x_k \equiv (K_i, Y_i, Z_i)$,可以得到线性的超对数成本函数:

$$\ln C_i = \alpha_0^n + \sum_{n=1}^{m} \alpha_n^i \ln w_n + \sum_{k=1}^{\kappa} \beta_k^i \ln x_k + \frac{1}{2} \sum_{n=1}^{m} \sum_{j=1}^{m} \gamma_{nj}^i \ln w_n \ln w_j +$$

$$\frac{1}{2} \sum_{k=1}^{\kappa} \sum_{l=1}^{\kappa} \delta_{kl}^i \ln x_k \ln x_l + \sum_{n=1}^{m} \sum_{k=1}^{\kappa} \varphi_{nk}^i \ln w_n \ln x_k \qquad (4-21)$$

其中,m 是劳动力成本最小化决策时选择的最优劳动力投入的数目,κ 是模型中前定变量(即固定投入、产出和结构性变量)的个数。(4-21)式对 $\ln w_n$ 求一阶偏导,可得到行业 i 的劳动力要素 n 的成本份额等式:

$$s_{in} = \alpha_i^n + \sum_{j=1}^{m} \gamma_{nj}^i \ln w_j + \sum_{k=1}^{\kappa} \varphi_{nk}^i \ln x_k \qquad (4-22)$$

在(4-22)式中,$s_{in} \equiv \partial \ln C_i / \partial \ln w_n = w_n L_{in} / C_i$ 是要素 n 的成本份额,其中 L_{in} 表示行业 i 选择的最优劳动力要素 n 的数量。

公式(4-22)事实上包括两个成本份额函数,即熟练劳动力的成本份额和非熟练劳动力的成本份额。因为 $s_{iL} + s_{iH} = 1$,在分析过程中考察一个成本份额函数即可。在本书的分析中,我们只考虑熟练劳动力的成本份额。从公式(4－22)可以看出,熟练劳动力的成本份额取决于两种类型劳动力的工资、物质资本存量、产出和结构性变量。(4－22)式中的第二项是行业支付给两种类型劳动力的工资,它们在行业之间的不同,一般被认为反映了各行业所雇用的劳动力在质量上的差异,高工资行业通常对高素质劳动力支付较高的工资,但这不足以解释熟练劳动力与非熟练劳动力间的工资不平等。因此,在运用面板数据对行业 i 的熟练劳动力工资份额进行估计时,可以将劳动力工资项包含在常数项或截面固定效应中。这样,我们将行业 i 的熟练劳动力成本份额函数表示为如下形式:

$$s_i = \varphi_0 + \varphi_i + \varphi_K \ln K_i + \varphi_Y \ln Y_i + \varphi_Z \ln Z_i \qquad (4-23)$$

其中,s_i 表示行业 i 熟练劳动力的工资份额,φ_i 表示行业的特殊固定效应,K 是物质资本投入,Y 是总产出。Z_i 是结构性变量,包括中国与东亚制造业的中间产品进出口贸易密集度 FIM_{it} 和 FEX_{it}、国内 R&D 投资带来的技术进步效应 RD^d、中国参与东亚生产网络分工引致的国内研发投入增加所形成的技术进步效应(用交互项 $VSS \cdot \ln RD_{it}$ 替代)等。

进一步借鉴山下信明(2008)考察东亚生产网络分工对制造业熟练劳动就业相对需求模型的变量选择方法,设定关于东亚生产网络分工对中国制造业熟练劳动就业相对需求影响的模型如下:

$$\ln SHARE = \zeta_0 + \zeta_1 \ln FIM_{it}^{asia} + \zeta_2 \ln FEX_{it}^{asia} + \zeta_3 \ln FIM_{it}^{row} +$$
$$\zeta_4 \ln FEX_{it}^{row} + \zeta_5 \ln K_{it} + \zeta_6 \ln Q_{it} + \zeta_7 \ln RD_{it} +$$
$$\zeta_8 \ln VSS * RD_{it} \qquad (4-24)$$

其中,i 表示 16 个制造业部门[①],t 表示 1997—2009 年。因变

---

① 由于该模型中采用的 VSS 数据是根据中国投入—产出表相对应的 16 个制造业行业的数据计算得出,因此其他变量也相应地采用 16 个制造业行业的样本数据,即根据从《中国统计年鉴》、《中国科技统计年鉴》、《中国劳动统计年鉴》获得的中国制造业 28 个行业的相关数据加总得出。

量 $SHARE$ 表示制造业熟练劳动力的就业比重。自变量的含义如下：FIM_{it}^{asia} 代表中国对东亚的中间产品进口贸易密集度；FEX_{it}^{asia} 代表中国对东亚的中间产品出口贸易密集度；FIM_{it}^{row} 代表中国对世界其他国家的中间产品进口贸易密集度；FIM_{it}^{row} 代表中国对世界其他国家的中间产品出口贸易密集度；K_{it} 代表物质资本投入和产出；Q_{it} 代表产出，用工业增加值表示；RD_{it} 代表 R&D 资本存量；$VSS \cdot RD_{it}$ 表示中国参与东亚生产网络分工引致的国内研发投入增加的效应。

2.数据的来源及处理

（1）熟练劳动力的就业比重。本书以制造业大中型企业的科技活动人员作为制造业熟练劳动力的替代指标，用大中型企业的科技活动人员在制造业从业人员中所占比重作为制造业熟练劳动力的就业比重[①]。该指标的样本数据处理过程是：分别获得《中国科技统计年鉴》中公布的中国制造业 28 个行业大中型企业的科技活动人员和《中国劳动统计年鉴》公布的中国制造业 28 个行业城镇单位就业人员年末人数，再分别将其合并集结成与中国投入—产出表相对应的 16 个制造业行业的数据，最后求出 16 个制造业行业的大中型企业的科技活动人员所占比重，作为熟练劳动力就业比重的表征。相关数据来源于《中国科技统计年鉴》和《中国劳动统计年鉴》。

（2）中国制造业与东亚基于垂直专业化分工的中间产品贸易密集度。该指标数据的内涵与前面一样，中间产品进出口数据根据联合国的 COMTRADE 数据库的数据集结整理。

（3）物质资本投入和产出。本书选取固定资产净值作为物质

---

① 由于国内缺乏熟练劳动力和非熟练劳动力的数据，我们只能使用制造业大中型企业的科技活动人员（高技术人员）比重作为制造业熟练劳动力比重的替代指标，应该说这是存在一定局限的。更科学的界定应该包括所有非生产性工人，即企业中的管理人员、销售人员和工程技术人员等。

资本投入，并以固定资产投资价格指数进行平减，计算以 1996 年为基期的实际资本存量。我们以各行业的工业增加值表示总产出，并以工业品出厂价格指数进行平减，计算以 1996 年为基期实际的工业增加值。相关数据来源于《中国统计年鉴》。

（4）中国制造业各部门的 R&D 资本存量数据及 VSS 数据来源与前面一致。

3.模型估计及结果分析

为了考虑东亚生产网络分工对中国制造业技能升级影响的行业差异，以回归模型（4-24）为基础，我们设定了 3 个模型。模型Ⅰ首先考察了东亚生产网络分工对中国制造业所有行业中熟练劳动力就业需求的影响，即基于全部 16 个制造业部门的估计。模型Ⅱ和模型Ⅲ分别估计了东亚生产网络分工对中国劳动密集型①和技术密集型②两类制造业中熟练劳动力就业需求的影响。③ 模型Ⅲ估计了东亚生产网络分工对中国制造业劳动密集部门中熟练劳动力就业需求的影响，即基于制造业 7 个劳动密集部门的估计；模型Ⅱ估计了东亚生产网络分工对中国制造业技术密集部门中熟练劳动力就业需求的影响，即基于制造业 8 个技术密集部门模型的估计。模型Ⅰ、模型Ⅱ和模型Ⅲ都分别进行了三次回归：首先，回归方程 1 着重考察中国对东亚的中间产品进出口贸易变量对中国制造业熟练劳动就业相对需求的影响；其次，在上述回归方程的基础上引入表征中国参与东亚生产网络分工所引致的技术进步效应

193

---

① 包括食品制造及烟草加工业、纺织业、服装皮革羽绒及其制品、木材加工及家具制造业、造纸印刷及文教用品制造业、石油加工炼焦及核燃料加工业和非金属矿物制品业 7 个部门。

② 包括化学工业、金属冶炼及压延加工业、金属制品业、通用专用设备制造业、交通运输设备制造业、电气机械及器材制造业、通信设备计算机及其他电子设备制造业、仪器仪表及文化办公用机械制造业 8 个部门。

③ 我们将这 16 个制造业部门分为劳动、资源密集型和技术、资本密集型两类借鉴了盛斌（2008）的分类方法。

变量 $VSS \cdot RD_{it}$，即回归方程 2；最后，在上述回归方程的基础上引入表征中国对世界其他国家的垂直专业化分工变量，即中间产品进出口贸易密集度 FIM_{it}^{row} 和 FEX_{it}^{row} 等控制变量，即回归方程 3。

首先，对模型 I 的三个回归方程分别进行了随机效应和固定效应的估计，根据 Hausman 检验我们选择随机效应估计的结果，见表 4-14。从模型 I 的回归方程 1 的结果可以看出：(1)R&D 资本存量的系数为正（但不显著），表明其没有显著地促进全部制造

表 4-14　全部制造业部门的就业技能升级效应的估计结果

解释变量	回归方程 1	回归方程 2	回归方程 3
ζ_0	-1.298701 (-1.946976)	-1.132194 (-0.003348)	-0.785628 (-1.017083)
$\ln Q_{it}$	-0.024163 (-0.881050)	-0.003761 (-0.032795)	-0.102993 (-0.857672)
$\ln K_{it}$	0.445595^{**} (4.246470)	0.469668^{**} (4.472648)	0.499418^{**} (4.642873)
$\ln RD_{it}$	-0.068348^{*} (-0.411356)	0.171412 (0.740306)	-0.044935 (-0.270399)
$\ln FIM_{it}^{asia}$	0.065152^{*} (1.502154)	0.058584 (1.356963)	0.057085 (1.320218)
$\ln FEX_{it}^{asia}$	0.154785^{**} (2.440312)	0.144913^{**} (2.304760)	0.265535^{**} (3.432572)
$\ln VSS * RD_{it}$	—	-0.249095 (-1.468932)	—
$\ln FIM_{it}^{row}$	—	—	-0.041978 (-0.631817)
$\ln FEX_{it}^{row}$	—	—	-0.172782^{**} (-2.518681)
Hausman 检验 P 值	0.8305	0.2869	0.7494
$\bar{R}^2$ 值	0.841830	0.843141	0.840160
观测值	208	208	208

注：各变量的回归系数后面的括号内为 t—检验统计量，***、**、* 分别表示 1%、5%、10%的显著性水平。

业中高技术人员的就业需求；（2）产出变量的系数为负（但不显著），物质资本投入变量的系数显著为正，说明制造业的产出并不能对制造业工人的技能升级起到根本性的促进作用，而固定资产投资的增加会显著地增加对高技术人员的就业需求；（3）表征中国融入东亚生产网络分工的两个变量 FIM_{it}^{asia} 和 FEX_{it}^{asia}，即中国对东亚的中间产品进口和中间产品出口贸易密集度变量的系数均为正，并且中间出口贸易密集度变量的系数十分显著，表明中国对东亚中间出口贸易的增加会显著地增加熟练劳动力的就业需求，而进口贸易增加对熟练劳动力的就业需求的促进作用不是十分显著。换言之，中国融入东亚生产网络之后，通过对东亚的中间产品贸易出口渠道显著地促进了制造业工人的技能升级。

模型Ⅰ的回归方程2引入表征东亚生产网络分工引致的技术进步效应变量 $VSS \cdot RD_{it}$ 后，估计结果未发生根本变化。变量 $VSS \cdot RD_{it}$ 的系数均为负且不显著，说明中国参与东亚生产分工所引致的技术进步效应没有相应地增加对熟练劳动力的就业需求，从而证明中国与东亚中间出口贸易所导致的制造业工人技能升级并非是通过东亚生产网络分工所引致的技术进步效应这一传导机制实现的。

模型Ⅰ的回归方程3是在回归方程2的基础上引入中国对世界其他地区的中间产品进口和中间产品出口贸易密集度变量，即 FIM_{it}^{row} 和 FEX_{it}^{row}。回归方程3的估计结果与回归方程2基本一致，中国对世界其他国家的中间产品进出口贸易密集度的系数均为负，说明中国对世界其他地区的中间产品贸易未能从整体上增加中国熟练劳动力的就业需求。

总的来说，若从制造业整体来看，中国参与东亚生产网络分工后，通过中间产品出口渠道所导致的技能升级效应十分显著，即存在对熟练劳动力的就业创造效应；中国参与东亚生产分工所引致的技术进步效应没有相应地增加对熟练劳动力的就业需求，表明中国与东亚中间产品出口贸易所导致的制造业工人技能升级并非

是由中国参与东亚生产网络分工所引致的技术进步效应所导致的;中国对世界其他国家的中间产品贸易未能从整体上增加中国熟练劳动力的就业需求,即未能形成制造业工人的技能升级效应。

　　其次,如同模型Ⅰ一样,对模型Ⅱ的回归方程1和方程2分别进行了随机效应和固定效应的估计,根据 Hausman 检验结果,方程1选择随机效应估计,方程2选择固定效应估计,方程3由于变量数与面板数据的截面数相同,故选择固定效应估计,见表4-15。从表4-15中回归方程1的结果可以看出:(1)中国对东

表4-15　模型Ⅱ:劳动密集部门技能升级效应的估计结果

解释变量	回归方程1	回归方程2	回归方程3
$\ln\zeta_0$	9.778193** (3.340928)	9.605713** (3.286420)	10.91683** (3.774331)
$\ln Q_{it}$	1.148515** (3.256901)	1.146694*** (3.260118)	0.936532*** (2.734528)
$\ln K_{it}$	0.000635 (0.035704)	−2.181390*** (−2.862214)	−1.920191*** (−2.610100)
$\ln RD_{it}$	−0.280620 (−1.112791)	0.350486 (0.794802)	−0.323845 (−1.003836)
$\ln FIM_{it}^{asia}$	0.051129 (0.850690)	0.035599 (0.46686)	0.031518 (0.431137)
$\ln FEX_{it}^{asia}$	0.189727* (1.634311)	0.145724 (1.198601)	0.188136* (1.644005)
$\mathrm{Ln}(VSS*RD_{it})$		−0.344030 (−1.187136)	
$\ln FIM_{it}^{row}$			−0.233661** (−2.199282)
$\ln FEX_{it}^{row}$			0.179830*** (2.612256)
Hausman 检验 P 值	0.1557	0.0000	—
$\bar{R}^2$ 值	0.825234	0.759972	0.814430
观测值	91	91	91

注:各变量的回归系数后面的括号内为 t—检验统计量,***、**、* 分别表示 1%、5%、10%的显著性水平。

亚的中间出口贸易密集度的系数显著为正,表明中国参与东亚生产网络分工后,通过中间产品的出口显著促进了中国劳动密集制造业部门工人的技能升级;中国对东亚的中间产品进口贸易密集度的系数为正,但不显著,表明中间产品进口贸易对制造业工人的升级效应不明显。(2)产出变量的系数为正且显著,说明产出的增加显著地促进了劳动密集型制造业部门工人的技能升级。(3) R&D 投入以及物质资本投入系数显著为负,说明 R&D 资本存量、固定资产投资并未成为劳动密集型制造业部门工人技能升级的驱动因素。

模型Ⅱ的回归方程 2 引入代表东亚生产网络分工引致的技术进步效应变量 $VSS \cdot RD_{it}$ 后,估计结果与回归方程 1 基本一致。代表东亚垂直专业化分工引致的技术进步效应 $VSS \cdot RD_{it}$ 的系数为负且不显著,说明东亚垂直专业化分工引致的国内研发投入增加对中国劳动密集制造业部门的就业不存在技能升级效应。

模型Ⅱ的回归方程 3 是在回归方程 2 的基础上引入 FIM_{it}^{row} 和 FEX_{it}^{row} ,可以看出,中国对世界其他地区的中间产品出口贸易密集度的系数显著为正,说明中国对世界其他国家的中间产品出口贸易显著促进了中国劳动密集部门工人的技能升级,但中间产品进口贸易则显著表现出对熟练劳动力就业需求的替代作用,即表现出技能锁定的作用。

总之,从劳动密集制造业来看,中国参与东亚生产网络分工后,通过中间产品的出口促进了对劳动密集制造业部门工人的技能升级,但中间产品进口的技能升级效应不明显,东亚生产网络分工所引致的技术进步效应没有显著增加中国劳动密集型制造业部门熟练劳动力的需求,而中国对世界其他地区的中间产品出口贸易显著促进了中国劳动密集型制造业部门熟练劳动力的需求,导致了劳动密集型制造业部门工人的技能升级。

模型Ⅲ选择的是固定效应估计的结果,见表 4-16。从表

197

4-16中回归方程1的结果可以看出:(1)中国对东亚的中间产品出口贸易密集度的系数为负(但不显著),表明中国参与东亚生产网络分工后,技术密集制造业对东亚中间产品出口并未相应地增加对熟练劳动力的相对需求,即不存在技能升级效应,这主要是由中国在技术密集型行业中间产品的技术劣势以及东亚生产网络中的相对低端分工地位所导致的;(2)产出变量的系数为正且显著,说明产出的增加显著地促进了技术密集制造业部门工人技能

表4-16　模型Ⅲ:技术密集型部门技能升级效应的估计结果

解释变量	回归方程1	回归方程2	回归方程3
ζ_0	4.726591*** (3.328938)	6.231882*** (4.091558)	5.143163*** (2.388303)
$\ln Q_{it}$	0.239059 (1.188509)	0.477215** (2.165804)	0.125857 (0.610523)
$\ln K_{it}$	-1.384982*** (-3.754012)	-2.011344*** (-4.508101)	-1.494819*** (-3.134861)
$\ln RD_{it}$	0.918052*** (3.144428)	0.191435 (1.566069)	1.079478*** (3.454912)
$\ln FIM_{it}^{asia}$	-0.038273 (-0.789600)	-0.034438 (-0.727961)	-0.064376 (-1.314057)
$\ln FEX_{it}^{asia}$	-0.003324 (-0.050746)	-0.032189 (-0.494936)	-0.000136 (-0.002137)
$\ln VSS * RD_{it}$	—	0.744634*** (2.375022)	—
$\ln FIM_{it}^{row}$	—	—	-0.108107 (-0.835884)
$\ln FEX_{it}^{row}$	—	—	0.172986*** (2.696844)
Hausman 检验 p 值	0.0756	0.0000	0.0000
$\bar{R}^2$ 值	0.866744	0.874603	0.3181
观测值	104	104	104

注:各变量的回归系数后面的括号内为 t—检验统计量,***、**、* 分别表示 1%、5%、10% 的显著性水平。

升级;(3)物质资本投入系数显著为负,说明物质资本投入并未成为技术密集型制造业部门工人技能升级的驱动因素;(4)R&D系数显著为正,说明自主研发投入的增加显著地促进了技术密集部门工人的技能升级。

模型Ⅲ的回归方程2引入代表东亚生产网络分工引致的技术进步效应变量 $VSS \cdot RD_{it}$ 后,我们发现,代表东亚垂直专业化分工的技术进步效应 $VSS \cdot RD_{it}$ 的系数均显著为正,说明参与东亚垂直专业化分工所导致的技术进步效应相应地增加了技术密集制造业部门对熟练劳动力的就业需求。

模型Ⅲ的回归方程3进一步引入变量 FIM_{it}^{row} 和 FEX_{it}^{row},我们发现,中国对世界其他国家的中间产品出口密集度变量的系数显著为正,说明其显著地促进了中国技术密集部门工人的技能升级。

总之,若从技术密集制造业来看,中国参与东亚生产网络分工后,中国对东亚中间产品的出口贸易渠道并未增加此类制造业部门熟练劳动力的相对需求,但通过东亚垂直专业化分工的技术扩散途径相应地增加了此类制造业部门熟练劳动力的相对需求,即通过东亚生产网络分工的技术溢出效应导致了此类制造业部门工人的技能升级效应;中国对世界其他地区的中间产品出口贸易也显著地促进了技术密集部门工人的技能升级;除此之外,国内的自主研发投入也是技术密集制造业部门熟练劳动力就业需求增加的主要驱动因素之一。

综合以上分析,东亚生产网络分工所导致的就业总量需求效应以及结构效应(或技能升级效应)可以归纳如下:首先,从就业的总量需求效应看,从中国制造业整体以及劳动密集行业考察,中国参与东亚生产网络分工后通过中间产品贸易渠道产生的就业创造效应是不太显著的,而在技术密集型制造业通过加工贸易模式实现的就业创造效应比较明显。其次,从就业的结构效应或技能升级效应看,若从制造业整体以及技术密集制造业考察,中国融入

东亚生产网络之后,分别通过对东亚的中间产品出口贸易渠道、东亚生产网络分工的技术溢出渠道显著地促进了制造业熟练劳动力的相对需求,实现了制造业工人的技能升级;从劳动密集制造业考察,中国参与东亚生产网络分工后,通过对东亚以及世界其他地区中间产品出口促进了该类制造业部门对熟练劳动力的相对需求,实现了制造业工人的技能升级,但东亚生产网络分工的技术溢出渠道以及中间产品进口贸易渠道未能显著地促进该类制造业部门工人的技能升级。上述分析结论也同时表明参与东亚生产网络分工对中国制造业部门就业的总量需求效应以及技能升级效应均存在显著的行业差异,与前面的机理分析是一致的。

第四节　中国参与东亚生产网络分工的出口竞争力效应

　　随着中国融入东亚生产网络分工体系的不断加深,中国制造业在 20 世纪 90 年代以来发展十分迅速,制造业的生产总产值占国民经济的比重自 20 世纪 90 年代以来不断增长,到 2010 年已达到 46.8%。更为引人注目的是,中国工业制成品出口贸易不仅增长迅猛,且出口结构不断优化。从出口总量上看,工业制成品出口总量从 1990 年的 462.05 亿美元增长至 2008 年的 13527.36 亿美元,增长了 29 倍。我国高技术产品出口贸易额从 1991 年的 28.77 亿美元增长至 2010 年的 4924.14 亿美元,增长了 171 倍,占工业制成品出口量的比重由 1991 年的 4.09% 上升到 2010 年的 30.44%。从出口产品结构看,机电制造行业的出口竞争力呈显著上升趋势,图 4-7 描述了以显示性比较优势指数(RCA)衡量的中国机电行业 1997—2009 年的出口竞争力的变化情况。可以看出,通信设备、计算机及其他电子设备制造业,电气、机械及器材制造业,仪器仪表及文化办公用机械制造业,金属制品业,通用、专用设备制造业,非金属矿物制品业5个行业的显示性比较优势指数均呈显著增长态势,说明了这些行业拥有较强的出口竞争力。

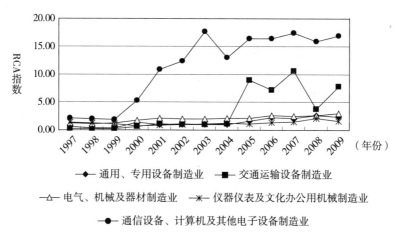

图4-7 1997—2009年中国机电行业的出口竞争力变化情况

201

中国制造业部门的出口贸易的显著增长、出口结构的优化以及出口竞争力的提升引发我们思考以下问题:东亚生产网络分工提高了中国制造业的出口竞争力吗? 东亚生产网络分工对中国制造业出口竞争力的影响机理是怎样的? 本书试图研究东亚生产网络对中国制造业竞争力的影响,这一分析有利于明确中国制造业在东亚生产网络中的分工地位及发展方向。

关于东亚生产网络这种新型分工模式对中国制造业出口竞争力影响的研究尚不多见,但已有学者研究了垂直专业化分工或产品内国际分工对中国制造业竞争力的影响。张小蒂和孙景蔚(2006)、胡昭玲(2007)运用实证模型检验了垂直专业化分工对中国制造业贸易竞争力及生产率的提升效应。吴俊萍(2009)进一步考察了垂直专业化分工及其对中国制造业国际竞争力影响的行业差异,发现中国制造业中资本、技术密集型行业的垂直专业化分工对产业国际竞争力的偏效应要略高于劳动密集型行业。文东伟

和冼国明(2010)通过对中国制造业的垂直专业化水平的测算,估计了中国制造业出口增长的来源,指出中国制造业垂直专业化程度的迅速提升是中国对外贸易高速增长的决定因素。

综上所述,目前还没有文献探讨东亚生产网络对中国制造业竞争力影响的机理并进行实证检验,我们将在系统梳理东亚生产网络分工影响制造业出口竞争力的理论机制的基础上,构建16个制造业部门的面板数据模型实证检验东亚生产网络分工对中国制造业出口竞争力的作用。

一、东亚生产网络分工影响中国制造业出口竞争力的机理

中国作为东亚生产网络的"制造中心",从理论上讲,中国制造业必然会从这种新型分工模式中获得FDI的流入以及零部件贸易或者供应商间的密切联系所导致的技术外溢效应、劳动生产率提升效应和规模经济效应,从而拓展中国制造业比较优势,提升出口竞争力。同时,基于特定生产区段的比较优势,中国也会向东亚地区的发展中国家如越南转移部分低端加工工序,使中国可以更专注于附加值高的环节,从而提升行业竞争力。

(一)通过FDI的流入以及零部件贸易等产生技术溢出效应

从东亚生产网络的运行角度看,自20世纪80年代后期,中国凭借低廉的要素价格优势及优惠的FDI政策和加工贸易政策迅速融入到东亚生产网络分工体系之中,这一过程伴随着东亚地区制造业部门大量FDI的流入以及零部件贸易的双边流动,而大量FDI的流入以及零部件进口贸易会给中国制造业带来技术扩散效应。主要体现在:第一,在FDI的流入给中国制造业带来先进的管理经验和技术的同时,外资企业在华R&D投资也不断增加,会导致跨国公司与本土企业之间的技术交流、信息交换以及战略联盟式的合作,以及对本土研发机构和人员利用的增加,从而产生技术

溢出效应。第二，从价值链角度看，中国制造企业作为东亚生产网络中的一部分，其与生产网络中不同层级的上游供应商以及下游分销商之间必然形成紧密的供求关系，高层级的供应商（美欧的领导厂商）会向位于中国的低层级供应商（跨国公司在华子公司）提供技术援助或技术信息，以提高他们的产品质量或帮助他们完成技术创新，或者在员工培训、改进管理水平和组织能力等方面向他们提供帮助，或者帮助他们拓展营销渠道等，形成知识外溢效应。① 进一步地，跨国公司在华分包其生产活动或者将本土企业纳入其零部件采购网络的过程中，会对本土企业提出相应的产品质量标准或提供技术信息，也会形成知识外溢。第三，在发展加工贸易过程中，中国对进口的零部件、新兴原材料及先进设备进行加工和组装，亦能获得"干中学"的技术溢出效应。因此，融入东亚生产网络分工体系有利于增加中国制造业的研发资本存量，形成R&D 资本积累效应，从而增强制造业的出口竞争力。

（二）通过 FDI 的流入以及零部件贸易提高制造业劳动力的技能水平

一方面，FDI 的流入会导致对熟练动力的需求的增加。投入到中国技术含量相对较高的制造业行业中的 FDI 在本土招收员工将直接增加对熟练劳动力的需求，刺激了对专门人才的职业培养。另一方面，FDI 的流入和零部件贸易所产生的技术外溢和示范效应也将使中国本土企业的生产技术水平得以提高，本土企业生产技术的提高也会增加对熟练劳动力的需求。这两方面的作用都有

203

---

① 根据 Kimura（2009）的研究，构成跨国生产网络的跨国公司的企业内交易（intra-firm transaction）和企业间交易（arm's-length）的选择会随着生产网络的空间结构的变化而变化，在东道国的产业集聚区域跨国公司倾向于选择企业间交易，由此与东道国的本地企业形成紧密的产业联系，从而导致技术溢出效应。参见 Kimura, F., "The Spatial Structure of Production/Distribution Networks and Its Implication for Technology Transfers and Spillovers", ERIA Discussion Paper Series, Keio University, Japan, 2009。

利于提高制造业部门的生产效率,进而增强制造业部门的出口竞争力。

(三)通过工序分工产生规模经济效应

从内部规模经济的角度来看,东亚生产网络分工模式本质上是生产工序分工(或垂直专业化分工),中国制造业依据特定产品的区段比较优势融入其中,可以在某一特定的生产工序上更为顺利地实现内部规模经济。从外部规模经济的角度来看,垂直专业化分工会产生细分工序的产业集聚现象,跨国公司在华进行的"供应链整体投资"现象便是这种基于工序分工的产业集聚现象的真实写照,这一集聚性投资现象在珠三角和长三角的电脑行业中十分显著。① 集聚性投资不仅会降低在华跨国公司的生产成本,还会一定程度上带动相关产业的发展,导致外部规模经济效应的扩大,这两方面都会成为增强制造业部门出口竞争力的决定因素。

204

基于上述分析,我们可以提出如下假说:

假说1:东亚生产网络分工通过 FDI 的流入以及中间产品贸易或者供应商间的密切联系产生技术外溢效应、劳动生产率提升效应和规模经济效应,从而拓展中国制造业比较优势,提升其出口竞争力。

同时,从前面的分析可知,由于制造业的要素密集度不同,其融入东亚生产网络的程度亦有差异,这一点可以通过不同制造业

---

① Yang Chun 等人(2009)和 Lee Chuan-Kai(2009)等人分别考察了台湾电子业跨国公司在广东东莞和长三角的昆山、苏州的"供应链整体投资"现象。分别参见 Yang Chun and Haifeng Liao, " Backward Linkages of Cross-Border Production Networks of Taiwanese PC Investment in the Pearl River Delta", *Journal of Economic and Social Geography*, Vol. 101, No.2, 2009, pp.199 - 217;以及 Lee Chuan-Kai, "How does a Cluster Relocate across the Border? The Case of Information Technology Cluster in the Taiwan-Suzhou Region", *Technological Forecasting & Social Change*, Vol.76, 2009, pp. 371 - 381。

行业与东亚的垂直专业化贸易比重的差异看出。由此我们提出另一假说:

假说2:东亚生产网络分工影响中国制造业出口竞争力的上述三个效应与制造业的要素密集度差异相关,即与行业异质性相关。

我们将以上影响机理及假说概括成图4-8,并将对上述假说进行实证检验。

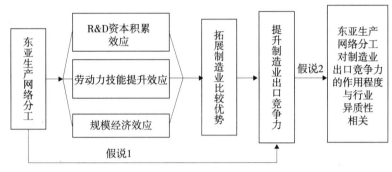

图4-8 东亚生产网络分工对中国制造业竞争力的影响机理

二、东亚生产网络分工影响中国制造业出口竞争力的实证检验

(一)计量模型的设定

我们建立模型Ⅰ,即回归方程(4-25)综合分析影响制造业竞争力的国内因素以及国际分工因素,考察东亚生产网络分工对中国制造业出口竞争力的影响。通过建立模型Ⅱ,即回归方程(4-26),我们进一步将东亚生产网络分工对中国制造业出口竞争力的作用同国内其他因素的作用剥离开来,具体考察东亚生产网络分工对中国制造业出口竞争力的不同作用机理。通过以上两个模型,首先考察东亚生产网络分工对中国制造业整体出口竞争力的影响,然后按照盛斌(2008)的分类方法将这16个制造业部

门分为劳动密集型①和技术密集型②两类,进一步考察东亚生产网络对中国制造业竞争力影响的部门差异。

$$RCA_{it} = \alpha_0 + \alpha_1 VSS_{it} + \alpha_2 \ln RD_{it} + \alpha_3 \ln LPL_{it} + \alpha_4 \ln(ES_{it}) + \mu_{it} \tag{4-25}$$

$$RCA_{it} = \beta_0 + \beta_1 \ln RD_{it} + \beta_2 \ln LPL_{it} + \beta_3 \ln ES_{it} + \beta_4 VSS \cdot \ln RD_{it} + \beta_5 VSS \cdot \ln LPL_{it} + \beta_6 VSS \cdot \ln(ES_{it}) + \mu_i \tag{4-26}$$

其中,回归方程(4-25)和方程(4-26)中的 RCA_{it} 表示 t 年中国制造业 i 行业的显示性比较优势指数,以此来表示中国 16 个制造业部门的竞争力的强弱;VSS_{it} 表示 t 年中国制造业 i 行业与东亚的垂直专业化贸易比重,用来表示中国 16 个制造业部门融入东亚生产网络的程度;$\ln RD_{it}$ 为 t 年中国 i 制造业部门 R&D 支出的存量,表示这 16 个制造业部门的科研水平;$\ln LPL_{it}$ 为 t 年制造业 i 行业的劳动生产率指数,以此衡量各制造业部门的效率;$\ln ES_{it}$ 为 t 年 i 制造业部门的平均资产规模的增长率,以此衡量各制造业部门的经济规模。模型 Ⅱ 中的两个交互项 $VSS \cdot \ln RD_{it}$ 和 $VSS \cdot \ln ES_{it}$ 分别表示东亚生产网络分工通过 R&D 资本积累效应(技术扩散效应)和规模经济效应对制造业出口竞争力的作用,交互项 $VSS \cdot \ln LPL_{it}$ 描述东亚生产网络分工所导致的劳动生产率提升效应。

(二)数据来源及处理

1.中国制造业各行业的 VSS 和 RCA 指数

本部分的样本数据是中国制造业部门 16 个行业 1997—2009 年的面板数据。VSS 指数直接来源于本书第二章中的计算结果。

---

① 包括食品制造及烟草加工业、纺织业、服装皮革羽绒及其制品、木材加工及家具制造业、造纸印刷及文教用品制造业、石油加工炼焦及核燃料加工业和非金属矿物制品业 7 个部门。

② 包括化学工业、金属冶炼及压延加工业、金属制品业、通用专用设备制造业、交通运输设备制造业、电气机械及器材制造业、通信设备计算机及其他电子设备制造业、仪器仪表及文化办公用机械制造业 8 个部门。

同 VSS 指数的计算类似,计算 RCA 指数的进口和出口数据来自联合国的 COMTRADE 数据库,我们同样根据盛斌(2002)的方法对 UN COMTRADE 数据库贸易数据进行集结,使之与投入产出表中的 16 个制造业行业相对应。1997—2009 年中国制造业的 RVA 指数见附录 4-2。

2.中国制造业各部门的 R&D 资本存量

如同前文一样,采用永续盘存法计算中国制造业各行业的 R&D 资本存量(见附录 4-1),制造业部门各行业 R&D 支出数据来自 1998—2010 年《中国科技统计年鉴》。

3.中国制造业各行业的劳动生产率指数 LPI

LPI 指数的计算公式为: $LPI = (v_{it}/V_{it})/(I_{it}/L_{it})$, v_{it} 表示制造业 i 行业在第 t 年的产出增加值, V_{it} 表示整个制造业在 t 年的产出增加值, I_{it} 表示制造业 i 行业在第 t 年的劳动投入量(年末就业人数), L_{it} 表示整个制造业在 t 年的劳动投入量(年末就业人数)。制造业各行业的就业人数和增加值数据分别来源于《中国劳动年鉴》和中经网公布的《中国工业经济统计年鉴》。1997—2009 年中国制造业的劳动生产率指数(LPI 指数)见附录 4-3。

4.中国制造业各行业的企业平均规模(ES)

根据 1998—2010 年《中国统计年鉴》相关数据整理计算得出。

(三)回归结果及分析

对模型Ⅰ即方程(4-25)和模型Ⅱ即方程(4-26)进行固定效应和随机效应估计的结果如表 4-17 和表 4-18 所示。在表 4-17 和表 4-18 中,回归方程 1 都表示以中国制造业整体为样本的估计结果,回归方程 2 都表示劳动和资源密集型制造部门的估计结果,回归方程 3 都表示资本和技术密集制造部门的估计结果。由 Hausman 检验值可知,所有回归方程应选择随机效应估计。

表4-17 模型 I 随机效应和固定效应估计结果

解释变量	回归方程1 (制造业整体)		回归方程2 (劳动密集型行业)		回归方程3 (技术密集型行业)	
	随机效应	固定效应	随机效应	固定效应	随机效应	固定效应
常数项	3.8128 (1.12)	14.7011* (3.48)	8.8389*** (6.35)	31.5284* (4.76)	-19.0290* (-5.62)	-25.1445* (-5.36)
VSS_{it}	0.6216* (7.17)	0.5984* (6.92)	1.1329* (6.35)	1.0032* (5.11)	0.6382* (10.88)	0.7293* (10.28)
$\ln RD_{it}$	0.3800 (0.82)	-1.6341** (-2.51)	-0.9786 (-1.36)	-4.5623* (-4.57)	0.9184** (2.24)	2.2077* (2.78)
$\ln LPI_{it}$	2.3045*** (1.90)	2.8869** (0.02)	1.7786** (2.27)	3.1451* (3.81)	2.2599** (2.54)	2.5755* (2.74)
$\ln ES_{it}$	-2.6674*** (-1.92)	-1.6578 (-1.09)	-1.3244 (-0.79)	-0.5810 (-0.31)	1.7707 (1.46)	0.4912 (0.75)
Hausman 检验 P 值	1.0000		1.0000		1.0000	
$\bar{R}^2$ 值	0.3668	0.3313	0.3266	0.4749	0.6157	0.6140
观测值	208	208	91	91	104	104

注: *、**和***分别表示在1%、5%和10%的显著性水平上拒绝原假设。回归系数后括号里的值为t检验值。

表4-18 模型 II 随机效应和固定效应估计结果

解释变量	回归方程1 (制造业整体)		回归方程2 (劳动密集型行业)		回归方程3 (技术密集型行业)	
	随机效应	固定效应	随机效应	固定效应	随机效应	固定效应
常数项	7.3420** (2.06)	17.7512* (5.20)	3.968764 (0.65)	32.1721* (3.83)	-13.4845* (-4.42)	-13.0668* (-3.05)
$\ln RD_{it}$	-1.5592** (-2.07)	-3.4661* (-4.07)	2.6177** (2.08)	-1.2047 (-0.85)	-0.1752 (-0.18)	-0.7692 (-0.63)
$\ln LPI_{it}$	0.4436 (0.32)	0.7796 (0.692)	7.6008* (3.732)	12.2133* (5.54)	-5.3243* (-3.16)	-5.3820* (-2.66)
$\ln ES_{it}$	0.7739 (0.50)	1.7692 (1.04)	-9.7398* (-3.74)	-11.0657* (-4.06)	4.4818** (2.23)	5.5492** (2.37)
$VSS \cdot \ln RD_{it}$	0.3296* (2.86)	0.3121* (2.63)	-1.2669* (-3.443)	-1.3899* (-3.53)	0.1582 (1.34)	0.2152*** (1.76)

续表

解释变量	回归方程 1（制造业整体）		回归方程 2（劳动密集型行业）		回归方程 3（技术密集型行业）	
	随机效应	固定效应	随机效应	固定效应	随机效应	固定效应
$VSS \cdot \ln(LPI_{it})$	0.3903**（2.01）	0.4317**（2.18）	-1.1935*（-2.85）	-1.8896*（-4.25）	0.8678*（4.96）	0.8751*（4.30）
$VSS \cdot \ln(ES_{it})$	-0.5952**（-2.49）	-0.5775**（-2.27）	3.4347*（3.88）	3.8508*（4.08）	-0.3698（-1.47）	-0.4812**（-1.82）
Hausman 检验 P 值	1.0000		1.0000		1.0000	
$\bar{R}^2$ 值	0.4027	0.3694	0.3579	0.5730	0.7219	0.7131
观察值	208	208	91	91	104	104

注：*、**和***分别表示在 1%、5% 和 10% 的显著性水平上拒绝原假设。回归系数后括号里的值为 t 检验值。

对表 4-17 和表 4-18 中的回归结果进行分析，可以得出以下结论：

首先，结合影响制造业竞争力的国内因素进行考察，东亚生产网络分工对中国制造业整体、垂直专业化分工程度较高的资本、技术密集型行业以及劳动、资源密集型制造业行业的竞争力均有促进作用。从表 4-17 中可知，回归方程 1、回归方程 2 和回归方程 3 中变量 VSS$_{it}$ 前面的系数均显著为正，说明东亚生产网络分工对中国制造业的竞争力的提升作用是显著的。

其次，除了东亚生产网络分工这一因素外，劳动生产率对制造业的出口竞争力的促进作用也是显著的，R&D 仅仅促进了技术密集型制造业的出口竞争力，规模经济因素并没有对中国制造业的出口竞争力起到提升作用。从表 4-17 中可知，回归方程 1、回归方程 2 和回归方程 3 中 LPI 前面的系数均显著为正，表明劳动生产率的提升是中国制造业整体以及部门竞争力的决定因素。我们同时注意到，在表 4-17 中，除了回归方程 3 中变量 R&D 前面的系数显著为正外，回归方程 1 和回归方程 2 中变量 RD$_{it}$ 前面的系

209

数在统计上均不显著,说明 *R&D* 仅是技术密集型制造业出口竞争力的决定因素,并未促进中国制造业整体以及劳动密集型部门的出口竞争力。主要原因是在整个样本期间,R&D 投入较多的行业主要为技术、资本密集型行业,且 R&D 投入的上升幅度也比劳动、资源密集型部门的上升幅度大。

最后,从东亚生产网络的分工效应的分解来看,东亚生产网络分工对中国制造业整体和不同部门的出口竞争力的作用存在明显差异。第一,从对中国制造业整体出口竞争力的作用看,东亚生产网络的分工效应,即劳动生产率提升效应、技术外溢效应均得到了体现,但规模经济效应并不明显。换言之,东亚生产网络分工通过劳动生产率提升效应、技术外溢效应途径提升了中国制造业出口竞争力,但理论上所预期的规模经济效应并未发生促进作用。这一点可以从表4–18中回归方程1中各变量的系数体现出来,回归方程1中分别描述以上三个效应的 $VSS \cdot \ln RD_{it}$、$VSS \cdot \ln LPL_{it}$ 两个交互项前面的系数都显著为正,但交互项 $VSS \cdot \ln ES_{it}$ 前面的系数都显著为负。第二,从对中国劳动密集型制造业部门出口竞争力的作用来看,除了东亚生产网络分工所导致的规模经济效应作用明显之外,理论上所预期的劳动生产率提升效应、技术外溢效应均未发挥应有的促进作用,这些可以通过表4–18中回归方程2中 $VSS \cdot \ln RD_{it}$、$VSS \cdot \ln LPL_{it}$ 两个交互项前面负的系数以及 $VSS \cdot \ln ES_{it}$ 前面正的系数得到体现。第三,从对资本、技术密集型制造业部门出口竞争力的作用来看,表4–18中回归方程3中交互项 $VSS \cdot \ln LPL_{it}$ 前面的系数显著为正,表明东亚生产网络分工所导致的劳动生产率提升效应作用比较明显。但表4–18中回归方程3中交互项 $VSS \cdot \ln RD_{it}$ 前面的正系数并不显著,且 $VSS \cdot \ln ES_{it}$ 前面的系数显著为负,表明理论上所预期的技术外溢效应并不显著,且规模经济效应未对该行业出口竞争力的提升发挥应有的促进作用。

　　总之,东亚生产网络分工对中国制造业整体以及不同行业的出口竞争力的影响体现在:第一,结合影响制造业的竞争力的国内因素进行考察,东亚生产网络分工对中国制造业整体以及不同行业的出口竞争力均具有促进作用。其中在国内因素中,劳动生产率对制造业的出口竞争力的促进作用是显著的,R&D仅仅促进了技术密集型制造业的出口竞争力,规模经济因素并没有对中国制造业的出口竞争力起到提升作用。第二,进一步将东亚生产网络分工的作用效应进行分解,我们发现东亚生产网络分工主要是通过劳动生产率提升效应、技术外溢效应途径提升中国制造业整体的出口竞争力,但理论上所预期的规模经济效应并未发生促进作用。主要原因是东亚生产网络的本地"嵌入性"(local embeddedness)较弱,因而未能发挥对本土产业集聚的促进作用。第三,东亚生产网络分工对中国制造业出口竞争力的作用途径在制造业不同部门存在显著差异。一方面,资本、技术密集型制造业的出口竞争力的提升在很大程度上是由东亚生产网络分工所导致的劳动生产率效应所驱动,即便是此类在东亚生产网络中垂直专业化程度很高的制造业行业也未能获得预期的显著的技术外溢效应;另一方面,劳动密集型制造业部门出口竞争力的提升却并非由东亚生产网络分工所导致的劳动生产率提升效应、技术外溢效应所推动。一个重要原因是中国劳动密集型制造业融入东亚生产网络的程度较低,而中国资本、技术密集型制造业尽管融入东亚生产网络的程度较高,但其在东亚生产网络中处于相对低端的分工地位,承担的主要是资本、技术密集型制造业中的加工组装任务,因而这类资本、技术密集型行业通过融入东亚生产网络仅仅获得了劳动生产率提升效应,并未获得显著的技术外溢效应。这种分工状况容易导致中国制造业比较优势的锁定效应,压缩中国制造业出口竞争力提升的空间。

211

综合本章的分析,可以将中国得自东亚生产网络分工的静态和动态分工效应或利益归纳如下:

第一,以进口中间产品所创造的净附加值衡量,中国从东亚生产网络分工中获得的直接贸易利益较为有限,这主要是由中国在东亚生产网络中的相对低端分工地位所决定的。

第二,中间产品进出口贸易渠道是东亚生产网络分工对中国制造业技术扩散的主要渠道。中国制造业融入东亚生产网络分工体系后不仅通过对世界其他地区的中间产品进口贸易渠道获得了技术扩散效应,也通过对东亚乃至世界其他地区的中间产品出口贸易实现了"学习曲线"效应。

第三,中国参与东亚生产网络分工后,通过中间产品贸易渠道对中国制造业整体产生的就业创造效应不太显著,但对技术密集型制造业产生了明显的就业创造效应,并且导致了制造业整体对熟练劳动力相对需求增加的结构效应(技能升级效应)。

第四,东亚生产网络分工促进了中国制造业的出口竞争力的提升,尽管作用机制存在行业差异。

第五章　中国在东亚生产网络中的分工效应:台资跨国公司视角

　　由本书第二章的理论分析可知,跨国公司的本地嵌入是影响生产网络内部的技术扩散即知识转移,进而影响东道国产业升级或锁定的决定因素,因而为我们进一步解析东亚生产网络的分工效应提供了一个有效的微观研究视角。本章试图以台湾地区个人电脑(Personal Computer,PC)①制造业跨国公司生产网络为研究个案,从跨国公司本地嵌入视角,采用经济社会学的分析范式研究台资 PC 制造业生产网络中的技术扩散效应(或知识转移效应)以及产业升级效应。

　　由于 PC 制造业的生产网络是最具典型意义的全球生产网络,在其演变过程中,东亚逐渐成为全球 PC 制造业生产网络的重要组成部分,而中国台湾地区则成为全球 PC 制造业生产网络最为重要的制造节点。体现在:一方面,从产量角度看,近年来,由台湾地区 PC 制造业跨国公司提供的 PC 机(包括笔记本电脑及台式一体机)产量占全世界总产量的比重平均在 90% 以上,其中,2005 年以来接近99%的笔记本电脑是由中国大陆的台湾跨国公

---

　　① 本书所讨论的 PC 行业是指个人电脑(笔记本电脑及台式一体机)、外设设备(显示器、键盘、鼠标、音箱、摄像头、外置调制解调器等)及零部件(如显示器、主机板等)制造行业。

司生产的①；另一方面，从产业链层级角度上看，作为重要的第二层级供应商，台湾地区的原始设计制造商（ODM）和原始设备制造商（OEM）主要负责承接旗舰企业的创意或设计②，并利用自身的研发优势以及在制造领域的专业技能将这些概念设计付诸实践，因而台商在大陆的 PC 生产网络也是全球 PC 生产网络的"微缩型"版。因此，以台资 PC 制造业生产网络为研究个案在很大程度上可以反映中国大陆参与东亚 PC 制造业生产网络分工的效应。那么，中国大陆在参与台资 PC 制造业生产网络分工的过程中，能在多大程度上通过生产网络中上下游企业主体间的知识转移获得技术扩散效应，即知识转移效应呢？中国大陆参与台资 PC 制造业生产网络分工对微观层面的产业升级又将产生怎样的影响？这些正是本章试图考察的问题。

第一节　台资 PC 制造业跨国公司在全球 PC 生产网络中的地位

一、全球 PC 行业生产网络的发展演变

20 世纪五六十年代，电脑作为尖端科技，只能在少数几个发达工业国家制造，当时美国的"硅谷"成为电脑制造业的集中地，出现了一批著名的品牌，如惠普、苹果等，但由于需求量较少，加之制造规模受限，并未形成 PC 制造业生产网络。

20 世纪 80 年代开始，电脑制造技术进一步完善，主要制造国

---

① 统计数据来源于中国台湾工研院经资中心 ITIS 计划，http://www.itis.org.tw。

② ODM 厂商即"原始设计制造商"，是指某制造商设计出某产品后，在某些情况下可能会被另外一些企业看中，要求配上后者的品牌名称来进行生产，或者稍微修改一下设计来生产；OEM 厂商即"原始设备制造商"，指一家厂家根据另一家厂商的要求，为其生产产品和产品配件，亦称为定牌生产或授权贴牌生产。

家的产量已不能满足需求,此时中国台湾作为东亚经济较为发达的地区,有效地承接了产业转移。1980年东方"硅谷"——新竹工业园成立,20世纪80年代中期开始,美国"硅谷"的华人工程师开始返回台湾创业,这些工程师具有相当的集成电路设计能力,但由于当时全球半导体工业发展不景气,园区的企业只能承接来自日本、韩国的电脑代工制造。到了1987年,台积电专业晶圆代工厂成立后,带动上下游电子企业的发展,逐步建立起区域性的资讯电子工业体系。到了20世纪90年代,大量私人资本流入,美国"硅谷"与新竹工业园之间的技术互动不断强化①,专业化的跨国投资与本地资源相结合,使得新竹工业园的PC制造业开始走向国际化,正如台湾学者夏铸九(2000)所指出的那样,"新竹工业园区的企业已经成为全球生产网络中的公司,而新竹工业园已经成为全球生产网络的制造节点了",这就是现今东亚PC生产网络的雏形和基础。

到了2001年前后,台湾当局限制电子行业厂商赴大陆投资的政策开始松动,大量台资涌入大陆,在东莞等地形成了PC产业集群,这也标志着东亚PC制造业新一轮产业转移的开始,大陆成为PC代工制造的重要基地。短短几年内,台湾主要PC厂商都在大陆建立了自己的生产网络。近年来,由于以东莞为代表的珠三角地区(台资PC制造业集聚区)资源供给日趋紧张,劳动力成本不断上涨,台资PC制造厂商开始纷纷将生产网络重新部署于以苏州为代表的长三角地区②,由此形成了台资生产网络在大陆的第二次转移。台湾企业向中国大陆延伸其生产网络,实际上标志着

---

① 学者Sexenian(1999)将这种技术互动模式称为"硅谷—新竹连接",是跨太平洋两岸的"互惠式的区域工业化模式",参见夏铸九:《全球经济中之跨界资本:台湾电子工业之生产网络》,《城市与设计学报》(中国台湾)2000年第3期。

② 事实上,2002年以来,伴随着世界上大型半导体、液晶显示器制造商群聚式投资长三角地区,台资PC制造厂商已开始将其生产向长三角地区转移。

PC 行业全球生产网络向中国大陆的延伸,中国大陆在成为台湾 PC 制造厂商的生产组装基地的同时,也成为全球 PC 的生产组装基地。

综上,经过美国硅谷—中国台湾新竹—大陆东莞—大陆苏州的几次变迁,形成了现在的全球 PC 制造业生产网络布局,而在演变过程中,东亚逐渐成为全球 PC 制造业生产网络的重要组成部分,而台湾跨国公司则成为全球 PC 制造业生产网络最为重要的制造节点,中国大陆也成为全球 PC 的生产组装基地,见表 5－1。

表 5－1 2005—2010 年台湾笔记本电脑产量的产地分解比例

	2005	2006	2007	2008	2009	2010
中国台湾	5.5%	2.1%	1.8%	1.0%	0.6%	1.2%
中国大陆	92.8%	96.9%	97.8%	98.9%	99.2%	98.7%
其他	1.7%	1.0%	0.4%	0.1%	0.2%	0.1%

资料来源:中国台湾工研院经资中心 ITIS 计划,http://www.itis.org.tw。

216

总体上看,全球 PC 行业生产网络在其发展演变过程中表现出以下两个方面的典型特征:

第一,生产网络空间格局呈现出"东亚生产,全球分销"的特点。从地域维度上考察全球 PC 行业生产网络的空间布局,第一层级企业主要分布在美国、日本等发达国家;第二层级企业则几乎全部分布在中国台湾地区;第三层级企业主要分布在中国大陆及东亚其他国家,见图 5－1。美国、日本等国家的领导企业负责产品设计和最终品牌营销,并向台湾地区代工企业提供技术许可和订单,为了使得生产顺利进行,也会向中国等地制造企业转移技术,提供资本和当地无法生产的核心组件。中国等地的制造企业在装配完成后将按照上层级公司的指令将成品输送至台湾地区或美、日、欧等全球各地。

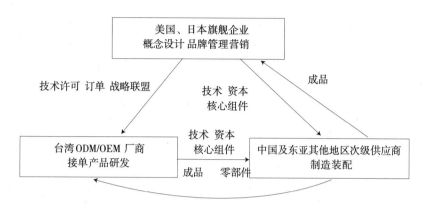

图 5-1 全球 PC 生产网络的空间格局

作为全球 PC 制造业生产网络的重要组成部分,东亚在全球生产网络中处于产业价值链的中下游环节,承担着代工与零部件供应、组装的任务。东亚各经济体的 PC 制造厂商在全球 PC 产业链中的地位可以被划分为三类:(1)日本和台湾地区少数企业拥有自主品牌,并以此跻身旗舰企业之列,如索尼、东芝、宏碁、华硕等。(2)中国台湾垄断了东亚 PC 制造业生产网络中的代工环节,成为极其重要的第二层级企业来源地,同时台湾地区也是世界范围内重要的 PC 代工产地。(3)中国大陆 PC 制造厂商在东亚 PC 制造业生产网络中基本上处于第三层级供应商地位,负责基本零部件的供应和加工组装工作。可以说中国台湾 PC 生产网络构成了东亚 PC 生产网络的基础,台湾地区代工企业在整个生产网络中起到了"上传下达"的关键作用,由此形成"东亚生产,全球分销"的分工格局。

第二,生产网络呈现出多层次性,隶属于全球生产网络的"微缩型网络"在中国大陆十分典型。由于日本和台湾地区少数企业拥有自主品牌,并以此跻身旗舰企业行列,因此以这些企业为核心在中国大陆形成了台资、日资主导的生产网络,这些网络又构成东亚乃至全球 PC 生产网络的重要二级单元,因而又可被视作是一

217

种微缩型的全球生产网络(mini-GPNs)。① 下面以台湾在大陆的PC生产网络为例加以说明,见图5-2。大陆台商PC生产网络是全球生产网络、台湾IT产业集群以及大陆特定区位(长三角、珠三角)资源战略性耦合的结果,它体现了全球PC生产网络中不同类型的企业,即旗舰厂商、台湾ODM/OEM厂商②、关键零部件供应商、一般零部件供应商之间原有的联系机制向中国大陆的延伸,在形式上表现为微缩型的全球生产网络。

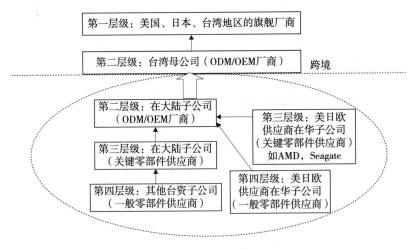

图5-2 全球PC生产网络的多层次性

资料来源:笔者整理。

由本书第二章关于嵌入关系的内涵分析可知,微缩型全球生产网络中企业间的交易关系主要表现为嵌入关系,这种嵌入关系不仅存在于与台湾电子业跨国公司(ODM/OEM 厂商)存在股权联系的企业之间,即存在于台湾ODM/OEM 厂商的母公司与其在

---

① Yang, Chun, "Strategic Coupling of Regional Development in Global Production Networks: Redistribution of Taiwanese Personal Computer Investment from the Pearl River Delta to the Yangtze River Delta, China", *Regional Studies*, Vol. 43, No.3, 2009, pp.385 - 407.

② ODM/OEM 厂商是指"原始设计制造商"和"原始设备制造商"。

大陆的各级子公司之间以及台湾 ODM/OEM 在大陆的各级子公司之间,还存在于与台湾电子业跨国公司(ODM/OEM 厂商)没有任何股权联系的企业之间,即除了台湾 ODM/OEM 厂商的大陆子公司与在大陆的其他台资子公司之间、台湾 ODM/OEM 厂商的母公司与在大陆的其他台资子公司之间存在嵌入关系之外,甚至是 ODM/OEM 厂商的大陆子公司与来自美日欧的各级供应商在华子公司也存在嵌入关系,当然,这种嵌入关系很大程度上又是由台湾 ODM/OEM 厂商与旗舰厂商(品牌主导厂商)的嵌入关系决定的。① 这些再次证明台商在大陆的 PC 生产网络本质就是全球 PC 生产网络的"微缩"版。

二、台资 PC 制造业跨国公司的分工地位

(一)台资 PC 制造业跨国公司是全球生产网络的重要制造节点

20 世纪 90 年代后期以来,中国台湾成为东亚 PC 制造业生产网络的领先者,中国台湾在此期间建立了完善的 PC 制造系统,成为全球生产网络的重要制造节点,在全球 PC 价值链代工环节处于垄断地位。这可以从全球 PC 行业的旗舰企业品牌主导厂商委托台湾代工 PC 的比例中得到证明,见表 5-2。可以明显看出,世界各大 PC 品牌企业在中国台湾均有较高代工比例,显示了中国台湾·OEM/ODM 厂商在整个生产网络中的关键作用。进入 21 世纪后,台湾 PC 制造业跨国公司作为全球 PC 生产网络的制造节点的重要性进一步强化,台湾 PC 制造业跨国公司的产量排名已领先全球,2007 年以来其笔记本电脑产量占全世界总产量的比重平均在 90% 以上,见表 5-3。

219

---

① Wei,Y.H.D.,Jian Li and Yuemin Ning, "Corporate Networks, Value Chains, and Spatial Organization:A Study of the Computer Industry in China", *Urban Geography*, Vol.31, No.8, 2010,pp.1118-1140.

表5-2 全球电脑品牌主导厂商委托台湾代工的比率及台湾 OEM 厂商

品牌主导厂商 （旗舰企业）	委外代工比率	台湾主要 OEM 厂商
惠普	90%	广达（Quanta） 仁宝（Compal） 纬创（Wistron） 英业达（Inventec）
戴尔	90%	广达（Quanta） 仁宝（Compal） 纬创（Wistron）
IBM	90%	广达（Quanta） 纬创（Wistron）
苹果	100%	广达（Quanta） 华硕（ASUS）
索尼	20%	广达（Quanta） 华硕（ASUS）
日电	80%	广达（Quanta） 华宇（Arima） 大众（FIC） 神通（Mitac）
富士通西门子	50%	广达（Quanta） 志合（Uniwill）
夏普	50%	广达（Quanta） 神通（Mitac） 伦飞（Twinhead）
东芝	15%	广达（Quanta） 仁宝（Compal） 英业达（Inventec）

资料来源：中国台湾"工研院"经资中心 ITIS 计划，http://www.itis.org.tw。

表5-3 2007—2011 年中国台湾笔记本电脑产量及全球占比

（单位：千台）

2007 年		2008 年		2009 年		2010 年		2011 年	
产量	占比	产量	占比	产量	占比	产量	占比	产量	占比
90165	92.8%	112383	92.4%	119476	95.3%	168920	92.8%	172757	89.4%

资料来源：中国台湾"工研院"经资中心 ITIS 计划，http://www.itis.org.tw。

（二）从产业链层级角度看，台资跨国公司处于全球 PC 生产网络的第二层级

从产业链层级角度看，全球 PC 制造业生产网络大致可以分为四个层级（tier），如图5-3所示。处于生产网络顶端的是旗舰企业（领导厂商），其拥有自有品牌和强大的产品概念设计能力，这些旗舰企业往往是整个行业创新的源泉，引领着 PC 行业的前

进方向。第二层级的原始设计制造商(ODM)和原始设备制造商(OEM)主要负责承接旗舰企业的设计创意,并利用自身的研发优势以及在制造领域的专业技能将这些概念设计付诸实践,也就是完成将创意实体化的过程。处于第三层级的企业根据其在产业价值链上的地位不同分为两类厂商:一类是核心供应商,他们主要向旗舰企业提供如硬盘、CPU、电子或液晶显示器、平板屏幕等关键部件,同时也向处于第二层级的 ODM/OEM 厂商提供关键零部件;另一类是直接向第二层级的 ODM/OEM 厂商提供零部件和整机组装服务的供应商,其零部件的技术标准完全由 ODM 厂商界定。第四层级及以下供应商是直接向第三层级供应商提供零部件

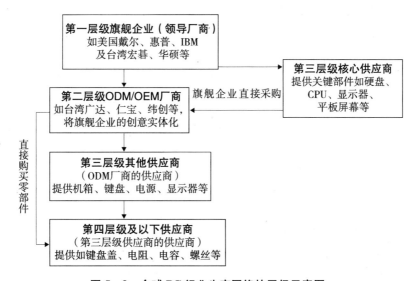

图 5－3　全球 PC 行业生产网络的层级示意图

资料来源:参考了 Yang Chun(2009) 图4①。

①　Yang, Chun, "Strategic Coupling of Regional Development in Global Production Networks: Redistribution of Taiwanese Personal Computer Investment from the Pearl River Delta to the Yangtze River Delta, China", *Regional Studies*, Vol. 43,No.3, 2009,pp.385－407.

的厂商。从图5-3中可以看出,虽然第一层级企业有部分零部件可以直接从核心供应商处购买,第二层级企业也会直接购买第四层级供应商的产品,但是从整体看,全球PC生产网络属于格里菲(2005)所提出的层级型(hierarchy)生产网络,而大多数台资PC制造业跨国公司处于全球PC生产网络第二层级。

（三）台资部分跨国公司处于全球PC行业价值链的中低端

从价值链功能分工角度看,全球PC行业价值链类似一个"金字塔"（杨春,2009）,位居最顶端的具有制定行业硬件和软件技术标准的价值链功能,主要由美国企业如英特尔（Intel）和微软公司担任,它们凭借技术垄断地位控制着整个价值链中利润的绝大部分。其次是品牌营销管理功能,其利润主要来源于品牌维护和营销渠道的创新,也是整个价值链中利润创造的核心环节。再次是核心零部件制造和研发环节,如美国超威半导体公司（AMD）①、美

222

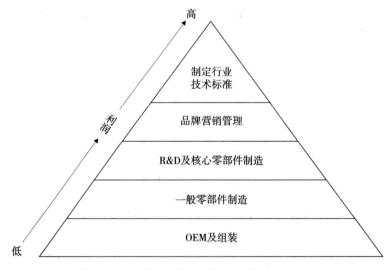

图5-4　全球PC行业价值链功能分工示意图

---

① 美国超威半导体公司（AMD）成立于1969年,总部位于加利福尼亚州桑尼维尔。AMD公司专门为计算机、通信和消费电子行业设计和制造各种创新的微处理器、闪存和低功率处理器解决方案。

国得州仪器公司（Texas Instruments）主要承担此功能，其利润主要来源于专业化生产核心零部件的规模效益。位居底端的是原始设备制造和组装功能，是价值链中利润创造相对较少环节，中国台湾部分跨国公司处于全球 PC 行业价值链的中低端，见图 5 - 4。

第二节　台资 PC 制造业跨国公司
在大陆的本地嵌入现状

根据本书第二章关于跨国公司本地嵌入的分类，我们将赞菲（Zanfei,2000）提出的跨国公司的"双网络"模型思想进行拓展，分别从内部网络和外部网络角度来考察台资 PC 制造业跨国公司在大陆的嵌入特征。根据研究需要，基于有无台湾种族联系纽带的划分标准①，本书将台资 PC 制造业跨国公司的内部生产网络定义为包含母公司与在大陆的子公司、分公司（附属公司）之间的公司内交易关系以及在大陆的子公司、分公司与在大陆的台资供应商之间的公司间交易关系，其中，前者主要通过股权控制形成，后者则建立在"关系邻近性"（social proximity）基础上；将台资 PC 制造业跨国公司的外部生产网络定义为包含母公司与旗舰企业、母公司与位居东亚新兴工业经济体的高层级供应商之间的公司间交易关系、母公司在大陆的子公司与来自美日欧的各级供应商在华子公司之间、母公

223

---

① 我们这样划分的依据是种族纽带（ethnic ties）或"台湾关系"在台湾电子业跨国公司的对外投资过程中起着基础性的作用。另根据 Sturgeon（2000）的研究，以台湾人为代表的华商生产网络是封闭的、易变的、是以关系或者说是以"关系邻近性"（social proximity）为媒介的，也就是说，经济交易关系是嵌入在长期的个人以及企业间的社会关系之中的。参见 Yang, Chun, "Strategic Coupling of Regional Development in Global Production Networks: Redistribution of Taiwanese Personal Computer Investment from the Pearl River Delta to the Yangtze River Delta, China", *Regional Studies*, Vol. 43, No.3, 2009, pp.385 - 407；以及 Sturgeon, Timothy J., " How Do We Define Value Chains and Production Networks", *IDS Bulletin*, Vol.32, 2001, pp.9 - 18。

司在大陆的子公司与大陆本地供应商之间的公司间交易关系。

综合杨悦曼和李晓建（2000），赞菲（2000）以及费尔普斯等（Phepls 等，2003）关于跨国公司本地嵌入指标的研究成果，并依据伍兹（1997）提出的衡量跨国公司生产网络本地嵌入的分析框架，我们选取跨国公司的所有权结构①，即商业参与者之间的股份占比，作为"信任机制"的表征指标；选取人员培训和 R&D 投资指标作为"高密度信息传递机制"的表征；选取零部件的本地采购程度指标作为"共同问题解决机制"的表征②，分别从三个层面来考察台资 PC 制造业跨国公司内部网络和外部网络在大陆的嵌入程度。进而根据伍兹（1997）的定义，通过衡量网络内部嵌入关系（embeddedness tie）和市场关系（arm-length tie）的组成比例来进一步衡量网络的嵌入程度，即如果网络内部大部分企业间关系为嵌入关系，则认为具有过度嵌入特征；如果大部分企业间关系为市场关系，则认为具有欠嵌入特征。

---

① 该表征指标的选取参考了 Yeung 和 Li（2000）和 Panteli（2005）。Panteli（2005）指出，"基于认同的信任"（IBT）是由于所有商业活动参与者相互理解、利益趋同而产生的信任，是最高层次的信任。根据上述分析，我们可以选取所有权结构，即商业参与者之间的股份占比，作为信任的表征。因为持股比例的大小标志着跨国公司对其子公司控制权的大小，控制权越大，信任程度越高。分别参见 Yeung, Yue-man and Xiaojian Li, "Transnational Corporations and Local Embeddiness Embeddedness: Company Case Studies from Shanghai, China", *Professional Geographer*, Vol. 52, No. 4, 2000, pp.624 - 635；以及 Panteli, Niki and Sockalingam, Siva, "Trust and Conflict within Virtual Inter-Organizational Alliances: A Framework for Facilitating Knowledge Sharing", *Decision Support Systems*, Vol. 39, 2005, pp.599 - 617。

② 关于高密度信息传递和共同问题解决机制表征指标的选取参考了 Phepls 等（2003）及 Yeung 和 Li（2000）。分别参见 Phelps, N.A., Mackinnon, D., Stone, I. and Braidford, P., "Embedding the Multinationals? Institutions and the Development of Overseas Manufacturing Affiliates in Wales and North East England", *Regional Studies*, Vol.37, No.1, 2003, pp.27 - 40；以及 Yeung, Yue-man and Xiaojian Li, "Transnational Corporations and Local Embeddedness: Company Case Studies from Shanghai, China", *Professional Geographer*, Vol.52, No.4, 2000, pp.624 - 635。

一、台资PC制造业跨国公司内部网络在大陆的本地嵌入特征

从微观层面看,在大陆的台资PC制造业跨国公司的内部生产网络中的交易关系主要表现为"嵌入"联系,即同时满足伍兹(1997)所定义的嵌入关系的三个构成要素。

(一)具有坚实的信任基础

根据杨悦曼和李晓建(2000)和潘特立(Panteli,2005)的研究,所有权结构,即商业参与者之间的股份占比,是良好的"信任机制"衡量指标,持股比例的大小标志着公司控制权的大小,基于控制权的不同,将产生不同程度的信任,如果跨国公司母公司对投资地企业而言是重要的股东,甚至是唯一股东,那么由于股权联系,两个公司成为利益共同体从而会产生"基于认同的信任"。

表5-4 台湾电脑及外设设备制造业上市公司在大陆的经营形态

	合资	独资	合计	独资比重
电脑制造业	0	278	379	73.35%
显示器以及终端机制造业	0	10	10	100%
其他电脑周边设备制造业	0	104	129	80.62%
资料存储媒体制造业	0	54	75	72%

资料来源:根据中国台湾"经济部"投资审议委员会报告——《上市公司赴大陆投资事业名录(1991—2009)》整理。

225

结合本书第二章的理论分析,从"信任机制"层面来考察台资PC制造业跨国公司内部生产网络的嵌入特征,我们将从两个方面加以说明:首先,以台资PC制造业跨国公司在大陆子公司所有权结构作为信任的表征指标,从在大陆台资PC制造企业的经营形态来看,其内部生产网络存在坚实的信任基础。表5-4统计了台资PC制造企业的经营形态,可以看出,大陆绝大部分台资企业都

采取了独资的经营模式。我们进一步以位居全球 PC 制造业生产网络第二层级的台湾主要 ODM/OEM 厂商为例,考察其在大陆直接投资的经营形态,发现它们在大陆的直接投资几乎全都采取100%的独资的经营模式,见表5-5。台资 PC 制造业内部生产网络中的信任产生于控制力,即完全的控制使得上层级公司没有必要担心下层级公司会违背自己的意志进行市场活动,而实际上,下层级公司也没有能力对上层级公司造成危害,这种基于绝对控制力的信任,是不言自明的。另外,独资同样意味着双方利益的趋同,也就是说母公司、子公司和附属公司是一个利益共同体,损害一方的利益实际上也会影响自身利益,这样的约束机制同样使得内部网络有着坚实的信任基础。

表5-5　台湾 PC 制造业最主要的 ODM/OEM
厂商在大陆子公司所有权结构

厂商名称	电脑制造相关子公司总数	独资子公司数	独资占比
广达(QUANTA)	7	7	100%
纬创(WISTRON)	15	12	80%
仁宝(COMPAL)	8	8	100%
英业达(INVENTEC)	11	11	100%
鸿海(FOXCONN)	19	18	95%
精英(ECS)	10	10	100%
神通(MITAC)	8	8	100%
大同(TATUNG)	0	0	—
伦飞(TWINHEAD)	1	1	100%
神基(GETAC)	7	7	100%
华宇(ARIMA)	4	4	100%
宏碁(ACER)	9	9	100%
华硕(ASUS)	6	6	100%
蓝天(CLEVO)	6	6	100%

资料来源:笔者根据各公司年报整理,年报来源于 http://mops.tes.com.tw。

其次,个人信任关系在大陆台资企业之间的交易之中起着决定作用。Yang 和 Liao(2009)通过对东莞台资 PC 制造商的调研发现,大陆台资电子企业间的供应商—客户关系主要建立在个人信任基础之上,他们在交易之前甚至不必签订正式的合同。

(二)存在显著的高密度信息传递

依据费尔普斯等(2003)的研究,本书选取培训和 R&D 程度作为"高密度信息传递机制"的表征,因为其本身就是一种信息传递,其特性决定了交换信息的高密度性。以培训和 R&D 作为维系网络节点信息关系的手段,可以在很大程度上准确度量高密度信息传递。

首先,台资 PC 跨国公司内部网络中存在详细的总结培训安排,见表 5-6。表 5-6 显示,主要台资 PC 跨国公司对员工培训均有详细安排,所有跨国公司员工(包括大陆子公司员工)培训均有专业教材和课程,其内容根据受训员工层级不同,主要包括:企

表 5-6　主要台资 PC 跨国公司之内部培训安排

类型	厂商名称	拥有专业培训课程和教材	拥有自建职工大学	拥有在线自主学习系统
OEM	广达(QUANTA)	★	★	★
	纬创(WISTRON)	★		★
	仁宝(COMPAL)	★		★
	英业达(INVENTEC)	★	★	★
	精英(ECS)	★		
	神达(MITAC)	★		
	伦飞(TWINHEAD)	★		
	神基(GETAC)	★		
	华宇(ARIMA)	★		
	富士康(FOXCONN)	★		
ODM	宏碁(ACER)	★	★	★
	华硕(ASUS)	★		★

注:表中"★"表示存在该项培训安排。
资料来源:根据各公司年报整理,年报来源于 http://mops.tes.com.tw。

业日常行为规范、公司愿景和企业价值、生产环节工艺流程、企业管理制度与方法、研发制度与研发资源的获取方法等。部分企业拥有在线自主学习系统(e-learning),员工可以在空余时间通过在线方式进行学习和进修。广达、英业达和宏碁三家公司拥有自建职工大学,不仅可以更加系统地对员工进行培训,这些自建大学也在一定程度上成为公司的科技孵化器。

其次,不论是在大陆的台资子公司与子公司之间,还是在大陆的台资子公司与其他台资供应商之间存在密集而频繁的一般性R&D[①]行为。以武汉富士康与其主要零部件供应商的技术信息传递为例,笔者通过调研发现,其显卡供应商富士康深圳龙华工厂,主板供应商华硕在苏州的工厂,机箱电源(power supply unit)供应商如康舒电子(深圳)、台达电子(东莞)等在新产品开发出来之后,会邀请富士康 R&D 部门的专家参观其工厂或是直接将新产品送交富士康 R&D 部门进行质量测试,甚至不定期举行小型研讨会,富士康 R&D 部门的专家则会提出相应的改进意见。台资母公司技术人员也会经常根据子公司生产需要,派技术人员赴一线对操作员工或企业管理者进行技术培训。此外,在大陆的台资ODM/OEM 厂商(如零部件供应商台达电子与最终产品组装厂商富士康)之间的 R&D 战略联盟强化了他们之间的技术交流与合作。台资 PC 跨国公司质量控制中的"认可清单"做法也直接为在大陆台资企业之间的技术交流提供了另一渠道。[②]

(三)存在完善的共同问题解决安排

依据杨悦曼和李晓建(2000)以及费尔普斯等(2003)的研究,零组件供应来源作为后向联系的一个重要组成部分,衡量了在面

---

① 一般性 R&D 指不涉及核心技术领域的一般性生产技术的研发。

② Yang, Chun and Haifeng Liao, "Backward Linkages of Cross-Border Production Networks of Taiwanese PC Investment in the Pearl River Delta", *Journal of Economic and Social Geography*, Vol. 101, No. 2, 2009, pp.199 – 217.

对共同的生产问题上，跨国公司生产网络节点之间关于供应环节的解决机制。为了应对全球 PC 产业下游需求的不断变化，母公司会对在大陆的子公司乃至附属公司的零部件采购来源加以严格控制，以确保跨国公司"即时供应"(JIT)生产模式顺利进行。也就是说，严格的零部件采购来源控制是在大陆的台湾 PC 制造业跨国公司内部生产网络中的企业间共同问题解决安排中最为重要的组成部分。

　　首先，从零部件采购对象来看，位居全球 PC 生产网络第二层级的台湾 ODM/OEM 厂商对大陆的供应商选择有明显的取向性。表 5－7 总结了全球 PC 生产网络第二层级的台湾 ODM/OEM 企业在大陆的主要供应商，除 TSST、HLDS、三洋、索尼、LG、三星几家日资或韩资企业之外，其他供应商均为台湾 ODM/OEM 企业在大陆设立的子公司或者台湾其他 PC 外部设备制造企业在大陆设立的子公司。大陆台湾笔记本电脑厂商的零部件采购来源更是体现了第二层级的台湾 ODM/OEM 企业对大陆本土企业的歧视性。不仅如此，台湾PCODM/OEM制造厂商的原材料采购实行"供应

229

表 5－7　大陆台湾 PC 制造企业的主要供应商

零部件	供应商	零部件	供应商
金属外壳及构件	鸿海（富士康）、华孚、可成	电源适配器	光宝、台达、力信
光驱	光明、飞利浦、TSST、HLDS	键盘	精元、达方、群光、新巨
显示屏	友达、奇美、华映、彩晶	散热器	鸿准、业强、超众、奇铉、双鸿
电池	顺达、三洋、索尼、LG、三星	印刷电路	健鼎、雅新、金像电、华通、欣兴
塑料外壳及构件	鸿海（富士康）、宏易、均豪	主板芯片	SIS、VIA

资料来源：水木清华研究中心：《2006 年中国笔记本电脑产业研究报告》, http://www.pday. com.cn。

商认证制度"，即只有通过其检验合格的供应商才有资质被纳入第二层级厂商的供应商名单(approve list , AVL) ，没有进入供应商名单的供应商根本没有资格向第二层级厂商提供任何产品。

其次，从台资 PC 制造业跨国公司零部件的内部供货比率①来看，位居全球 PC 制造业生产网络第二层级的台湾 ODM/OEM 厂商的零部件供给具有明显的"自给自足"特点。选取台湾最重要

表 5 - 8 中国台湾 PC 制造业 ODM/OEM 厂商的内部供货率

厂商名称	2005 年	2006 年	2007 年	2008 年	2009 年	2010 年	平均
广达(QUANTA)	90.26%	86.74%	89.35%	80.24%	88.98%	80.81%	86.06%
纬创(WISTRON)	70.53%	77.63%	77.74%	74.46%	84.53%	82.26%	77.86%
仁宝(COMPAL)	38.40%	32.20%	28.00%	35.20%	29.00%	26.20%	31.50%
英业达(INVENTEC)	85.36%	92.00%	79.00%	84.00%	82.00%	79.00%	83.56%
精英(ECS)	90.19%	56.46%	65.04%	78.43%	52.00%	46.76%	64.81%
鸿海(FOXCONN)	20.00%	17.00%	25.00%	36.00%	55.00%	61.00%	36.00%
神达(MITAC)	52.00%	63.00%	66.00%	37.00%	23.00%	24.00%	44.17%
伦飞(TWINHEAD)	44.00%	34.00%	72.00%	73.00%	60.00%	49.00%	55.33%
神基(GETAC)	33.00%	37.00%	46.00%	55.00%	58.00%	51.00%	46.67%
华宇(ARIMA)	98.00%	96.00%	—	—	—	—	97.00%
宏碁(ACER)	23.00%	10.21%	8.00%	9.00%	9.00%	7.00%	11.04%
华硕(ASUS)	14.16%	5.36%	3.36%	39.00%	62.00%	49.00%	28.81%

注:内部供货率数据来源于各家企业年报中"关系企业运营概况"中的关系企业零组件进货统计表。其中关系企业系指三类企业:母公司的全资子公司、按照权益法投资之企业(有控股权的合资子公司)和该公司主要领导者为母公司大股东。"—"表示数据无法获得。华宇于 2007 年进行了公司改制，重组了原有生产布局，调整之后不再存在关系交易对象。

资料来源:笔者根据各公司年报整理，年报来源于 http://mops.tes.com.tw。

---

① 内部供货率是指母公司从子公司及关联公司购买零部件的数量占该年度全部采购零部件数量的比率。

的 12 家 ODM/OEM 厂商为样本①，笔者统计了他们的内部供货比率(见表 5-8)。由表 5-8 可知，在 12 家企业中，内部供货比率平均在 50% 以上的有 6 家，内部供货比率平均接近 50% 的有 3 家，其中，华宇、广达、英业达等企业的内部供货比率平均都在 85% 以上。ODM 厂商如宏碁和华硕的内部供货率较低，可能的原因是它们都拥有自主品牌，并不主营代工业务。由此可见，台资 PC 制造业 ODM/OEM 厂商的大部分零组件来源于内部网络，即来源于与这些企业具有股权联系的大陆全资子公司、合资子公司及关联企业。总之，作为台资 PC 制造业生产网络中的企业间共同问题解决安排的组成部分，严格的零部件采购来源控制作为供货质量、满足弹性供给的重要保障。

综合以上分析，可以认为大陆台资 PC 制造业跨国公司内部生产网络具有很强的本地嵌入性，无论是网络的第一层次(台湾 ODM/OEM 母公司与其在大陆的子公司之间)还是网络的第二层次(台湾 ODM/OEM 母公司在大陆的子公司与大陆的其他台资供应商)企业间关系，均属于嵌入关系，符合伍兹(Uzzi,1997)所定义的"过度嵌入型"生产网络的内涵。

二、台资 PC 制造业跨国公司外部网络在大陆的本地嵌入特征

(一)台资 ODM/OEM 厂商对其高层级供应商与大陆本地供应商的信任度迥异

台资 PC 制造业跨国公司(ODM/OEM 厂商)的外部网络包含台湾 ODM/OEM 母公司与位居美日的品牌主导厂商之间的公司

231

———————

①　这 12 家公司几乎垄断了全台湾的 PC 制造代工，而台湾代工又占据了全球 PC 制造代工 90% 以上。2011 年前五大代工厂商为广达、仁宝、纬创、和硕和英业达，这五大代工厂商 2011 年的笔记本供货数量占全球比重达 78.5%，参见陈彦合：《2011 年全球前三大之产业——笔记型电脑》，《台湾"经济部"ITIS 计划》2012 年第 6 期。

间关系、台湾 ODM/OEM 母公司与提供核心零部件的高层级供应商之间的公司间关系及其在大陆的子公司与大陆本地供应商之间的公司间关系。首先,由前面的分析可知,台湾 PC 制造业 ODM/OEM 厂商的母公司与来自美国、日本的品牌主导厂商之间的交易关系是一种严格的层级制纵向约束关系,信任是价值治理的核心。其次,在台湾 PC 制造业 ODM/OEM 厂商的母公司与提供核心零部件的高层级供应商之间存在着"购买者驱动"型的信任基础。高层级供应商主要是美国 PC 跨国公司如 Intel、AMD 等在东南亚的子公司,他们是大陆台资子公司的核心部件 CPU 供应商,也是台湾 PC 业跨国公司的下游购买者指定的供应商,因此他们之间存在着"购买者驱动"型的信任基础。最后,台湾 ODM/OEM 厂商及其在大陆的子公司对于大陆本地供应商的信任十分有限。由于本地供应商对质量的理解与台资企业存在较大差异,台资企业往往不信任大陆供应商的产品。杨春和廖海峰(2009)的研究指出,62.5%有过雇用本地供应商经验的受访台资企业经理认为,尽管本地供应商的组件价格很低,但是它们的质量通常不可靠,这些企业对于质量的态度也总是被台资企业质疑。受访者表示他们一般只会考虑台湾供应商,这种问题出现的关键原因是对质量的态度认识不一致。杨云凯(Yang, Yun Kai, 2006)亦提出,低劣的质量是为什么台资公司不愿意使用大陆本地供应商提供的 PC 零部件的主要原因,一旦使用了大陆 PC 零部件,台资公司将面临严重的质量风险。

(二)台资 ODM/OEM 厂商同大陆本地供应商之间的技术信息传递很少

台湾 ODM/OEM 厂商同其高层级供应商的技术信息传递与其同大陆本地供应商的技术信息传递存在本质差别,台湾 ODM/OEM 厂商同其高层级供应商之间由于"购买者驱动"价值链联系存在良好的技术信息沟通与交流,台湾 PC 制造商总是能够及时从高层级供应商那里获得最新机器、集成电路以及质量认证等前沿信息。但台湾 ODM/OEM 厂商同大陆本地供应商之间由于缺乏信任几乎完全不存在技术信息传递。研究表明，PC 制造的大部分高端 R&D 活动仍保留在台湾总部，在新产品投入批量生产之前，母公司的 R&D 部门与质量认证部门会事先进行交流，然后才将生产信息传递给大陆子公司，大陆子公司据此进行生产。但大陆本地供应商由于技术差距等原因难以融入台资生产网络，在二者之间几乎不存在关于新产品认证、研发等技术信息的传递和交流，大陆本地供应商几乎完全被隔绝在台资生产网络中的技术信息传递体系之外。

（三）台资 ODM/OEM 厂商同大陆本地供应商之间未形成共同问题解决安排

如前所述，由于信任的缺乏、产品质量无法满足要求，大陆大部分本地供应商无法被纳入供应商准入名单，因而共同问题解决机制几乎是缺失的。仍以 PC 零部件本地提供程度作为共同问题解决机制的表征，我们发现在大陆的台湾 PC 制造厂商的零部件本地采购比率不仅较低，而且几乎全部来自在大陆的台湾供应商，从大陆本地供应商那里采购率几乎全为零。① 从表 5 - 9 可以看出，在 PC 的核心组件 CPU、芯片组和硬盘驱动器方面，大陆台资子公司基本上全部是从中国大陆以外的第三方采购，即便是在较为一般 PC 零部件（如电源适配器、散热风扇等）的本地采购方面，大陆本地供应商也几乎完全被排斥在外。由此可见，台湾 PC 制造业跨国公司外部网络中的第二个层次（台湾 ODM/OEM 厂商在大陆的子公司同大陆本地供应商）的交易关系主要表现为伍兹（1997）所定义的"市场关系"。

233

---

① 近年来，大陆本土企业在大陆台湾 PC 制造厂商的零部件本地采购中的份额有所上升，但大陆本土企业只能提供诸如包装纸箱、显示器贴膜、鼠标、外设键盘、电子元器件等低附加值的最低端零部件。

表 5-9　大陆台湾 PC 制造厂商的零部件本地采购情况

零部件名称	零部件生产地点					
	台湾		中国大陆			其他
	台湾厂商	第三方厂商	大陆台商	本地厂商	第三方厂商	
中央处理器(CPU)	0	2%	0	0	0	98%
显示器	30%	0	15%	0	55%	0
硬盘驱动器	0	0	0	0	0	100%
机箱	30%	0	30%	0	10%	30%
CD/DVD ROM	10%	0	10%	0	80%	0
芯片组	25%	0	0	0	0	75%
电源适配器	0	0	70%	0	10%	20%
散热风扇	20%	0	20%	0	0	60%
扬声器	10%	0	10%	0	80%	0
麦克风	0	80%	0	0	20%	0

注:台湾厂商指台湾岛内零部件供应商,大陆台商指台湾母公司在大陆建立的子公司,其他
　　厂商指美国、欧洲和日本等世界各地的供应商。
资料来源:根据 Yang Yunkai(2009)表 6 整理。①

　　综上所述,可以将台资 PC 制造业跨国公司生产网络本地嵌入的结构特征归结如下:一方面,在以台湾种族联系为纽带的内部生产网络中,企业主体间的关系主要表现为嵌入关系,表现出伍兹(1997)所定义的过度嵌入特征,见图 5-5;另一方面,在台资 PC 制造业 ODM/OEM 厂商外部生产网络中,由于在全球 PC 产业价值链上的分工地位悬殊,台湾 PC 制造业 ODM/OEM 厂商的母公司与来自美国、日本的品牌主导厂商之间的关系、台湾 PC 制造业 ODM/OEM 厂商的母公司与提供核心零部件的高层级供应商之间的关系符合伍兹(1997)所定义的嵌入关系条件,即主要表现为纯

---

　　① Yang, Yunkai, "The Taiwanese Notebook Computer Production Network in China: Implication for Upgrading of the Chinese Electronics Industry", Personal Computing Industry Center, University of California, 2009.

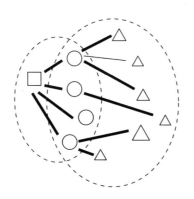

□ 台资母公司　○ 台资子公司　△ 大陆台资供应商

——— 嵌入关系　——— 市场关系

图 5-5　台湾 PC 业跨国公司内部生产网络(过度嵌入)特征

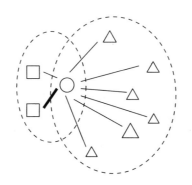

□ 高层级供应商　○ 台湾PC跨国公司　△ 大陆本土企业

——— 嵌入关系　——— 市场关系

图 5-6　台湾 PC 业跨国公司外部生产网络(欠嵌入)特征

粹的嵌入关系,但是台湾 ODM/OEM 厂商及其在大陆的子公司与
大陆本土供应商之间的交易关系则主要表现为纯粹的市场关系,
表现出伍兹(1997)所定义的欠嵌入特征,见图 5-6①。内部网络

---

① 　根据前面的分析可知,台湾 PC 制造业 ODM/OEM 厂商外部生产网络应包括
三个层次,为了分析的需要,这里只描绘了两个层次,以便结合 Uzzi(1997)的理论判
断其嵌入程度。

的过度嵌入与外部网络的欠嵌入这一非均衡特征共同决定了大陆台资 PC 制造业生产网络的封闭性和排他性,换言之,在大陆则表现为台湾 PC 制造业 ODM/OEM 厂商子公司与子公司之间、子公司与台资供应商之间的密切的前后向产业联系(供应商—客户关系),虽然本地嵌入程度很高,但其本质上是一种"伪本地化"(psuedo localisation)。

第三节　台资 PC 制造业跨国公司本地嵌入与大陆的分工效应

一、台资 PC 制造业跨国公司本地嵌入与知识转移效应

（一）本地嵌入对知识转移对象的影响

从知识转移的对象看,大陆台资 PC 制造业跨国公司生产网络的封闭性和排他性决定了大陆本土企业很难从全球 PC 生产网络中的第二层级企业——台湾 ODM/OEM 厂商那里获得知识转移效应。首先,台湾 ODM/OEM 厂商在大陆的子公司几乎都是独资所有制形式,本土企业通过合资渠道学习显隐性知识的渠道是缺失的(杨云凯,2006)。其次,台湾 ODM/OEM 厂商所需的零部件完全可以从内部生产网络中获得,没有必要花费时间和精力与大陆厂商进行谈判,建立信任关系,更不会主动向其提供生产设备。再次,ODM/OEM 只会将代工任务分配给其在大陆的子公司,不会考虑不在供货商准入名单之上的大陆本土企业。主要原因是:

第一,台资 PC 制造业 ODM/OEM 厂商对大陆本土供应商的产品质量不信任。Yang 和 Liao(2009)指出,62.5%有过雇用本地供应商经验的台资企业经理认为尽管本地供应商的组件价格很

低,但是它们的质量通常不可靠,并且这些企业对于质量的态度也总是被台企质疑。

第二,除去产品质量的原因,与外部供应商烦琐的商务谈判过程,对于追求及时供应的 PC 产业链来说,也是不能承受的成本。为了和外部供应商达成协议,台资企业需要很长时间与谈判对手相互了解,并在相关合作细节上不断磋商,而旗舰企业赋予其的生产时间则短至几天,最长不过半年,将这些宝贵的生产时间花费在与外部供应商的谈判中,无疑是得不偿失。与此相较,内部供应商只需要上层级企业一个口头协议,就可以开始生产,根本不需要正式的合同,这样的便利性和灵活性是大陆外部供应商根本不具备的。

第三,大陆本地供应商规模小,承担风险能力差,也是外部网络稀疏的一个重要原因。在前面的叙述中可以发现,作为台资 PC 供应商,需要承担前置时间(lead time)①的压力,也就是承担存货压力,这意味着供应商需要具有相当的财务承载力和风险承担力,否则无法融入该生产网络。但反观大陆本土供应商,基本上没有大中型企业的存在,绝大多数是小微企业,这样的企业规模缺乏相当的财务和融资能力,自然不能成为台资企业选择的对象。

第四,台资 PC 制造业 ODM/OEM 厂商具有特定的企业文化,台商倾向于和大陆台商打交道,而不愿与大陆商人进行往来,这样的文化封闭性,也在一定程度上阻碍了外部生产网络中的知识转移。

(二)本地嵌入对知识转移途径的影响

从知识转移的途径看,台资 PC 制造业跨国公司内部网络中各交易主体间的共同问题解决安排是知识转移的主要途径。台湾

---

① 所谓前置时间,即在接到订单之前,就通过信息交换与预测,提前开始一部分生产环节,以争取更多生产时间的运营方式。

237

PC 制造业跨国公司的主要竞争力在于其高效率和弹性专精,这种竞争力所依赖的是两大生产运营系统,即认证和质保系统及供应和存货系统,而这些系统的正常运转,正是台湾 PC 制造业跨国公司内部网络中各交易主体间的共同问题解决安排,同时也是内部网络中上下游企业间知识转移(尤其是显性知识转移)的最主要途径。因为在内部网络中各坚实的信任基础保证了高层级企业对低层级企业知识转移的意愿,使得在一般性生产知识领域,知识可以毫无阻碍地进行转移。在此前提下,蕴含在认证与质保以及供应与存货两大系统之中的共同问题解决安排,即 AVL 管理、供应商质量保证(vendor quality assurance,VQA)、供应商保有存货安排(supplier owned inventory,SOI)则是知识转移的主要途径或渠道。

第一,认证和质保系统中的认证制度本身就是一种知识转移的途径。如前所述,大陆供应商如果希望成为台湾 ODM/OEM 厂商的零部件提供商,需要通过其认证,只有通过认证的企业才能被纳入供货商名单当中,成为台湾 PC 制造业 ODM/OEM 厂商生产网络中的一员。认证制度本身就是一种知识转移的途径,因为台湾 PC 制造业 ODM/OEM 厂商对零部件的质量要求蕴含着大量与 PC 生产相关的显性知识和隐性知识,其中显性知识主要包括产品的技术参数、规格、形态与功能要求,而隐性知识则主要涉及企业对 PC 生产运营的管理、对于与其他合作伙伴关系的维系、企业员工的精神与理念、企业领导者的管理风格等无法明示的知识。通过台资企业事前对候选企业的要求,以及候选企业事后的学习与改进,与 PC 生产相关的大量知识就在该环节完成了转移,在认证过程结束之后,ODM/OEM 厂商往往会派专家到厂进行评估结果的反馈,而不论候选企业最终是否能进入 AVL,在此环节转移的知识,将会成为候选企业的利得。

第二,认证和质保系统中的供货商质量保证制度实际上是将内部生产网络中的知识转移常态化的过程。在顺利成为 AVL 认证供应商之后,台湾 PC 制造业 ODM/OEM 厂商对于大陆供应商的管理就由认证环节变换到质保环节,也即施行供应商质量保证。这个制度的主要内容是,定期或不定期地对供货商提供的零组件进行实地检查,在出厂之前就保证零组件的质量合格,而不是在组装环节结束之后再进行质量检验。这一制度从源头上保证了台湾代工 PC 产品的质量,但是同时增大了大陆供应商的质量压力。如果 ODM/OEM 厂商发现大陆供应商提供的零组件不符合质量要求,不仅会拒收该批次产品,还会向该供应商索赔巨额款项作为惩罚。这对于那些处于低利润运营状态的一般大陆供应商来说,是不能承受的财务冲击,所以大陆供应商会认真按照 ODM/OEM 厂商的要求组织生产和检验,减少残次品的产生几率。在 VQA 制度的施行过程中,台湾 PC 制造业 ODM/OEM 厂商会通过各种办法指导大陆供应商的生产,向其转移各种需要的显隐性知识,以帮助其完成自身的生产任务,同时改进生产环节,并提高生产效能。因此,VQA 制度实际上是将内部生产网络中的知识转移常态化的制度。

　　第三,供应和存货系统中的 SOI 制度本质上为各层级厂商之间的知识转移提供了一种制度安排。台湾 PC 制造业 ODM/OEM 厂商在接受旗舰企业的订单之后,往往要在短则几天,长则半年的时间内完成合同规定的产品生产,这需要其拥有实时供应(JIT)能力,为了保证在如此短暂的时间内完成生产任务,台湾 ODM/OEM 厂商会要求大陆的低层级供应商保有存货(或买方零库存,SOI),即低层级供应商需要提前根据 ODM/OEM 的市场动向,事先开始进货,并承担一定量的存货压力,在 ODM/OEM 厂商分配给供应商相应的产品订单之后,迅速利用已有存货完成生产过程。换言之,大陆的低层级供应商必须留有一定的前置时间,确保一定库存,而在此期间,台湾 ODM/OEM 厂商作为买方,不承担任何库存成本。表面上看,SOI 制度是在现今 PC 制造业竞争激烈的背景

239

下,ODM/OEM厂商利用自身价值链控制地位,对供应商的一种风险转移与控制,但是从知识转移的角度看,SOI制度的运行需要在台湾ODM/OEM厂商与大陆的低层级供应商之间有大量密集的显隐性知识交流与信息交流前提下方能实现。由于供应商在前置时间内需要承担大量的存货成本,而一旦出现预测错误——存货与ODM/OEM厂商的需求不匹配,或者数量不足以完成生产任务,供应商将失去订单,从而遭受重大损失,甚至因此被逐出AVL。故大陆低层级供应商对于台湾ODM/OEM厂商市场动向的预测需要严格的准确性,而ODM/OEM厂商也同样不愿意看到供应商出现错误的存货预测,因为这也将直接影响其与旗舰企业的交易,所以台湾ODM/OEM厂商必然会不断向大陆供应商汇报自身的市场动向、当前PC行业发展的前沿信息等显性知识,以及如何通过技术手段管理库存和预测进货的隐性知识。在这种显隐性知识的转移过程中,只有知识和信息充分地在各层级厂商之间交换,SOI制度才能顺利的运行,否则整条产业链将面临极大的风险。

我们可以将以上台湾PC制造业跨国公司内部网络中的显隐性知识转移途径总结为图5-7。可以清楚地发现,内部网络中AVL、VQA、SOI三种共同问题解决安排构成了ODM/OEM厂商向大陆的低层级供应商知识转移的主要途径,即通过AVL、VQA制度,台湾ODM/OEM厂商向大陆的低层级供应商直接和间接地转移了有关PC产品的技术参数、规格等显性知识以及PC生产管理的隐性知识,大陆的低层级供应商基于SOI制度对市场需求的预测,在很大程度上从ODM/OEM厂商那里获得了有关当前PC行业发展动态的显性知识以及库存管理的隐性知识。

(三)本地嵌入对知识转移形态的影响

第一,从知识转移的形态看,大陆的台湾PC制造业跨国公司内部网络本地嵌入的结构特点决定了即便在内部网络中也缺乏核

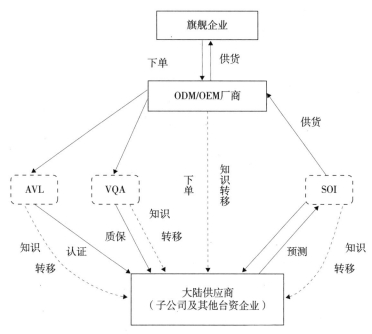

图 5-7 台湾 PC 制造业跨国公司内部网络中的知识转移途径

心技术的转移。由前面的分析可知,由于大陆的台湾 PC 制造业跨国公司内部呈现过度嵌入的特征,表明它只是全球 PC 生产网络向大陆的延伸,或者说是整个生产网络的重新布局(relocation),并不能改变中国大陆在该价值链条上的分工地位,即台湾 OEM/ODM 厂商在大陆的子公司以及其他台资供应商大多只负责 OEM 代工及组装、低端零部件的供给,主要研发功能仍然保留在台湾(见图 5-8)。因此,主要 OEM/ODM 厂商只需通过上述 AVL、VQA、SOI 三种共同问题解决安排向大陆子公司以及其他台资供应商进行知识转移即可保证生产制造这一价值链功能的实现,因而基本不存在对大陆子公司以及其他台资供应商转移核心技术的根本动力。

第二,深层信任缺失对内部网络中核心技术的转移造成了阻碍。在台湾 PC 制造业跨国公司内部网络中,一般性生产知识的

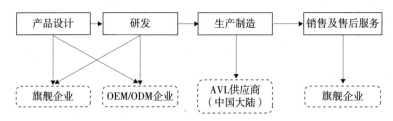

图 5 - 8　全球 PC 产业价值链与中国大陆的分工

注:AVL 供应商是指通过台湾 PC 企业"供应商认证制度"的进入供应商名单的供应商。
资料来源:笔者整理。

转移是频繁和高效的,其原因是坚实的信任基础和完善的共同问题解决机制,但这种坚实的信任基础主要存在于一般性生产知识的转移,而在涉及核心技术领域,内部生产网络中的母公司(ODM/OEM 厂商)与大陆子公司之间几乎不存在"嵌入关系"理论上预期的信任基础。台湾之所以能够占领产业价值链的第二层级(OEM/ODM 企业主要负责研发和生产制造环节),主要依靠的就是在大量实践中总结积累的 PC 制造技术和经验,而在基础设施配套、市场规模、资源禀赋和劳动力保有量上,都不能和大陆相比,所以技术成为台湾制胜的唯一砝码。鉴于大陆近年来在科技上的学习能力不断增强,其必然担心自己的技术被大陆模仿和再创新,从而失去领先地位。所以基于信任缺失而导致的对核心技术的转移意愿较低且保护意识较高,在一定程度上抑制了核心技术转移。我们以专利所有权的授予和转让衡量 ODM/OEM 厂商的核心技术转移,见表 5 - 10。表 5 - 10 统计了台湾主要 OEM/ODM 厂商拥有的专利数量和专利异动情况,异动主要指专利所有权的授予和转让。台湾 PC 企业的专利异动数量或多或少,但是究其授予和转让对象,几乎全部是岛内企业,只有华硕一家企业在大陆有一笔专利转让交易,交易对象为永硕联合国际股份有限公司,是其在苏州工业园区成立的子公司,而其他第二层级 OEM/

ODM 企业没有一笔与大陆公司的技术专利转让交易,其对核心技术的控制与保留可见一斑。

表 5-10　台湾 PC 制造业 ODM/OEM 厂商技术专利授予与转让情况

厂商名称	专利 拥有量	专利 授予与转让量	授予与转让 比率	授予与转让 至大陆公司
广达(QUANTA)	1571	3	0.19%	0
纬创(WISTRON)	1760	320	18.18%	0
仁宝(COMPAL)	837	1	0.12%	0
英业达(INVENTEC)	7256	0	0	0
鸿海(FOXCONN)	2716	0	0	0
精英(ECS)	257	69	26.85%	0
神通(MITAC)	3157	32	1.01%	0
伦飞(TWINHEAD)	133	1	0.75%	0
神基(GETAC)	767	47	6,13%	0
华宇(ARIMA)	101	6	5.94%	0
宏碁(ACER)	1605	317	19.75%	0
华硕(ASUS)	2724	8	0.29%	1

资料来源:根据中国台湾"经济部"智慧财产局专利资讯检索实时更新信息系统整理,
http://twpat.tipo.gov.tw。

（四）本地嵌入对知识转移效果的影响

　　笔者总结了截至 2012 年台湾最大的 12 家 PC 制造业 ODM/OEM 厂商的大陆子公司拥有的专利数量,见表 5-11。从表 5-11 可知,各台资企业在华本地 R&D 情况参差不齐,鸿海(富士康)、英业达等厂商的大陆子公司无论在拥有专利的企业数量还是拥有专利的绝对数量上,都领先于其他企业。但从整体上看,台湾最大的 12 家 PC 制造业 ODM/OEM 厂商中,有 5 家企业在华子公司拥有专利的数量为零,表明 ODM/OEM 厂商在大陆子公司R&D 能力普遍较差,反过来证明了即便在 PC 制造业跨国公司内部网络中知识转移的效果也是不十分显著的。

表5-11　台湾PC制造业ODM/OEM厂商在大陆子公司拥有专利情况

类型	厂商名称	电脑制造相关子公司总数	其中拥有专利之子公司数	子公司专利拥有量	母公司专利拥有量
OEM	广达(QUANTA)	7	1	5	1571
	纬创(WISTRON)	15	0	0	1760
	仁宝(COMPAL)	8	0	0	837
	英业达(INVENTEC)	11	6	259	7256
	精英(ECS)	10	1	1	257
	神达(MITAC)	8	6	466	3157
	伦飞(TWINHEAD)	1	0	0	133
	神基(GETAC)	7	4	388	767
	华宇(ARIMA)	4	0	0	101
	鸿海(FOXCONN)	19	3	82	2176
ODM	宏碁(ACER)	6	0	0	1605
	华硕(ASUS)	9	2	6	2724

资料来源:中华人民共和国国家知识产权局,http://www.sipo.gov.cn。

二、台资PC制造业跨国公司本地嵌入与产业升级效应

（一）本地嵌入对产业升级的促进作用

根据前面的阐述,跨国公司本地嵌入所导致的东道国产业升级效应主要体现为微观企业层面的功能升级,进而体现为东道国产业间升级或产业内升级。而这种升级效应的发生又主要依赖于制造业跨国公司生产网络的本地嵌入是否适度,因为适度嵌入的生产网络中的互惠性企业关系、显隐性知识的传递乃至共同问题的解决安排都有利于东道国的企业实现格里菲等人(2001)及汉弗莱和施米茨(2010)所提出的基于效率提升的"过程升级"、基于价值创造能力提升的"产品升级"以及体现价值链上分工地位提升的功能升级。

尽管台资 PC 制造业跨国公司的内部网络表现出过度嵌入特点，而外部网络表现出欠嵌入的特点，并不符合伍兹（1997）所定义的适度嵌入的生产网络，但不可否认，台资 PC 制造业跨国公司的本地嵌入一定程度上导致了其内部网络中的低层级供应商的"过程升级"、研发能力升级、功能升级，进而也导致了特定投资区域的产业升级。

1. 本地嵌入所引致的大陆台资 PC 制造企业的"过程升级"

我们以两家台资笔记本电脑制造"巨头"广达和仁宝为例对此加以说明。广达公司创始于 1988 年，主要为 IBM、索尼、东芝、惠普等国际品牌主导厂商代工生产，2000 年开始投资上海，在上海松江建造了"广达上海制造城"，其中包括达丰、达功、达辉、达研四家子公司。广达的生产网络嵌入大陆的长三角地区后，其自身的设计研发优势与大陆廉价优质要素有效结合，在此基础上重新整合价值链，生产效率大幅提升，实现了过程升级。2007 年，其在大陆的笔记本电脑总销售额达到 3180 万美元，在全球笔记本电脑市场中占据约 34% 的份额。作为全球笔记本电脑生产"巨头"，台资企业仁宝集团近年来积极融入江苏昆山市产业转型升级潮流，在昆山政府部门的协助下，逐步实现其"功能升级"：从 OEM（代工生产）到 ODM（研发、设计和加工），再到 ODM 和 OBM（拥有自主品牌）并重，积极拓展大陆内需市场，每年订单量增长 10%，仁宝已经成为台资企业在大陆转型升级的一个成功范例。

2. 本地嵌入所引致的大陆台资 PC 制造企业研发能力升级

根据前面的分析，我们选取格里菲（1999）提出的 R&D 投入、新产品研发投入等指标来衡量台湾 PC 制造业本地嵌入所引致的大陆子公司及其他台湾供应商研发能力的升级。R&D 投入、新产品研发投入的增长变化体现了大陆的台湾 PC 制造企业研发能力的升级。在 2005—2009 年期间，大陆台港澳电脑制造业企业

R&D 内部投入资金量以及新产品研发的投入显著增长①,分别从2005 年的 17.5 亿元和 26.5 亿元增长至 2009 年的 35 亿元和 40 亿元。这些可以从一定程度上说明大陆 PC 制造行业台资子公司的 R&D 能力不断增强,具备了产业升级的能力。

3.本地嵌入所引致的大陆台资 PC 制造企业产品升级

伴随着台湾个人电脑 ODM/OEM 厂商在本地嵌入程度的不断加深,其自身的设计研发优势与大陆人才资源和创新能力的融合程度不断强化,不断拓展个人电脑终端市场需求,从而促进了大陆台资 PC 制造企业的产品升级。近年来,受欧美个人电脑终端市场需求疲软的影响,大陆台资个人电脑 ODM 厂商的边际利润率急剧下滑(降至 3%—5%)。在此背景下,大陆台资个人电脑 ODM 厂商开始积极寻找转型升级之道,转向价值增值水平更高的相关产品或领域,大陆台资笔记本电脑制造企业产品升级的典型案例见表 5‑12。作为笔记本生产的领头企业,联创公司紧随富士康公司涉足平板电脑制造领域,平板电脑制造已占该公司总收益的 1/3;几年前,广达公司开始制造存储和处理移动设备数据的服务器,其 85%的服务器直接针对在美国的终端客户销售,改变了其单纯的个人电脑 ODM 厂商地位;英业达公司则从个人电脑 ODM 厂商向"技术服务厂商"转型,其业务扩展至云计算和电脑及手机的回收利用领域,其昆山工厂每年回收处理电脑及手机塑料数量达到 60000 吨,仅此一项业务占公司总收益的 10%。神达电脑集团旗下做笔记本代工的神基科技,在 2008 年完全放弃了代工业务,从传统笔记本电脑生产转向军工及工业用笔记本生产,目前已经成为全球该领域前三大生产商之一。②

①　由于无法直接获得在大陆的台湾电脑制造企业的相关数据,我们只能以台港澳电脑制造企业作为替代。数据来源于《中国高技术产业统计年鉴》(2011 年)。
②　张凌:《神达靠三种模式转型升级》,世界经理人网站,http://www.ceconline.com/strategy/ma/8800066268/01/,2013 年 2 月 26 日。

表5－12　大陆台资笔记本电脑制造企业产品升级案例

企业名称	产品线延展领域
联创	平板电脑制造
广达	存储和处理移动设备数据的服务器制造
英业达	云计算和电脑及手机的回收利用领域
神基科技	军工及工业用笔记本

资料来源：笔者整理。

4.本地嵌入所引致的大陆 PC 制造企业功能升级

我们以笔记本电脑的生产为例对此加以说明。笔记本电脑的生产共包含 5 个基本环节：产品设计(design)、基本功能检测和参数设定(EVT)、设计鉴定测试(DVT)、小批量试产验证(PVT)、批量生产(mass production)，见图 5－10。早期上述 5 个环节的前 4 个环节都在台湾岛内实现，台湾 PC 制造业的 ODM/OEM 厂商仅仅向大陆转移批量生产环节。后来，伴随着小批量试产验证环节向大陆转移。基本功能检测和参数设定(EVT)、设计鉴定测试(DVT)两个检测环节也逐步向大陆的转移。近年来，随着大陆承接软件服务外包能力的增强，甚至是与 PC 生产相关的软件设计环节也开始向大陆转移。由此可见，在台湾笔记本电脑行业

图 5－10　笔记本电脑的生产环节

资料来源：根据 Yang, Yungkai(2009)附表 3 整理。①

---

① Yunkai Yang, "The Taiwanese Notebook Computer Production Network in China：Implication for Upgrading of the Chinese Electronics Industry", Personal Computing Industry Center, University of California, 2009.

ODM/OEM 厂商的生产网络向大陆延伸过程中,大陆的台湾 PC 制造企业在价值链上的分工地位逐步提升,实现了功能升级。另外需要强调的是,台湾笔记本电脑行业 ODM/OEM 厂商的本地嵌入过程必然伴随着高技术人员本地化(personnel localization)的过程,这在直接促进大陆的台湾 PC 制造企业功能升级的同时,又间接为大陆的本地企业吸收跨国公司的技术外溢提供了一种途径,从而有利于相关配套企业实现功能升级。

(二)本地嵌入对产业升级的阻滞作用

由前面的理论分析可知,跨国公司网络的过度嵌入标志了生产网络各个节点之间的严格的层级制关系,将会导致微观层面的产业锁定效应,即功能性锁定和技术锁定,最终阻碍本土产业升级。观察台资 PC 制造业生产网络,台湾 PC 制造业跨国公司的内部网络表现出过度嵌入特点,而外部网络表现出欠嵌入的特点,内外部网络本地嵌入的非均衡性导致了其封闭性,这种本地嵌入的特殊性对大陆 PC 制造业升级产生的阻滞作用是不言而喻的。

1.内部网络的过度嵌入导致了微观层面的产业锁定效应

我们知道,台湾 PC 制造业跨国公司在 PC 生产网络中处于第二层级,在一定程度上他们的定价、产量以及产品策略都受到旗舰厂商的纵向约束。为了增强其与台湾 ODM/OEM 厂商的谈判能力并且在保证质量的基础上有效控制成本,旗舰厂商通过核心零部件指定(components assignment)、供货商质量保证(quality assurance)、库存风险分担(inventory risk sharing)等制度安排对台湾 ODM/OEM 厂商进行约束,相应地,这种价值链治理模式(governance pattern)也就自然而然地延伸到了 ODM/OEM 厂商与第三层级供应商组成的生产网络之中。鉴于此,由于在大陆的台湾 PC 制造业跨国公司的内部网络中的企业主要都是 ODM/OEM 厂商在大陆的子公司以及来自台湾的配套零部件供应商,他们也要相应地按照上述价值链治理模式接受 ODM/OEM 厂商的约束,

248

因而其功能会被长期地固定于为高层级 ODM/OEM 厂商提供相对单一的产品,其生产目标也通常是围绕 ODM/OEM 厂商的投资计划来制定,功能锁定效应也就产生了。

　　首先,我们采用在大陆的 PC 制造厂商的价值链功能定位指标——代工率[1]考察大陆 PC 制造业的功能锁定效应的存在性。以在大陆的广达、仁宝、纬创等 12 家台湾主要笔记本电脑制造业领导厂商的代工率为例,这 12 家企业中有 3 家企业(志合、大众、伦飞)的代工率为 100%,7 家企业的代工率为 90% 及以上(见表 5 - 13)。这种以代工作为价值链功能定位的现状决定了在大陆的这些台资企业及其子公司只能处于价值链的相对低端地位,也就决定了功能锁定效应的存在性。原因在于:这些台资企业其自身的生产经营决策乃至其在大陆的子公司的生产经营决策受制于台湾母公司的战略目标,其全部职责就是依据其更加精细化的专业生产完成来自台湾母公司或在大陆的高层级 ODM/OEM 厂商的生产订单,其自身根本不存在功能升级的动力。并且,随着其专业化生产程度的增强,其转型成本也将会变得越来越大,其实现功能升级的动力也就越来越小。

249

表 5 - 13　大陆台资笔记本电脑制造业领导厂商的代工率

制造商	广达	仁宝	纬创	英业达	华宇	华硕
制造中心	上海松江	昆山	昆山	上海漕河泾	吴江	上海南汇苏州
代工占比	95%	90%	60%	95%	90%	60%
制造商	志合	大众	神通	伦飞	蓝天	精英
制造中心	苏州	苏州	昆山	昆山	昆山	苏州、深圳
代工占比	100%	100%	90%	100%	90%	90%

资料来源:笔者在 Wei,Y.H.D.,Jian Li and Ning Yuemin(2010)表 7 基础上整理。[2]

---

　　[1]　此处代工率是指代工业务在该企业所有业务中所占的比率。

　　[2]　Wei, Y. H. D., Jian Li and Yuemin Ning, "Corporate Networks, Value Chains, and Spatial Organization: A Study of the Computer Industry in China", *Urban Geography*, Vol.31, No.8, 2010, pp.1118 - 1140.

其次,我们采用大陆台资 PC 制造企业利润率来考察大陆 PC 制造业的功能锁定效应的存在性。利润率可以很好地衡量企业在价值链中的地位,将其全行业利润率进行比较,可以很好地考察大陆 PC 制造业的功能锁定效应的存在性,见表 5-14。从台湾最主要的 PC 制造业 ODM/OEM 厂商在大陆的子公司历年利润率情况分析,在 2004—2010 年 7 年时间中,除了精英公司在 2005 年的 13.144% 和华宇公司 2010 年的 -17.99% 两个特异值之外,所有子公司一直没有明显的利润增加,且绝大部分子公司在大部分年份利润率都在行业整体水平之下,没有随着行业利润率的逐年增长而有所上升。另有统计资料显示,英业达公司的利润率在 2010—2012 年间平均下降了 20%。① 据此可以认为,从价值链角度看,中

表 5-14　台湾 PC 制造业 ODM/OEM 厂商在大陆子公司的年利润率

	2004 年	2005 年	2006 年	2007 年	2008 年	2009 年	2010 年
广达	0.647%	0.327%	0.629%	0.457%	0.062%	0.363%	-0.415%
纬创	-0.37%	0.012%	0.18%	0.048%	0.123%	-0.005%	0.053%
仁宝	-0.15%	0.22%	1.107%	0.942%	2.717%	1.753%	2.251%
英业达	0.059%	0.202%	0.739%	-0.132%	-0.332%	0.183%	0.111%
精英	-1.96%	13.144%	-1.872%	0.347%	-0.56%	1.64%	0.288%
神达	0.375%	0.577%	0.56%	0.721%	0.99%	0.835%	0.628%
伦飞	0.166%	0.058%	-1.04%	-1.756%	-2.638%	-8.63%	-5.973%
华宇	-1.47%	-1.501%	-3.678%	-1.606%	-2.33%	-10.404%	-17.99%
神基	0.005%	0.008%	-0.098%	2.285%	2.442%	4.57%	1.716%
华硕	1.32%	0.514%	2.089%	2.027%	1.196%	1.423%	1.564%
宏碁	0.048%	-1.016%	0.493%	2.579%	0.846%	2.612%	0.339%
行业整体	2.217%	2.362%	2.097%	2.886%	3.066%	2.835%	3.334%

资料来源:各公司的利润率数据来源于台湾各公司年报,http://mops.tes.com.tw;行业整体的利润率数据来源于《中国高技术产业年鉴》。

---

① 参见 "Taiwan's Information-technology Industry after the Personal Computer", *The economist*, July 6th 2013,http://www.economist.com/news/business/21580509。

国大陆由这些子公司组成的产业集群被锁定在低利润的生产环节，没有明显的功能升级迹象，这与杨云凯（2006）所指出的"台湾PC制造企业虽然代工量大但利润低"的结论是一致的。

2.内部网络的过度嵌入导致了特定区域的产业锁定风险

台湾PC制造业跨国公司内部网络的过度嵌入本质上是就其生产战略与特定区域的各类资源、禀赋内生产要素乃至制度性生产要素有机耦合的结果，这主要表现为台湾PC制造业跨国公司在珠三角和长三角两大区域的"供应链整体投资"，核心企业连同岛内建立长久供应关系企业共同投资大陆，通过独特的治理方式，组建成产业集群，从而这两地形成了PC制造业的产业集聚。但这两个地区在产业结构上存在差别。珠三角以传统产业、桌面计算机为主，长三角则以半导体、笔记本电脑、软件开发与LCD液晶模组为主，其他诸如主板、印刷电路板、监视器等计算机外部设备与零部件的产业集群则为珠江三角洲与长江三角洲所共有。因此，相比珠三角地区，长三角地区的台湾PC制造业产业链更为完整、技术水平也更高。

251

然而，两地产业集群中的企业在价值链中的功能定位往往只是承担相对单一的加工制造环节，其存在的价值就在于利用集群的高度专业化，为母公司赢得生产上的时间、成本或者规模优势。相应地，其高度自动化的生产流水线对于操作人员的知识水平要求极低，生产线上的操作人员完全可以在简单的培训之后即能胜任自己的岗位。也就是说，珠三角和长三角两大区域的各类资源、禀赋内生产要素乃至制度性生产要素自然地集中于"封闭式"PC制造业生产网络之中，台湾PC制造业跨国公司内部网络的过度嵌入意味着该生产网络的弱根植性，即与本地的产业联系较弱，同时出口依存度很高，一旦国际国内市场环境条件发生变化，其封闭型的生产网络运营模式可能受到外部需求不足同时内源型增长动力缺乏的挑战，也就导致了特定区域的产业锁定的风险。

以珠三角台湾PC制造企业为例，内部网络的过度嵌入意味

着这些企业按照台湾母公司的要求进行成本控制,从事使用外方品牌的加工贸易出口或以加工装配等"贴牌"生产业务为主的订单贸易,以赚取加工费用作为经营的主要目标,较少参与市场开拓和产品开发,处于全球价值链条的低端加工制造环节。当全球金融危机爆发后,订单减少,价格降低,同时原材料价格上涨、劳动力成本上升以及人民币汇率升值导致出口比较优势下降,尤其是电荒、煤荒、油荒、土地荒等问题接踵而至,企业的利润增长空间进一步压缩,生产经营面临的困难也越来越多。反过来,珠三角台资PC制造企业利润增长空间的压缩又限制了企业加大研发投资来提高技术创新能力,从而陷入了"贫困式增长"的恶性循环,进而形成了企业层面的功能锁定效应和技术锁定效应,并使整个珠三角地区的电子业转型升级面临极大的挑战。进一步地,由于珠三角地区劳动力比较优势的弱化,此类跨国公司便会相应调整其生产区位布局(Yang,2012)①,近年来大陆台湾电子信息制造业(包括电脑制造业)向长三角和中西部地区的转移便是典型例证,如表5-15所示。2007—2010年间,台湾电子信息产业在大陆的投资区位呈现明显的"北移"态势。资本的外移又会进一步给珠三角地区的产业升级转型带来困难。

表5-15 台湾电子信息产业对长三角、珠三角投资占对大陆投资总额的比重

	2007 年	2008 年	2009 年	2010 年	平均比重
珠三角	26.61%	23.88%	22.14%	28.19%	25.20%
长三角	59.73%	61.18%	60.85%	58.49%	60.06%

资料来源:根据中国台湾投资审议委员会2007年、2008年、2009年年报及2010年12月月报数据整理计算得出。

---

① Yang, Chun, "Restructuring the Export-oriented Industrialization in the Pearl River Delta, China: Institutional Evolution and Emerging Tension", *Applied Geography*, Vol. 32, 2012, pp.143-157.

3.外部网络的欠嵌入导致了微观层面的本地产业锁定效应

台湾 PC 制造业跨国公司外部网络的欠嵌入本质上标志着台湾 ODM/OEM 厂商与大陆的本土企业以及 ODM/OEM 厂商在大陆的子公司与本土企业之间的交易关系为纯粹的市场关系，他们之间根本不存在信任基础、高密度的信息传递以及共同问题解决安排等价值链治理要素，从而在很大程度上使本土厂商的升级陷入困境，原因在于：

第一，台资 PC 制造企业 ODM/OEM 业务中来自本地企业的增加值较少，其后向产业联系效应和技术外溢效应微弱。这首先表现在与大陆的台资 ODM/OEM 厂商匹配的供应商很少，以台资 PC 业 ODM/OEM 厂商集聚的长三角为例（见表 5 - 16），集聚在该地区的几家本土企业基本都是品牌主导厂商，仅有 1 家外部设备供应商，但基本与台资 ODM/OEM 厂商不存在供应关系。这一点与前面关于大陆台资 ODM/OEM 厂商的零部件采购来源主要以台资企业和欧美跨国公司为主的结论也是一致的。另外，杨春（2009）以台湾笔记本制造业为例，通过访谈方式说明了台资电子信息产业在珠三角和长三角之间的区位变动，实质上是基于其自身生产网络的布局，充分利用大陆区域间经济发展的不均衡带来的优惠，以产业集群的整体迁移①来更好地维持自身竞争力和更高的利润水平，使得大陆本土企业很难嵌入其中，故很难从根本上对本土企业产生后向产业联系效应。

253

---

① 台湾学者往往将该现象称为"集群移动"。参见 Yang, Chun, "Strategic Coupling of Regional Development in Global Production Networks：Redistribution of Taiwanese Personal Computer Investment from the Pearl River Delta to the Yangtze River Delta, China", *Regional Studies*, Vol. 43, No.3, 2009, pp.385 - 407。

表 5－16　长三角地区的笔记本电脑及外部设备制造商

台湾地区			中国大陆			其他国家		
制造商	制造基地	产品	制造商	制造基地	产品	制造商	制造基地	产品
广达	上海	NB	联想	上海	DT	三星	苏州	NB
伟创	昆山	NB	方正	苏州	DT+NB	东芝	上海	NB
仁宝	昆山	NB	清华同方	无锡	DT+NB	索尼	无锡	NB
精英	苏州	NB	京东方	苏州绍兴	电脑外部设备	惠普	上海	DT+NB
英业达	上海	NB				NEC	上海	DT+NB
华宇	吴江	NB						
华硕	上海苏州	NB						
志合	苏州无锡	NB						
大众	吴江	NB						
神通	昆山	NB						
伦飞	昆山	NB						
蓝天	昆山	NB						
宏碁	苏州	DT+NB						

注:"NB"表示笔记本电脑,"DT"表示分销。

资料来源:在 Yang Yungkai（2009）表 5 基础上整理。①

　　第二,因为缺乏信任基础,在高层级供应商(制造商)和本土企业之间几乎没有知识和技术的转移。魏也华、李健、宁越敏(2010)的调研和访谈表明,许多台湾企业认为根本没有必要同大陆本土企业进行合作,特别是在组建战略联盟、合作进行研发以及技术转移等方面没有必要性。

　　第三,由于台资 PC 制造企业对于本土优质生产要素的利用

---

　　① Yang, Yunkai, "The Taiwanese Notebook Computer Production Network in China: Implication for Upgrading of the Chinese Electronics Industry", Personal Computing Industry Center, University of California, 2009.

而产生"挤出效应",使得本土企业的产业升级面临自身知识积累贫乏以及高级技术人才缺乏的困境。

综上所述,尽管台资 PC 制造业跨国公司是全球生产网络的重要制造节点,但从产业链层级角度看,台资跨国公司处于全球 PC 生产网络的第二层级,并且台资部分跨国公司处于全球 PC 行业价值链的中低端。台资 PC 制造业跨国公司的这种全球分工地位导致了其在大陆的嵌入特征:表现为内部网络的过度嵌入与外部网络的欠嵌入这一非均衡特征,进而决定了大陆台资 PC 制造业生产网络的封闭性和排他性。进一步地,台资 PC 制造业跨国公司在大陆的本地嵌入特征又决定了台资 PC 制造业跨国公司生产网络中的知识转移效应,即内部网络的过度嵌入与外部网络的欠嵌入这一非均衡特征影响了台资 PC 跨国公司生产网络中知识转移的对象、途径、形态和效果。从知识转移的对象看,大陆台资 PC 制造业生产网络的封闭性和排他性决定了大陆本土企业很难从全球 PC 生产网络中的第二层级企业——台湾 ODM/OEM 厂商那里获得知识转移。内部网络中 AVL、VQA、SOI 三种共同问题解决安排构成了 ODM/OEM 厂商向大陆的低层级供应商的知识转移的主要途径;深层信任缺失对内部网络中核心技术的转移造成了阻碍,因而即便在内部网络中知识转移的效果也是不十分显著的。

台资 PC 制造业跨国公司在大陆的嵌入特征也是决定台资 PC 制造业生产网络分工对大陆的产业升级(锁定)效应的重要因素。不可否认的是,台资 PC 制造业跨国公司的本地嵌入一定程度上导致了其内部网络中的低层级供应商的"过程升级"、研发能力升级、产品升级、功能升级等产业升级效应。然而,由于台湾 PC 制造业跨国公司的内部网络表现出过度嵌入特点,而外部网络表现出欠嵌入的特点,这种本地嵌入的特殊性对大陆产业升级会产生阻滞作用。具体体现在:(1)内部网络的过度嵌入导致了微观

255

层面的产业锁定效应;(2)内部网络的过度嵌入导致了特定区域的产业锁定的风险;(3)外部网络的欠嵌入导致了微观层面的本地产业锁定效应。

第六章　扩大中国在东亚生产网络中分工利益的对策

第一节　调整中国在东亚生产网络中的分工定位

中国融入东亚生产分工体系的过程,同时也是中国经济同世界经济紧密融合的过程,不仅标志着中国经济总体重新融入世界经济一体化进程,也标志着中国经济重新纳入国际分工的基本框架。但在过去二十多年的时间中,中国融入东亚生产分工体系的过程在一定程度上体现出了中国参与国际分工体系的"被动性",主要表现为以严重压低的生产要素价格吸引外资、承接国际产业转移以及与国际产业转移相适应的双轨制贸易体制下差别性贸易政策的运用①,从而导致了中国独特的"巨型的出口加工区"现象。尽管通过融入东亚生产分工体系,中国实现了货物贸易迅猛发展,并且吸引外资的规模和质量在进入 21 世纪后得到了全面提升,但同时我们必须意识到中国过去被动参与国际分工、承接国际产业

---

① 直接体现是针对外商直接投资企业的关税和所得税优惠措施。直至 2008 年 1 月 1 日,内资、外资企业所得税率才得以统一,但新税法延续对高新技术企业、能源企业、基础设施投资、农牧渔业所得税的优惠,该部分外资企业的税负基本不变。

转移的状况在很大程度上决定了中国在东亚生产网络中的低端分工地位,中国仍然处在价值链分工链条的中下游生产制造环节,缺乏对设计、技术研发、物流、营销和供应链管理等高端环节的控制能力。在此背景下,中国必须逐步调整其在东亚生产体系中的分工定位,改变过去以严重压低的生产要素价格吸引外资、承接国际产业转移的方式被动接受国际产业分工的现状,逐步主动参与东亚生产体系的分工。

一、寻求基于资本供给优势融入东亚生产网络的新途径

随着开放型经济的快速发展,中国赖以参与国际分工的比较优势正在发生质的变化,劳动力的比较优势正在逐渐弱化,资本丰裕程度正在不断提高。换言之,尽管中国的要素禀赋状况仍然保持劳动供给优势的基本特征,但越来越趋向资本密集(谷克鉴,2010)。因此,必须在继续发挥劳动力比较优势的基础上,寻求基于正在形成的资本供给优势融入东亚生产网络的新途径。

第一,进一步吸引技术密集型行业的跨国公司来华投资。从第四章的分析可以看出,中国获得的直接贸易利益总体上呈增长之势,并且中国获得的直接贸易利益较多的部门主要是技术、资本密集型工业部门。鉴于此,应进一步深化中国与东亚地区的较发达国家如日本、韩国在资本、技术密集型行业的垂直专业化分工,进一步吸引技术密集型行业的跨国公司来华投资,以保障就业机会的供给和促进地方乃至全国经济的稳定增长。

第二,必须加大对东亚地区的直接投资力度。总体上看,尽管亚洲地区是中国对外直接投资存量最集中的地区,但中国对东亚地区的直接投资地域分布并不均衡。截至2011年末,中国对外直接投资存量前20位的国家和地区中,东亚仅有中国香港、缅甸、中国澳门、柬埔寨和印度尼西亚,中国对东亚其他地区,尤其是东盟

地区的直接投资无论是流量还是存量都十分有限。其中,2011 年对东盟地区的直接投资的流量在对亚洲的投资所占比重为 13%,而存量所占比重仅为 7.1%。在机电零部件的制造方面,中国制造业相对于东盟的发展中经济体,如越南、缅甸、老挝、柬埔寨等存在显著的技术优势,具备了扩大对东盟进行直接投资的相应条件。因此,中国企业应充分抓住中国—东盟自由贸易区全面建成的契机,利用自贸区的优惠条件,尽快制定开发东盟市场的经营战略,扩大对东盟的制造业投资,以"走出去"带动中国对东亚的零部件出口,缓解中国对东亚的零部件贸易逆差;扩大对零售业领域的投资(2011 年存量占比为 12.6%),从而增强中国企业直接渗透到消费终端市场的能力;还要扩大对东盟各国的资源能源行业的投资(2011 年存量占比为 11.1%),为国内经济发展的资源能源需求保障。

二、积极推进东亚区域经济一体化进程

在全球范围内区域经济一体化趋势不断加强的背景下,亚洲地区的区域经济合作进程相对缓慢。正如哈达德(Haddad,2007)指出的那样,东亚地区缺乏一个保障东亚跨国生产网络稳定运行的区域经济合作的制度性框架,东亚地区的区域经济一体化仅停留在很低的水平,特别是中国、日本、韩国三国的自由贸易区建设尚未取得实质性进展①,这些正是东亚跨国生产网络运行的脆弱性所在,鉴于中国—东盟自由贸易区建立后双方的贸易便利化的效应彰显,即双方无论是中间产品还是最终产品市场都开始实现一体化(Ando 和 Kimura,2008)。鉴于当前中国与西方发达国家

---

① 就在酝酿 10 年之久的中日韩自由贸易区(FTA)谈判刚刚出现转机,即中、日、韩三国已经就 2012 年 11 月启动 FTA 谈判事宜达成一致的情况下,2012 年 9 月 11 日,日本"购岛"闹剧发生,中日争端不断升级,中日韩自贸区谈判不可避免地受到了日本"购岛"风波影响。

间贸易摩擦频发的现状,中国有必要采取以下措施推进东亚区域一体化进程:(1)扩大贸易便利化措施的实施范围。减少国家间的非关税贸易壁垒,降低国际商贸活动中直接和间接的贸易成本,从而降低跨国公司生产网络运行的服务联系成本,保障中国与东亚贸易流动的顺利进行。(2)进一步推动"东盟10+3"的合作谈判以及"两岸四地"自由贸易区的建设,加大与东亚经济体的贸易和投资合作,深化中国与东亚的分工,为中国创造良好的外贸环境。

三、进一步开拓东亚区域内部最终产品需求

从贸易模式角度看,中国在融入东亚区域性生产网络过程中充当了东亚乃至世界的"制造中心",以及东亚地区较发达经济体面向西方发达国家的最终产品出口平台的角色,由此形成的"三角贸易"模式是引起中国同美欧发达国家,尤其是同美国贸易不平衡,乃至贸易摩擦的重要根源。由前面的分析可知,美国从除中国外的东亚各经济体的进口所占比例的减少是中国融入东亚跨国生产网络进程的重要推动因素,中国对东亚零部件贸易的逆差,尤其是高技术含量的零部件巨额逆差状况实际上蕴含着东亚各经济体对美国的贸易顺差转移效应,也是导致中国与美国乃至欧盟贸易摩擦的内生性因素。中国有必要借助融入东亚跨国生产网络的过程开拓东亚区域内部最终产品需求市场,减少对美国乃至欧盟最终产品市场需求的依赖,缓解中国同美欧发达国家的贸易摩擦。

四、大力承接亚洲地区的服务外包产业转移

20世纪90年代中期以来,由于信息通讯技术的迅猛发展所引致的所谓"可贸易性革命",跨国公司越来越多地将生产过程中原本不可运输、不可存储的服务环节通过FDI(对外直接投资)或者以合约形式提供给第三方经营,从而在全球市场重新配置资源,

260

实现规模经济,降低运营成本,强化核心竞争力。在信息技术外包基础上,业务流程外包,即物流、采购、人力资源、财务会计、研发设计、客户关系管理、其他管理或面向消费者的业务功能等生产性服务行业的外包呈方兴未艾之势。目前日本、韩国是我国软件业务的主要发包来源地,开拓欧美服务外包市场需要具有行业经验和服务技术产品以及提供解决方案的能力等较高的"门槛要求",故欧美业务多数来源于欧美跨国服务供应商的转包服务。近年来印度也出现了服务外包产业转移的趋势,一方面,自 2004 年以来印度的服务外包人力资源供给,出现了难以逾越的瓶颈;另一方面,服务外包的最大市场——美国经济的衰退,使外包市场的利润和价格一再下落。因此,印度的许多企业都开始面临成本攀升、零利润甚至负利润的经营状态。在此情况下,印度企业开始寻求成本低廉,而且能够满足业务需求条件的转移地或转包地,中国中西部地区的成本优势和良好的人员储备开始得到印度等国企业的高度关注。故中国应抓住这一机遇,充分挖掘发展服务外包产业的要素供给优势,积极抢占日、韩两国服务外包市场,开拓欧美市场服务外包的同时,积极承接印度的服务外包产业转移。

第二节　提升中国在东亚生产网络中的分工地位

正如本书的引言中所描述的那样,作为东亚生产网络的"制造业中心"的中国正面临其他发展中国家日益严峻的挑战。原因在于,在全球生产网络分工的背景下,越来越多的发展中国家正在走上出口导向的道路,试图从劳动密集环节嵌入全球生产价值链,近年来在东盟地区出现的引资竞争便是典型的例证。随着中国劳工成本、土地成本、融资成本、原材料成本快速上升和人民币升值,

261

中国出口贸易严重依赖外来技术、劳动力比较优势以及以外商投资企业作为出口主体的发展模式从长期看将是不可持续的（Lemoine，2010）。因此，在今后一段时间，中国应着力提升其作为东亚生产网络的"制造业中心"的分工地位，并谋求从"世界工厂"向"世界制造中心"的转变。

一、提升劳动者素质和技能

本书的研究显示，中国与东亚经济体零部件贸易存在明显的质量阶梯，中国与东亚之间的产业内贸易增长属于"增量不增价"的粗放式增长，中国与东亚零部件垂直产业内贸易中出口单价高于进口单价的部分所占份额较小，中国向东亚经济体提供的主要是低质量、低技术含量的零部件；中国在服装部门、汽车部门、ICT部门上的竞争优势主要来自于加工组装方面，而导致这些状况的重要原因是中国劳动力素质较低，使得其无法从事高附加值的研发和设计等生产环节，只能从事低价值链的加工组装环节。因此，必须提升劳动者素质和技能以实现中国在东亚生产网络中的价值增值链条上的攀升。

迈克尔·波特的竞争优势理论强调：一国长期的竞争优势取决于其高级生产要素（高技能、高素质的劳动力）的供给能力。由此可见，高技能、高素质的劳动力生产要素越多，中国才越有可能参与高附加值、高技术含量的生产环节（也就是价值增值链条中控制性较强的环节），从而实现中国在东亚生产网络中价值增值链条上的攀升。部门特点的差异决定了价值增值链条中控制性环节的差异，因此，不同部门所需实现的价值增值链条攀升的目标不同。比如：在服装产品的价值链条中，研发环节和品牌营销环节的利润远比生产环节的利润丰厚，所以中国应实现由服装加工生产环节向服装设计和品牌开发等环节的攀升；在汽车生产的价值链条中，应实现向最终产品品牌商及其直接控制的最终组装环节和关键部件(如发动机)的生产环节的攀升;而在 ICT 行业的价值链条中,应实现向关键元件和系统组件的生产环节的攀升。因而,中国现阶段的首要发展任务就是大力提高中国劳动者素质。同时,应加大研发和教育投入,建立有效的技能培训机构,逐步提高劳动者素质。一方面,政府应完善现行的职业技术教育体系,引导大专院校提高学科专业与市场的结合度,特别是引导职业技术学院设置与大学生就业关系更密切的课程,政府和企业则应完善培训的阶梯;另一方面,应完善现有的农民工培训机制,针对农民工能力缺口进行适当的培训,在此过程中企业与政府都应发挥相应的作用。此外,政府应采取措施鼓励现有的职业培训机构进一步发挥它们的培训潜力,逐步提高劳动者素质。只有这样,中国才能形成人力资源竞争的新优势,进而实现中国在东亚生产网络中价值增值链条上的攀升。

二、提升本土制造业的整体技术水平

263

由第三章的分析可以看出,中国在中高技术含量,尤其是高技术含量的零部件方面的生产和供给能力十分有限,无法与东亚主要发达经济体进行水平分工。若要改变中国在东亚生产网络中仅局限于低附加值加工组装环节的不利分工地位,以及对东亚主要发达经济体的技术依赖,特别是高技术产业出口对外资高度依赖的现状,在后危机时代,中国亟须走自主创新的道路。中国应以开放的视角,充分利用全球创新资源,提高自主创新能力,将建设创新型国家战略落到实处。

第一,要进一步强化全社会的创新意识。要在全社会宣传"创新驱动发展"的基本理念、弘扬创新文化,使创新成为全社会的普遍价值观,营造"崇尚创新,宽容失败"的社会意识和文化氛围。在这样的观念和文化氛围中,政府相关部门在制定和落实科技政策时,便会有较强的凝聚力和号召力。特别要强化企业的创

新意识。企业是创新的真正主体。要让企业打破把创新过程简单地等同于技术进步的旧观念,树立创新实际上贯穿企业整个价值链的所有环节、创新的根本目的在于提高企业的市场竞争力,提高经济社会效益的新观念。

第二,要创新技术研发模式,加快构建产学研结合的技术创新体系。一是要搭建知识创新平台。以高等院校、科研院所及其重点实验室、工程技术中心等为依托,加强与其他创新单元的合作,开展新知识、新技术的基础理论与应用研究。二是要加快推进科技中介机构建设,尽快形成开放协作、功能完备、高效合作的科技服务体系。三是要推进创新资源集聚。通过加快国家自主创新示范区和国家中心城市建设的进程,发挥其聚集创新要素的集聚功能。四是政府应在加大对科研教育投入的同时,建立科研成果向现实生产力转化的平台,把技术尽可能多地转化为现实的生产力。

第三,政府应高度重视自主创新政策支持体系的建设。在政策上应加大对核心技术和关键部件研究与开发的重大研究项目的资金投入,并制定一系列涉及税收、法律、融资等方面的优惠政策。应着力培养和吸引创新型人才,采取多种措施畅通创新型人才跨国流动的渠道,支持创新型人才参与国际交流与合作,开展多种形式的国际科技创新活动。

三、促进低端制造业的转型升级

人口学家蔡昉等的研究表明,自 2004 年以来,中国每年新增就业人口的净增长量都低于新增加的劳动力需求量,且随着时间推移,两者之间差距逐步扩大。2012 年以来愈演愈烈的"用工荒"更是标志着中国劳动力无限供应的时代已经过去。"用工荒"现象客观上提供了一种倒逼中国低端制造业转型升级的机制。应鼓励中国低端的加工生产企业进行转型升级:一是要鼓励这些企业改进生产工艺和流程,同时引进新设备和新技术,降低单位成本,在此基础上进一步培育自有品牌。二是要鼓励这些企业通过产业组织创新实现价值链的内部整合。三是要借鉴日本制造业升级的做法,发挥政府对产业转型升级的引导作用,出台相关支持政策或措施。加强各级政府政策引导与监管职责的作用,建立严格考核审查的政府招商绩效考核制度,提倡环保、低碳的加工贸易项目的引进,积极引导我国加工贸易产业从粗放型向集约型发展。四是推动本土加工贸易企业由 OEM 向 ODM 以及 OBM 厂商转型和升级,让中国出口产品从"中国制造"走向"中国创造",实现产品出口从低附加值到高附加值的转变。

此外,必须加大培养中国制造业领域跨国公司的力度。微观企业主体必须努力培育一批制造业领域的跨国公司,使他们能在全球范围内整合资源,建立自主的全球性生产体系。培育中国的跨国公司是一项长期而且艰巨的任务,需要国家宏观政策指导和不断完善的配套服务体系的支持,也需要企业持续的努力。

265

第三节　增强东亚生产网络分工的积极效应

本书的实证分析表明,参与东亚生产网络分工给中国带来了技术扩散效应、就业创造效应、就业技能结构升级效应、制造业竞争力提升效应以及产业结构升级效应等积极效应,其中,技术扩散效应、就业技能结构升级效应、制造业竞争力提升效应毫无疑问与本土企业的技术吸收能力密切相关。当然,我们的研究也表明,从微观层面看,受制于特定行业生产网络,如 PC 制造业生产网络的本地嵌入程度较弱的事实,该特定行业生产网络中的技术扩散效应、产业升级效应并不十分明显。因此,为了扩大中国参与东亚生产网络分工的利益,必须进一步增强东亚生产网络分工对中国的积极效应。

一、增强东亚生产网络分工的技术扩散效应

正如本书理论部分所阐述的那样,跨国生产网络存在独特的扩散或技术溢出机制,由于跨国公司生产组织方式的调整使得每一个海外投资企业所服务的对象不再是分散的、独立的海外某个市场,而是整个跨国公司体系所占据的区域市场,乃至全球市场,从而技术逐步在参与国际生产网络的各主体之间进行外溢或扩散。同样,东亚生产网络中的技术扩散或外溢效应为中国形成和提升技术能力提供了良机,参与东亚生产网络中的垂直专业化分工链条就等于把一个企业置于潜在的动态学习曲线之上。但是,正如恩斯特(Ernst)和坎姆(Kim, 2002)所指出的那样,东亚生产网络中的技术外溢不是自动的,需要技术接收方具有一定的吸收能力。也就是说,吸收能力与跨国生产网络的技术外溢是相互作用的,吸收能力是决定跨国生产网络的技术外溢效应与本土企业的技术创新绩效的中介变量,为了扩大中国参与东亚生产网络分工的利益,必须通过提升本土企业的技术吸收能力来增强东亚生产网络分工对制造业的技术扩散效应。由此而知,本土企业的组织学习能力和意愿、本土企业的研发投入状况、人力资本投资、产业关联效应都是影响企业吸收能力的关键因素。因此,需要采取如下措施:

第一,政府应通过相应的税收、金融优惠措施,以及对于部分阻碍产业发展的政策和法规的调整来增强本土企业组织学习的意愿。第二,企业应高度重视研发投资,把提高技术吸收能力作为研发投入的主要目标之一。不断增加研发投入,在改善企业进行技术创新的硬件设施的同时,加大人才教育培训力度。第三,本书的研究显示,东亚生产网络分工对中国制造业技术扩散的渠道主要是中间产品进出口贸易,鉴于此,企业可以通过加快设备的引进和改造来增强本企业的吸收能力,从而增强在高技术含量的先进制

造业零部件,如新一代信息通讯产品零部件、半导体方面的生产和供给能力,抢占未来先进制造业竞争的制高点。第四,企业应逐步构建重视学习的企业文化,积极推动知识管理,重视与外部的知识交流。并根据技术自身的特点,不断调整技术演进吸收的策略,形成动态的技术学习机制。

二、巩固东亚生产网络分工的就业创造效应

由前面的分析可知,中国参与东亚生产网络分工使中国制造业获得了显著的就业创造效应,这与中国自 20 世纪 90 年代以来形成的劳动力低成本优势是密切相关的。但不可否认的是,中国劳动力成本优势正在逐步弱化。有专家估计,未来 5 年劳动密集型产业低成本优势可能会告一段落,劳动密集型产业成本优势不再,很可能在今后一段时间影响就业。[1] 因此,要巩固东亚生产网络分工的就业创造效应,必须在深化中国与东亚的垂直专业化分工的同时,进一步推动中国劳动密集型制造业以及高技术产业中劳动密集型制造环节的升级,扩大对东亚地区的中间产品及零部件的出口,增加中国的就业创造效应。在此过程中,政府应加大职业教育和培训的力度,提高劳动者的就业能力。

267

在巩固东亚生产网络分工的就业创造效应的同时,还需注重提升其就业质量效应。第一,要保障在外资企业就业的中国员工在待遇方面的公平性,减少对中国员工权益的歧视。目前在中国,已经没有多少人会直接把外资企业和"剥削"这样的词语联系起来,但是,不可忽视的是,一些在中国大陆承担价值链的组装、加工环节的外资企业确实一定程度上存在着"血汗工厂"的现象。这类"血汗工厂"的共同点就是:企业把追求利润作为至上原则,把

---

[1]　郑晓波:《外商投资增速放缓,中国制造需重塑比较优势》,证券时报网,http://finance.ifeng.com/roll/20120905/6988089.shtml。

廉价的工人当成机器,忽视员工的精神需求和人格尊严。① 主要原因是,这些在"购买者驱动型"的价值链上位居相对低端环节的制造工厂的利润实际上受制于其下游的品牌商,而这些作为国际大买家的品牌商一般倾向于对同一种产品选择一个以上的供应商,通过订单的增加或消减使供应商之间相互竞争。供应商必须用最短的时间和最低的成本来满足跨国公司的要求,否则接到订单的数量可能越来越少。因此,供应商不可避免地将这种竞争压力转移到他们所雇用的工人身上,这将导致了工人们更低的工资、更长的工作时间。

第二,必须强化外资企业中工会组织的积极作用。为了提升中国参与东亚生产网络分工的就业质量效应,必须强化外资企业中工会组织的作用,工会必须是由员工自愿参与、自发组成并获得厂家认可的正式团体。把组织工会的权利交还给工人,成立真正意义上的工会,这是今后外资企业工会的改革方向,也是让工会发挥积极作用的必由之路。当然,政府调控尤为重要,必须制定切合中国实际的法律法规,保护劳动者安全等等。维护外资企业的职工权益,保障职工利益。

三、增强跨国公司生产网络的本地嵌入性

为了扩大中国参与东亚生产网络分工的利益,必须通过增强东亚生产网络的本地嵌入性来发挥其对中国制造业的规模经济效应与技术外溢效应。首先,要促进跨国公司提高其本地采购程度,增强在华跨国公司的后向产业联系,发挥外资对产业集群、集聚经

---

① 典型的例证是:2012 年 1 月 6 日,富士康苹果代工厂被美国媒体报道存在非法使用童工、长期加班现象;2012 年美国劳工权益保护组织"中国劳工观察"发布报告指出三星在华 8 家工厂存在违法侵犯和虐待劳工问题;而发生在 2012 年 9 月 23 日的富士康太原工业园区群殴事件进一步折射出民主和个人权利诉求越来越高的"80后"及"90后"新生代农民工与工人机器化之间的对立与斗争。

济的作用,从而增强东亚生产网络分工对制造业的规模经济提升作用,增强中国制造业的出口竞争力。为此,一方面要缩小本土企业与在华跨国公司的技术差距,提升本土企业的零部件供给能力;另一方面,要加快现代物流服务、商业咨询服务、金融服务等生产性服务业的发展,不仅满足跨国公司"即时供给"式供应链管理的需求,而且为跨国公司创造良好的存续经营环境。

其次,要着重增强跨国公司的 R&D 投资活动在本地的"嵌入"程度。目前在华跨国公司的 R&D 投资活动较少使用本土的研发机构,与本土企业的合作很少,制约了其对中国制造业的技术外溢。为此,要鼓励跨国公司研发机构与本土高校、研究机构加强合作,包括人才培养的合作;进一步鼓励跨国公司与本土企业组建战略联盟,开展联合研发。

四、规避微观层面的产业锁定效应

269

从本书有关台资 PC 制造业生产网络的案例分析结论可以推断,单纯凭借融入全球价值链的技术依赖型发展模式将不利于中国大陆 PC 制造行业的产业升级,甚至有可能导致产业锁定风险。鉴于此,必须加强微观企业的逆向学习,以规避特定行业,特别是 PC 制造行业的产业锁定效应。微观企业的逆向学习是国际生产网络中知识转移的途径之一[1],因而也是规避微观层面产业锁定效应的有效途径。台资 PC 制造业生产网络具有封闭性和排他性的本地嵌入特征,加之大陆 PC 制造厂商以及品牌商技术能力较弱,大陆企业几乎无法加入台湾 PC 制造业生产网络之中,但大陆品牌商通过将订单交于台资企业进行 ODM 生产(例如联想将台式一体化电脑、笔记本电脑的代工分别交由富士康、仁宝),在此

---

① Ernst, D., Linsu Kim, " Global Production Networks, Knowledge Diffusion, and Local Capability Formation", *Research Policy*, Vol. 31, No. 8 - 9, 2002, pp.1417 - 1429.

过程中有可能进行与一般的供应商从品牌商学习相反的所谓"逆向学习"。从供应商那里逆向学习可能获得的好处主要有:第一,学习产品概念设计。供应商通过研发生产出满足主导企业和市场需要的产品,大陆品牌商可以通过逆向学习提高产品概念设计能力。第二,学习高效的生产组织模式,将其应用于其他产品的生产以提高生产效率和产品质量(于明超等,2006)。以大陆品牌商联想为例,它成功实现了向 PC"品牌商+制造商"的转型。不仅与其代工生产商仁宝在安徽创办了一家生产笔记本电脑和一体化台式机的合资公司,而且将其产品线拓展至 PC 相关的智能手机、平板电脑、智能电视等领域,甚至还积极布局云计算等服务领域。① 应该说,联想的成功转型与其向供应商的逆向学习过程是密切相关的。总之,在进一步参与东亚生产网络分工的过程中需要进一步加强微观企业的逆向学习,规避特定行业的产业锁定效应。

270

　　作为一种区域性生产分工体系,同时也作为全球生产网络的重要组成部分,东亚生产网络问题本身是一个非常广阔的研究领域,尽管本书尝试运用一系列指标体系多角度考察中国在东亚生产网络中的分工定位,并在此基础上对中国融入东亚生产网络体系的分工效应进行了实证研究,得出了一些非常有启示意义的研究结论,但笔者认为,以下几个方面的问题还尚待进一步研究:一是在实证研究部分,本书仅从静态的贸易利益、动态的技术扩散效应、就业总量及结构效应、制造业竞争力提升效应等几个方面进行了考察,如何通过一般均衡分析框架来研究中国在东亚生产网络中获得的静态和动态分工(贸易)效应,是值得我们进一步探讨的问题。二是在基于中国台湾 PC 制造业跨国公司的个案研究其知

---

　　① 在 2012 年第二季度,联想在全球 PC 市场的份额达到了 14.9%,已经接近全球 PC 第一的宝座。

识转移效应,及其对大陆产业结构升级的效应时,由于问卷调查所回收的有效样本太少,本书无法直接通过问卷调查的数据建立计量模型进行回归分析,这是本书研究的一个缺憾。① 因此,本书只得采用台湾 PC 制造业最大的 12 家代表性企业的相关统计数据②进行案例研究,进一步补充更大样本的问卷调查数据来深化案例研究是我们的后续研究需要完善的地方。三是由于目前鲜有人建立数理模型解析中国融入东亚生产网络体系的分工效应,而本书是首次尝试运用计量模型来对中国在东亚生产网络中的分工效应进行实证研究,在模型的设定和变量的选择方面没有充分的数理模型作为参照,如何设定更科学、更严谨的实证模型也是后续研究需要进一步完善的方向。

---

① 为了验证在华计算机(PC)行业跨国公司本地嵌入对其知识转移效应的影响,笔者及研究生在 2012 年 6—9 月设计了考虑在华 PC 跨国公司本地嵌入程度,及知识转移的影响因素和途径的调查问卷,并先后向 10 家跨国公司发出问卷,但仅收回了四家台资 PC 跨国公司的共计 14 份有效样本,样本太少而无法进行回归分析。

② 本书研究中所涉及的 12 家台湾 PC 制造业跨国公司占据了全球 PC 市场份额的 90% 以上。关于这 12 家台湾 PC 制造业跨国公司的数据主要是根据各个公司的年度财务报表、台湾"工研院"经资中心 ITIS 计划网站的相关电子版出版物以及作者根据中国台湾"经济部"智慧财产局专利资讯检索系统查阅的数据整理。

附　　录

第一章　附　录

附录 1 - 1　1992—2007 年中国与世界及东亚的
垂直专业化分工比重(VSS)　　　(单位:%)

地区\年份	世界	东亚	日本	韩国	中国香港	马来西亚	菲律宾	泰国	印尼	新加坡	越南
1992	12.020	3.395	2.022	0.499	0.040	0.072	0.022	0.032	0.213	0.128	0.009
1997	13.707	6.380	2.881	1.730	0.777	0.188	0.024	0.144	0.221	0.385	0.031
1998	14.164	6.385	2.791	1.770	0.744	0.191	0.040	0.185	0.224	0.419	0.022
1999	14.164	6.313	2.856	1.725	0.650	0.223	0.058	0.187	0.222	0.361	0.030
2000	14.908	6.491	2.756	1.823	0.687	0.281	0.082	0.221	0.232	0.371	0.037
2001	15.259	6.295	2.646	1.775	0.635	0.282	0.089	0.227	0.228	0.368	0.044
2002	17.976	8.006	3.075	2.395	0.757	0.428	0.178	0.322	0.280	0.517	0.047
2003	18.888	8.818	3.333	2.527	0.643	0.554	0.343	0.499	0.284	0.584	0.046
2004	19.375	8.922	3.296	2.555	0.545	0.599	0.385	0.609	0.280	0.597	0.055
2005	19.578	8.752	2.986	2.572	0.499	0.513	0.495	0.698	0.282	0.658	0.045
2006	19.565	8.376	2.910	2.499	0.401	0.490	0.507	0.763	0.286	0.471	0.042
2007	22.720	7.713	2.827	2.294	0.321	0.528	0.495	0.557	0.258	0.378	0.075

资料来源:根据中国投入产出表中 20 个工业部门(包含 16 个制造业部门和 4 个采掘业部
　　门)的数据以及 UN COMTRADE Database SITC(Rev.3)数据计算得出。

附录 1-2　根据 BEC 分类标准划分的产品类别

3 阶段划分	5 阶段划分	BEC 代码	BEC 名称
初级产品	初级产品	111	工业用食品和饮料
		21	其他初级工业投入品
		31	燃油和润滑剂
中间产品	半成品	121	已加工的工业用食品和饮料
		22	已加工的其他工业投入品
		322	已加工的燃料和润滑剂
	零部件	42	除运输设备之外的资本品配件
		53	运输设备零配件
最终产品	资本品	41	除运输设备之外的资本品
		521	其他工业运输设备
	消费品	112	家庭消费的食品和饮料
		122	已加工的家庭消费用食品和饮料
		51	客运汽车
		522	其他非工业运输设备
		61	其他耐用消费品
		62	其他半耐用消费品
		63	其他非耐用消费品

资料来源:联合国统计署官方网站,http://unstats.un.org/used。

附录 1-3　2007 年中国对东亚 5 类产品的进出口总额及其占零部件进出口的比重　（单位:百万美元）

	出口							
	日本		中国香港		韩国		东盟 6 国	
	总值	份额	总值	份额	总值	份额	总值	份额
办公机械零部件	2676.71	17.7%	11369.01	20.6%	875.34	9.9%	4629.38	24.8%
通讯设备零部件	4225.73	28.0%	26940.85	48.9%	4315.33	48.7%	7854.74	42.1%
半导体	1915.90	12.7%	9483.40	17.2%	9490.32	10.7%	1438.10	7.8%
汽车零部件	1451.88	9.6%	203.12	0.4%	5309.65	6.0%	668.67	3.6%
电子产品零部件	30.60	0.2%	111.65	0.2%	12.07	0.14%	102.83	0.6%

续表

	进口							
	日本		中国香港		韩国		东盟6国	
	总值	份额	总值	份额	总值	份额	总值	份额
办公机械零部件	2877.47	10.2%	141.78	6.7%	4213.13	24%	3902.99	30.6%
通讯设备零部件	4027.71	14.3%	845.61	40%	4827.04	27.5%	3278.98	25.7%
半导体	6124.63	21.7%	506.36	23.9%	2721.61	15.5%	1619.12	12.7%
汽车零部件	4287.23	15.2%	0.88	0.04%	1300.77	7.4%	146.77	1.2%
电子产品零部件	175.68	0.6%	45.43	2.1%	149.79	0.9%	161.18	1.3%

附录1-4 2008年中国对东亚5类产品的进出口额
及其占零部件进出口的比重 （单位:百万美元）

	出口							
	日本		中国香港		韩国		东盟6国	
	总值	份额	总值	份额	总值	份额	总值	份额
办公机械零部件	2836.86	14.83%	11637.90	18.42%	1256.89	8.97%	4382.44	21.13%
通讯设备零部件	5102.43	26.67%	31240.41	49.44%	7685.09	54.84%	8071.24	38.91%
半导体	2182.89	11.41%	10602.35	16.78%	1152.37	8.22%	1558.83	7.51%
电子产品零部件	36.28	0.19%	112.99	0.18%	6.04	0.04%	114.74	0.55%
汽车零部件	1776.34	9.28%	226.19	0.36%	693.49	4.95%	855.65	4.12%

	进口							
	日本		中国香港		韩国		东盟6国	
	总值	份额	总值	份额	总值	份额	总值	份额
办公机械零部件	2994.69	9.36%	60.59	3.05%	2866.03	16.38%	3885.25	27.55%
通讯设备零部件	4384.79	13.71%	943.42	47%	4983.29	28.48%	3933.81	27.90%
半导体	6257.65	19.56%	371.73	18.68%	2976.74	17.01%	1667.99	11.83%
电子产品零部件	317.64	0.99%	44.76	2.25%	205.02	1.17%	241.00	1.71%
汽车零部件	5039.26	15.75%	0.66	0.03%	1088.34	6.22%	104.90	0.74%

附录1-5　2009年中国对东亚5类产品的进出口额

及其占零部件进出口的比重　　（单位：百万美元）

出口								
	日本		中国香港		韩国		东盟6国	
	总值	份额	总值	份额	总值	份额	总值	份额
办公机械零部件	2528.09	16.22%	10497.79	17.79%	664.79	5.04%	3304.19	19.43%
通讯设备零部件	4970.99	31.89%	31219.19	52.91%	8135.93	61.65%	6479.58	38.10%
半导体	1753.06	11.25%	8750.32	14.83%	1008.38	7.64%	1270.45	7.47%
电子产品零部件	22.23	0.14%	115.59	0.20%	8.18	0.06%	99.14	0.58%
汽车零部件	1242.68	7.97%	177.87	0.30%	569.65	4.32%	731.96	4.30%
进口								
	日本		中国香港		韩国		东盟6国	
	总值	份额	总值	份额	总值	份额	总值	份额
办公机械零部件	2713.21	9.13%	57.30	4.05%	2493.52	14.29%	3388.00	26.84%
通讯设备零部件	3879.29	13.06%	712.52	50.38%	4958.50	28.41%	3451.84	27.34%
半导体	5512.92	18.55%	231.64	16.38%	3040.11	17.42%	1589.71	12.59%
电子产品零部件	175.56	0.59%	36.32	2.57%	120.35	0.69%	170.75	1.35%
汽车零部件	6098.79	20.53%	0.32	0.02%	1457.44	8.35%	86.71	0.69%

第三章　附　录

附录3-1　中国台湾"行政院"主计处对ICT制造业的

分类及相应的六位数HS编码

ICT 分类	HS 六位数编码
96 电脑产品	847010、847021、847029、847110、847130、847141、847149、847150、847180、847190
97 电脑周边设备	847160、847170、854212、854381、901710

续表

ICT 分类	HS 六位数编码
98 资料存储媒介	852320、852390、852499
99 电脑组件	847330、853720、847321、847329、847350、850440、853400、853669、853710、853810、854459
100 视听电子产品	852110、851821、851822、851829、851830、851840、851850、851921、851929、851931、851939、851940、851992、851993、851999、852010、852032、852033、852039、852090、852190、852290、852530、852540、852990
101 通信器材	847521、851711、851719、851721、851730、851750、851780、851790、851810、851890、852020、852510、852520、852610、852691、852692、852812、852910、853650、854470
102 半导体	852821、852830、854011、854012、854020、854040、854050、854060、854071、854072、854079、854081、854089、854091、854099
103 光电元件及器材	841989、841990、842119、842191、842489、842490、845610、845691、845699、846410、846420、846490、846691、846693、847710、847790、847950、847989、847990、848071、851410、851420、851430、851490、851531、854213、854219、854230、854240、854290、854311、854330、854390、901041、901049、901720、903082、903141
104 电子零组件	853120、854110、854140
110 精密器械	850450、853210、853221、853222、853223、853224、853225、853229、853230、853290、853310、853321、853329、853331、853339、853340、853390、853690、853890、854121、854129、854130、854150、854160、854190、854214、854250、854320、854441、854449、854451、854460、854610、854620、854690

资料来源:林丽贞:《资讯通讯科技与台湾经济成长》,《台湾经济论衡》2007 年第 5 期,第 46 页;以及中华经济研究院课题组:《台湾、南韩、日本在美国取得专利之比较分析及其所反映之产业竞争力差异——以资讯通讯科技产业为例》,2002 年 12 月,附录四,http://www.cepd.gov.tw/dn.aspx? uid=4804。

附录 3 - 2　ICT 制造业的最终产品及零部件所对应的 HS 编码

	HS 编码
最终产品	8419、8421、8424、8456、8464、8466、8469、8470、8471、8472、8473、8474、8475、8476、8477、8479、8504、8505、8506、8507、8517、8518、8519、8520、8521、8522、8523、8524、8525、8526、8527、8528、8529、8531、8532、8533、8534、8535、8540、8541、8542、8543、8443、8536、8537、8538、9001、9012、9013、9017、9030、9031
零部件	8473、847490、847590、847690、850490、8505、850690、8507、851790、8518、8522、8529、8531、8532、8533、8534、8535、8540、8541、8542、854390、8443、8538、900110、900120、901190、901290、901320、901380、901390、901790、903090、903190

注:零部件编码参考了 Ando, Mitsuyo, Fukunari Kimura,"Fragmentation in East Asia: Further Evidence", ERIA-DP-2009-20, Table A.1, www. crawford. anu. edu. au/acde/events/past/…/papers/Ando_Kimura.pdf。

附录 3 - 3　OECD 资讯社会指标工作小组对 ICT 行业的
分类及其 SITC 编码

办公机器			
最终产品		零部件	
75113	自动打字机,文字处理机	7591	7513 设备的零部件
75115	其他电子打字机,重量<12kg	75991	7511 机器的零部件
75116	其他电子打字机	75993	7519 机器的零部件
75118	非电子打字机,重量<12kg	75995	7512 机器的零部件
75119	其他非电子打字机		
75121	无外部电源电器		
75122	其他计算器		
75123	计算机		
75124	收银机,包含计算设备		
75128	自动邮资盖印机及相似机器		
75131	静电照片复印设备,直接处理		
75132	静电照片复印设备,间接处理		
75133	非静电照片复印光学设备		
75134	直接接触的非静电照片复印设备		

续表

办公机器			
最终产品		**零部件**	
75135	热电复印设备		
75191	复印机		
75192	通讯地址打印机		
75193	分类,折叠,开口机		
75199	办公机器		
IT 产品			
最终产品		**零部件**	
7521	模拟和混合数据处理器	75997	752 项下零部件
7522	数码数据处理器		
7523	带存储、输入和输出功能的数码数据处理器		
7526	输入或输出设备,无论是否有存储功能		
7527	存储设备		
7529	数据处理设备		
通讯产品			
最终产品		**零部件**	
76411	电话机	76491	7641 项下零部件
76413	电传打字电报机	76492	7642 项下零部件
76415	电信或电话开关设备	76493	761, 762, 7643, 7648 项下零部件
76417	其他载波电流系统	76499	763 项下零部件
76419	其他电信或电话开关设备		
76421	麦克风及架子		
76422	安装在音响内部的扬声器		
76423	安装在音响外部的扬声器		
76424	耳机及扬声器		
76425	音频放大器		
76426	电的声音放大器		

续表

通讯产品		
最终产品	零部件	
76431	传动装置		
76432	带接受装置的传动装置		
76481	无线电接受装置		
76482	电视成像机		
76483	雷达和远程控制装置		
半导体		
最终产品	零部件	
7722	印刷电路	77611	彩色电视机晶体管,阴极射线
77231	固定碳电阻器	77612	黑白电视机晶体管,阴极射线
77232	其他固定电阻器	77621	电视成像管,图像转换器
77233	线绕的可变电阻器	77623	其他阴极管
77235	其他的可变电阻器	77265	微波管
77238	7723 电阻器零部件	77627	其他阀门和导管
77241	电压>1000v 的保险丝	77629	7761,7762 下的导管和阀门的部件
77242	电压<725kv 的断路器	77631	非光敏性二极管
77243	电压>1000v 的其他断路器	77632	损耗率<1w 的晶体管
77244	绝缘开关和闭合—断开开关	77633	损耗率>1w 的晶体管
77245	避雷器和限电器	77635	晶体闸流管
77249	其他>1000v 的电气电路	77637	光敏半导体设备
77251	电压<1000v 的保险丝	77639	其他半导体设备
77252	电压<1000v 的其他断路器	77641	数字单片集成电路
77253	保护电气电路的其他设备	77643	非数字单片集成电路
77254	电压<1000v 的继电器	77645	混合集成电路
77255	电压<1000v 的其他开关	77649	其他电子集成电路
77257	电压<1000v 的灯泡插座	77681	压电晶体

279

续表

半导体			
最终产品		**零部件**	
77258	电压<1000v 的插头和接口	77688	7763 和 77681 下的零部件
77259	其他<1000v 的电气电路	77689	7764 下的零部件
77261	电压<1000v 的配电板		
77262	电压>1000v 的配电板		
77281	未装配的 7726 下的部件		
77282	7724,7725,77526 下的其他设备		

资料来源:根据 Amighini, Alessia,"China in the International Fragmentation of Production: Evidence from the ICT Industry", UNCTAD Working Paper, 2004, http://www.cespri.it 整理。

第四章　附　录

附录4-1　1997—2009 年中国 16 个制造业部门的 R&D 资本存量

(单位:亿元)

行业 ＼ 年份	1997	1998	1999	2000	2001	2002	2003
食品制造及烟草加工业	1515.6	1556.1	1572.0	1620.4	1680.9	1779.1	1873.9
纺织业	1427.0	1413.5	1398.3	1404.2	1416.1	1462.9	1541.0
服装皮革羽绒及其制品业	283.3	275.2	267.8	264.3	262.7	271.3	289.3
木材加工及家具制造业	18.1	20.8	23.1	24.7	29.0	33.6	40.2
造纸印刷及文教用品制造业	268.6	287.6	313.7	355.4	378.8	435.8	487.4

续表

年份 行业	1997	1998	1999	2000	2001	2002	2003
石油加工、炼焦及核燃料加工业	1953.8	1888.6	1834.6	1800.2	1751.4	1739.8	1726.1
化学工业	2227.5	2398.2	2553.4	2776.6	3022.1	3347.6	3751.3
非金属矿物制品业	507.6	529.0	557.5	593.6	646.4	699.2	765.4
金属冶炼及压延加工业	1744.8	1970.1	2209.2	2509.3	2827.8	3247.0	3949.1
金属制品业	102.8	113.9	119.8	130.0	152.1	168.7	194.2
通用、专用设备制造业	2492.9	2514.8	2524.9	2573.9	2612.5	2693.4	2839.4
交通运输设备制造业	1066.7	1150.5	1244.8	1367.5	1533.4	1783.2	2111.0
电气、机械及器材制造业	506.8	577.1	650.9	768.6	923.7	1101.3	1260.1
通信设备、计算机及其他电子设备制造业	640.1	732.0	850.4	1044.6	1292.8	1581.4	1923.3
仪器仪表及文化办公用机械制造业	97.7	110.6	121.0	132.8	146.9	162.9	182.5
其他制造业	41.1	45.2	48.1	48.5	48.9	50.3	56.1

年份 行业	2004	2005	2006	2007	2008	2009	
食品制造及烟草加工业	2023.4	2146.2	2280.1	2474.2	2755.0	2956.0	
纺织业	1639.4	1678.7	1725.2	1789.2	1893.3	1950.3	
服装皮革羽绒及其制品业	325.6	341.9	365.8	398.3	434.3	451.2	
木材加工及家具制造业	59.8	73.6	86.1	104.3	142.4	172.0	
造纸印刷及文教用品制造业	554.9	606.2	674.4	776.8	893.6	999.0	
石油加工、炼焦及核燃料加工业	1731.8	1724.2	1736.5	1785.8	1852.2	1909.6	
化学工业	4420.4	4945.1	5508.3	6186.0	7107.2	7724.4	

续表

年份 行业	2004	2005	2006	2007	2008	2009	
非金属矿物制品业	865.3	919.4	982.3	1063.7	1243.5	1375.8	
金属冶炼及压延加工业	4957.0	6127.9	7342.4	8830.4	10521.1	11519.9	
金属制品业	254.7	300.6	347.9	418.1	532.5	607.8	
通用、专用设备制造业	3137.9	3390.5	3731.6	4192.4	4894.4	5425.5	
交通运输设备制造业	2542.5	3004.0	3555.3	4153.4	4955.4	5567.8	
电气、机械及器材制造业	1531.6	1759.9	2045.0	2399.6	2926.2	3317.8	
通信设备、计算机及其他电子设备制造业	2403.2	2816.0	3264.5	3838.8	4464.9	4860.6	
仪器仪表及文化办公用机械制造业	239.1	272.6	314.6	371.9	463.4	531.6	
其他制造业	64.2	74.7	91.7	104.3	120.1	132.3	

282

注:表中的 R&D 资本存量是用永续盘存法计算得出。

资料来源:根据 1998—2010 年《中国科技统计年鉴》整理计算。

附录 4-2　1997—2009 年中国 16 个制造业部门的 RCA 指数

年份 行业	1997	1998	1999	2000	2001	2002	2003
食品制造及烟草加工业	0.51	0.56	0.53	0.38	0.37	0.29	0.28
纺织业	1.26	1.95	1.97	1.24	1.26	1.25	1.40
服装皮革羽绒及其制品业	4.99	5.66	5.71	11.86	12.00	5.30	10.90
木材加工及家具制造业	0.75	0.89	1.00	2.50	2.82	3.54	4.17
造纸印刷及文教用品制造业	1.27	1.23	1.23	0.92	0.86	0.72	0.77
石油加工、炼焦及核燃料加工业	0.42	0.50	0.40	0.24	0.23	0.20	0.21

年份 行业	1997	1998	1999	2000	2001	2002	2003
化学工业	0.56	0.52	0.49	0.30	0.29	0.33	0.24
非金属矿物制品业	1.20	1.29	1.28	1.25	1.13	1.07	1.05
金属冶炼及压延加工业	0.50	0.51	0.49	0.32	0.25	0.23	0.24
金属制品业	0.90	1.04	1.02	0.77	0.73	0.61	0.63
通用、专用设备制造业	0.67	0.37	0.41	1.36	0.96	1.18	0.97
交通运输设备制造业	0.23	0.29	0.28	0.64	1.09	0.97	1.06
电气、机械及器材制造业	1.21	1.13	1.32	1.81	2.14	2.01	2.04
通信设备、计算机及其他电子设备制造业	2.15	1.96	1.94	5.24	10.80	12.27	17.58
仪器仪表及文化办公用机械制造业	1.36	1.25	1.17	0.80	0.87	0.97	1.17
其他制造业	1.10	2.32	1.71	3.33	1.48	2.11	1.98

年份 行业	2004	2005	2006	2007	2008	2009	
食品制造及烟草加工业	0.27	0.20	0.22	0.17	0.17	0.17	
纺织业	1.22	1.05	1.15	1.28	1.72	1.62	
服装皮革羽绒及其制品业	10.39	19.07	18.68	19.51	23.28	24.50	
木材加工及家具制造业	5.49	14.51	14.43	15.19	16.15	15.01	
造纸印刷及文教用品制造业	0.74	0.56	0.75	0.78	0.96	0.83	
石油加工、炼焦及核燃料加工业	0.19	0.12	0.09	0.10	0.10	0.10	
化学工业	0.24	0.28	0.23	0.28	0.27	0.23	
非金属矿物制品业	1.06	1.18	1.18	1.04	1.14	1.09	

年份 行业	2004	2005	2006	2007	2008	2009	
金属冶炼及压延加工业	0.34	0.30	0.35	0.34	0.40	0.24	
金属制品业	0.68	0.59	0.66	0.63	0.68	0.67	
通用、专用设备制造业	1.03	1.67	2.30	2.13	2.69	2.45	
交通运输设备制造业	1.17	8.97	7.22	10.62	3.82	7.81	
电气、机械及器材制造业	2.18	2.16	2.58	2.47	2.68	2.99	
通信设备、计算机及其他电子设备制造业	12.96	16.35	16.38	17.30	15.79	16.84	
仪器仪表及文化办公用机械制造业	1.26	1.15	1.35	1.45	2.20	1.66	
其他制造业	1.87	1.54	1.42	1.73	1.24	1.13	

284

注:RCA 指数的计算公式为:$RCA_{iC} = \dfrac{X_{iC}/X_C}{X_{iw}/X_w}$。

其中,RCA_{iC} 表示中国制造业 i 行业的显示性比较优势,X_{iC} 表示中国制造业 i 行业的出口值,X_C 表示中国 16 个制造业行业的总出口值,X_{iw} 表示世界制造业 i 行业的出口值,X_w 表示世界 16 个制造业行业的总出口值。

资料来源:笔者根据 UN Comtrade 数据库相关数据整理计算。

附录 4 - 3　1997—2009 年中国制造业的劳动生产率指数(LPI 指数)

年份 行业	1997	1998	1999	2000	2001	2002	2003
食品制造及烟草加工业	1.735	1.718	1.610	1.432	1.579	1.591	1.488
纺织业	0.594	0.628	0.630	0.582	0.608	0.605	0.598
服装皮革羽绒及其制品业	2.819	2.965	2.764	2.366	2.599	2.281	2.023
木材加工及家具制造业	0.846	0.777	0.778	0.794	0.929	0.864	0.791

续表

行业 \ 年份	1997	1998	1999	2000	2001	2002	2003
造纸印刷及文教用品制造业	0.839	0.846	1.458	0.749	0.848	0.838	0.779
石油加工、炼焦及核燃料加工业	2.572	1.912	1.886	1.934	2.073	1.946	2.087
化学工业	0.897	0.839	0.843	1.512	0.838	0.825	0.828
非金属矿物制品业	0.907	0.773	0.755	0.698	0.727	0.707	0.712
金属冶炼及压延加工业	1.009	0.940	0.913	0.904	0.996	1.001	1.180
金属制品业	0.941	1.019	0.999	0.933	1.042	1.028	1.022
通用、专用设备制造业	0.627	0.604	0.582	0.549	0.604	0.638	0.624
交通运输设备制造业	0.921	0.933	0.877	0.808	0.924	1.029	1.066
电气、机械及器材制造业	1.144	1.244	1.248	1.252	1.310	1.205	1.219
通信设备、计算机及其他电子设备制造业	1.731	1.989	1.974	1.922	1.836	1.702	1.625
仪器仪表及文化办公用机械制造业	0.595	0.752	0.740	0.686	0.689	0.633	0.685
其他制造业	0.685	0.703	0.702	0.596	0.662	0.710	0.553

行业 \ 年份	2004	2005	2006	2007	2008	2009	
食品制造及烟草加工业	1.414	1.437	1.494	1.483	1.500	1.526	
纺织业	0.618	0.627	0.659	0.701	0.710	0.758	
服装皮革羽绒及其制品业	1.692	1.470	0.485	0.466	0.457	0.465	
木材加工及家具制造业	0.792	0.777	0.831	0.880	0.961	0.935	
造纸印刷及文教用品制造业	0.744	0.765	0.778	0.755	0.808	0.796	

续表

年份 行业	2004	2005	2006	2007	2008	2009	
石油加工、炼焦及核燃料加工业	2.155	1.946	1.977	1.872	1.783	1.860	
化学工业	0.845	0.867	0.909	0.944	0.886	0.879	
非金属矿物制品业	0.706	0.711	0.821	0.893	0.976	1.041	
金属冶炼及压延加工业	1.487	1.568	1.799	1.807	1.761	1.717	
金属制品业	0.992	0.965	1.053	1.050	1.031	1.042	
通用、专用设备制造业	0.679	0.708	0.785	0.808	0.834	0.858	
交通运输设备制造业	0.955	0.855	0.910	1.001	0.976	0.974	
电气、机械及器材制造业	1.151	1.162	1.223	1.201	1.205	1.139	
通信设备、计算机及其他电子设备制造业	1.408	1.305	1.262	0.984	0.971	0.872	
仪器仪表及文化办公用机械制造业	0.638	0.679	0.715	0.645	0.649	0.643	
其他制造业	0.495	0.521	0.529	0.548	0.570	0.591	

资料来源:《中国劳动年鉴》和中经网公布的《中国工业经济统计年鉴》。

主要参考文献

中文文献：

[1]曹宏成：《产品内贸易：原理、效应及对中国的适用性分析》，复旦大学博士学位论文，2008年。

[2]陈宏易：《从国际垂直分工的观点探讨台湾贸易的形态及其动态》，《台湾经济预测与政策》2002年第2期。

[3]陈立敏：《国际竞争力就等于出口竞争力吗？——基于中国制造业的对比实证分析》，《世界经济研究》2010年第22期。

[4]陈勇：《区域生产网络：东亚经济体的新分工形式》，《世界经济研究》2006年第2期。

[5]代中强、梁俊伟：《分工与贸易利益：理论演进与中国经验》，《当代经济》2007年第9期。

[6]杜宇玮：《国际代工的锁定效应及其超越》，南京大学博士学位论文，2011年。

[7]段小梅：《两岸电子产品产业内贸易与产业分工》，《世界经济与政治论坛》2010年第5期。

[8]胡朝玲：《产品内国际分工对中国工业生产率的影响分析》，《中国工业经济》2007年第6期。

[9]李仁芳、吴明机：《台湾电子资讯产业参与国际与大中华

技术标准之策略》,《远景基金会季刊》(台湾)2007年第2期。

[10]李晓等:《中国在东亚经济中地位的提升——基于贸易动向的考察》,《世界经济与政治论坛》2005年第5期。

[11]林丽贞:《资讯通讯科技与台湾经济成长》,《台湾经济论衡》(中国台湾)2007年第5期。

[12]平新乔等:《中国出口贸易总的垂直专门化与中美贸易》,《世界经济》2006年第5期。

[13]彭支伟:《东亚生产与贸易一体化——结构、机制与外部冲击》,南开大学博士学位论文,2009年。

[14]盛斌:《中国对外贸易政策的政治经济分析》,上海人民出版社2002年版。

[15]盛斌、马涛:《中间产品贸易对中国劳动力需求变化的影响》,《世界经济》2008年第5期。

[16]王峰:《垂直专业化分工、外部需求与东亚区域内贸易扩张——基于中国数据的面板协整分析》,《世界经济与政治论坛》2008年第3期。

[17]王静文:《东亚区域生产网络研究》,吉林大学博士论文,2007年。

[18]王益民、宋琰纹:《全球生产网络效应、集群封闭性及其"升级悖论"》,《中国工业经济》2007年第4期。

[19]文东伟、冼国明:《中国制造业的垂直专业化与出口增长》,《经济学(季刊)》2010年第2期。

[20]隋福民、饶鹏:《开放条件下贸易利益内涵的界定及其相关理论评述》,《国际贸易问题》2007年第1期。

[21]宋玉华、朱思敏:《垂直专业化的贸易利益分配机制研究》,《世界经济研究》2008年第3期。

[22]唐海燕等:《中国崛起与东亚生产网络重构》,《中国工业经济》2008年第12期。

[23]佟家栋、彭支伟:《从"干中学"到"加工中学"——经济全球化背景下的国际分工、技术外溢与自主创新》,《南开学报》2007 年第 6 期。

[24]谢鲁江:《把握我国经济在国际分工中的新定位》,人民网,2012 年 6 月 20 日,http://theory.people.com.cn/GB/82288/83850/83859/18248034.html。

[25]谢延宇:《全球生产网络下当地产业技术创新能力提升机制——基于广东制造业的研究》,暨南大学博士学位论文,2011 年。

[26]杨友仁、夏铸九:《跨界生产网络之在地镶嵌与地方性制度之演化:以大东莞地区为例》,《都市与计划》(中国台湾)2005 年第 3 期。

[27]喻春娇、王雪飞:《东亚生产网络分工提高了中国制造业的出口竞争力吗》,《国际贸易问题》2012 年第 5 期。

[28]喻春娇、胡小洁:《台海两岸 ICT 制造业的贸易模式及其决定因素分析》,《世界经济研究》2012 年第 3 期。

[29]喻春娇、李旷达:《台资 PC 制造业生产网络在大陆的嵌入特征分析》,《管理世界》2011 年第 8 期。

[30]喻春娇、徐玲:《中国在东亚电子行业生产网络中的分工地位研究——以 ICT 部门为例》,《世界地理研究》2010 年第 4 期。

[31]喻春娇、陈咏梅、张洁莹:《中国融入东亚生产网络的贸易利益——基于 20 个制造业部门净附加值的分析》,《财贸经济》2010 年第 2 期。

[32]喻春娇、徐玲:《中国在东亚生产网络中的分工地位——基于机电行业零部件贸易的考察》,《财贸经济》2010 年第 2 期。

[33]喻春娇、张洁莹:《中国融入东亚生产网络的影响因素分析》,《亚太经济》2010 年第 1 期。

[34]喻春娇:《产品内贸易问题研究》,湖北人民出版社 2009

年版。

　　[35]喻春娇、喻美辞:《跨国公司生产组织变革、技术外溢与我国加工贸易的升级》,《国际商务》2007 年第 6 期。

　　[36]喻美辞、喻春娇:《对发展中国家的贸易与美国制造业就业变动》,《世界经济研究》2009 年第 12 期。

　　[37]喻美辞:《中间产品进口、技术溢出与中国制造业的工资不平等》,《经济学动态》2012 年第 3 期。

　　[38]于明超、刘志彪、江静:《外来资本主导代工生产模式下当地企业升级困境与突破》,《中国工业经济》2006 年第 11 期。

　　[39]张纪:《产品内国际分工:动因、机制与效应研究》,上海社会科学院博士学位论文,2007 年。

　　[40]张少华、张少军:《经济全球化与中国的自主研发优势》,《科研管理》2012 年第 6 期。

　　[41]张小蒂、孙景蔚:《基于垂直专业化分工的中国产业竞争力分析》,《世界经济》2006 年第 5 期。

　　[42]曾铮、张路路:《全球生产网络体系下中美贸易利益分配的界定——基于中国制造业贸易附加值的研究》,《世界经济研究》2008 年第 10 期。

英文文献:

　　[1] Amador, João and Cabral, Sónia, " International Fragmentation of Production in the Portuguese Economy: What do Different Measures Tell Us?" Banco de Portugal Working Paper No. 11, 2008, pp.1 - 47.

　　[2] Amighini, Alessia, " China in the International Fragmentation of Production: Evidence from the ICT Industry", UNCTAD Working Paper, 2004, http://www.cespri.it.

　　[3] Amighini, Alessia, " China in the International

Fragmentation of Production: Evidence from the ICT industry", *The European Journal of Comparative Economics*, Vol. 2, No.2, 2005, pp. 203 – 219.

[4] Amighini, Alessia, "China and India in the International Fragmentation of Automobile Production", *China Economic Review*, Vol. 23, 2012, pp.325 – 341.

[5] Ando, M. and Kimura, F., " The Formation of International Production and Distribution Networks in East Asia", NBER Working Paper, No. 10167, December 2003.

[6] Ando, Mitsuyo, "Fragmentation and Vertical Intra-industry Trade in East Asia", *North American Journal of Economics and Finance*, Vol.17, No. 3, 2006, pp.257 – 281.

[7] Athukorala, P., Yamashita, N. , " Production Fragmentation and Trade Integration: East Asia in a Global Context", *North American Journal of Economics and Finance*, Vol.17, 2006, pp.233 – 256.

[8] Athukorala, Prema-chandra, "Asian Trade Flows: Trends, Patterns and Prospects ", *Japan and the World Economy*, Vol.24, No. 2, 2012, pp.150 – 162.

[9] Bayoumi, T. and G. Lipworth, " Japanese Foreign Direct Investment and Regional Trade", IMF Working Paper, No.103, 1997.

[10] Coe, D. and Helpman, E., " International R&D Spillover", *European Economic Review*, Vol. 39, No. 5, 1995, pp.859 – 887.

[11] Coe, D., Helpman, E. and Hoffmaister, A. , " North-South Spillover ", *Economic Journal*, Vol. 107, No.440, 1997, pp. 134 – 149.

[12] Daudin, Guillaume, Christine Rifflart, and Danielle Schweisguth, "Who Produces for Whom in the World Economy",

Canadian Journal of Economics, Vol. 44, Issue 4, 2011, pp.1403 – 1437.

[13] Davenport, Thomas H. and Lawrence Prusak, *Working Knowledge: How Organizations Manage What They Know*, Boston: Harvard Business School Press, 1998.

[14] Dean, Judith M., Mary E. Lovely and Jesse Mora, "Decomposing China-Japan-U. S. Trade: Vertical Specialization, Ownership, and Organizational Form", *Journal of Asian Economics*, Vol. 20, 2009, pp.596 – 610.

[15] Dicken, P., Forsgren, M. and Malmberg, A., "The Local Embeddedness of Transnational Corporations", in Amin, A. and Thrift, N., (eds.), *Globalisation, Institutions and Regional Development in Europe*, Oxford University Press, 2004, pp.23 – 45.

[16] Ernst, D., Linsu Kim, " Global Production Networks, Knowledge Diffusion, and Local Capability Formation", *Research Policy*, Vol. 31, No.8 – 9, 2002, pp.1417 – 1429.

[17] Federica , Saliola and Antonello Zanfei, "Multinational Firms, Global Value Chains and the Organization of Knowledge Transfer", *Research Policy*, Vol. 38, 2009, pp.369 – 381.

[18] Feenstra, Robert C. and Gordon H. Hanson, "Globalization, Outsourcing and Wage Inequality", *American Economic Review* , No.2, 1996, pp. 240 – 245.

[19] Feenstra, Robert C. and Gordon H. Hanson " Global Production Sharing and Rising Inequality: A Survey of Trade and Wages", in E. Kwan Choi and James Harrigan(eds.), *Handbook of International Trade*, 2003, Oxford: Blackwell.

[20] Gaulier, Guillaume, Lemoine, Francoise and Deniz Ünal-kesenci, "China's Integration in East Asia: Production Sharing, FDI

& High-Tech Trade", *Economic Change and Restructuring*, Vol.40, No.6, 2007, pp.27 - 63.

[21] Greenaway, David, Robert Hine and Chris Milner, "Country-specific Factors and the Pattern of Horizontal and Vertical Intra-industry Trade in the UK", *Review of World Economics*, Vol. 130, No. 1,1994 ,pp.77 - 100.

[22]Grabher, G., " The Weakness of Strong Ties: The Lock-in of Regional Development in the Ruhr Area", in G. Grabher(ed.) ,*The Embedded Firm: On the Socioeconomies of Industrial Networks*, Routledge,London,1993,pp.255 - 277.

[23]Haddad, Mona, " Trade Integration in East Asia: The Role of China and Production Networks ", World Bank Policy Research Working Paper 4160, March 2007.

[24]Jeffrey, Henderson, Peter Dicken, Martin Hess, Neil Coe and Henry Wai-Chung Yeung, "Global Production Networks and the Analysis of Economic Development", *Review of International Political Economy* , Vol.9, No.3, 2002, pp.436 - 464.

[25] Hummels, Ishii Jun and Yi Kei-Mu, "The Nature and Growth of Vertical Specialization in World Trade ", *Journal of International Economics*, Vol.54, No.1, 2001, pp.75 - 96.

[26]Humphrey, John and Hubert Schmitz , "How does Insertion in Global Value Chains Affect Upgrading in Industrial Clusters?" *Regional Studies*, Vol.36, 2010,pp.1017 - 1027.

[27]Johnson, Robert and Guillermo Noguera, "Accounting for Intermediates: Production Sharing and Trade in Value-added ", *Journal of International Economics*, Vol.86, 2012, pp.224 - 236.

[28] Kam, Andrew Jia-Yi, "International Production Networks and Host Country Productivity: Evidence from Malaysia", *Asian-*

Pacific Economic Literature, Vol.27, Issue 1, 2013, pp.127 – 146.

[29] Keith, Head, John Ries and Barbara J. Spencer, "Vertical Networks and US Auto Parts Exports: Is Japan Different?" NBER Working Papers, No.9162, 2002.

[30] Kimura, F. and Ando, M., "The Economic Analysis of International Production Distribution Networks in East Asia and Latin America: The Implication of Regional Trade Arrangements", *Business and Politics*, Vol.7, 2005, pp.1 – 34.

[31] Kimura, F. and Ando M., "Two-dimensional Fragmentation in East Asia: Conceptual Framework and Empirics", *International Review of Economics and Finance*, Vol. 14, 2005, pp.317 – 348.

[32] Kimura, F. and Takahashi, Y. and Hayakawa, K., "Fragmentation and Parts and Components Trade: Comparison between East Asia and Europe ", *North American Journal of Economics and Finance*, Vol.18, 2007, pp.23 – 40.

[33] Lafay, J., " The Measurement of Revealed Comparative Advantages", in M. G. Dagenais and P. A. Muet(eds.), *International Trade Modeling*, London: Chapman and Hall, 1992, pp.209 – 234.

[34] Lall, M. Albaladejo and Jinkang Zhang, "Mapping Fragmentation: Electronics and Automobiles in East Asia and Latin America", *Oxford Development Studies*, Vol. 32, No. 3, 2005, pp.407 – 432.

[35] Koopman, Robert, Zhi Wang and Shang-jin Wei, "A World Factory in Global Production Chains: Estimating Imported Value Added in Exports by the People's Republic of China", CEPR Discussion Paper in International Trade and Regional Economics, No. 7430, September 2009.

［36］Lee，Chuan-Kai，"How does a Cluster Relocate across the Border? The Case of Information Technology Cluster in the Taiwan-Suzhou Region"，*Technological Forecasting & Social Change*，Vol.76，2009，pp.371－381.

［37］Lemoine，Francoise and Unal-Kesenci Deniz，"Assembly Trade and Technology Transfer：The Case of China"，*World Development*，Vol.32，No.5，2004，pp.829－850.

［38］Lemoine，Francoise，"Past Successes and New Challenges：China's Foreign Trade at a Turning Point"，China & World Economy，Vol.18，No.3，2010，pp.1－23.

［39］Lin，G. C. S. and Wang，C.，"Placing Technological Innovation in Globalising China：Production Linkage，Knowledge Exchange and Innovative Performance of the ICT Industry in a Developing Economy"，*Urban Studies*，Vol.48，No.14，2011，pp.2999－3018.

［40］Ng，F. and Yeats，A.，"Production Sharing in East Asia：Who does What for Whom，and Why? "World Bank Policy Research Working Paper，No.2197，2001.

［41］Naughton，Barry，"China's Emergence and Prospects as a Trading Nation"，*Brookings Paper on Economic Activity*，Vol. 27，No. 2，1996，pp.273－344.

［42］Panteli，Niki and Sockalingam，Siva，"Trust and Conflict within Virtual Inter-Organizational Alliances：A Framework for Facilitating Knowledge Sharing"，*Decision Support Systems*，Vol. 39，2005，pp.599－617.

［43］Paprzycki，Ralph and Ito，L. Investment，"Production and Trade Networks as Drivers of East Asian Integration"，Global COE Hi-Stat Discussion Paper Series 117，2010，http：//gcoe.ier.hit-u.ac.jp.

295

［44］Petri, P., "The East Asian Trading Bloc: An Analytical History", in J. A. Frankel and M. Kahler (eds.), *Regionalism and Rivalry: Japan and the United States in Pacific Asia*, Chicago: University of Chicago Press, pp.21 – 52.

［45］Poon, Teresa Shuk-Ching, "Beyond the Global Production Networks: A Case of Further Upgrading of Taiwan's Information Technology Industry", *International Journal of Technology and Globalisation*, Vol.1, 2004, pp.130 – 144.

［46］Pula, Gabor and Tuomas Peltonen, "Has Emerging Asia Decoupled? An Analysis of Production and Trade Linkages Using the Asian International Input-Output Table", Working Paper series, No. 993, European Central Bank, January 2009.

［47］Revenga, A. , "Exporting Jobs: The Impact of Import Competition on Employment and Wages in U. S. Manufacturing", *Quarterly Journal of Economics*, Vol.107, No.1, 1992, pp.255 – 284.

［48］Revenga, A. , " Employment and Wage Effects of Trade Liberalization: The Case of Mexican Manufacturing ", *Journal of Labor Economics*, Vol.15, No.3, 1997, pp.20 – 43.

［49］Rodrik, Dani , "Has Globalisation Gone Too Far?" Institute for International Economics, Washington, DC, 1997.

［50］Schindler, John W., Dustin H. Beckett, "Adjusting Chinese Bilateral Trade Data: How Big is China's Trade Surplus", International Finance Discussion Papers 831, Board of Governors of the Federal Reserve System (U.S.), 2005.

［51］Shujiro Urata , "The Creation of Regional Production Networks in Asia Pacific: The Case of Japanese Multinational Corporations", in Juan J. Palacios (ed.), *Multinational Corporations and the Emerging Network Economy in Asia and the Pacific*, London and Newyork: Routledge Taylor & Francis Group, 2007, pp.114 – 138.

[52] Sturgeon, Timothy J., " How Do We Define Value Chains and Production Networks", *IDS Bulletin*, Vol.32, 2001, pp.9 – 18.

[53] Tuan, C., Ng, L. F. Y. and Bo Zhao, "China's Post-economic Reform Growth: The Role of FDI and Productivity Progress", *Journal of Asian Economics*, Vol.20, 2009, pp.280 – 293.

[54] Teece, D. J., " Technology Transfer by Corporation Multinational: The Resource Cost of Transferring Technology Know-How", *Economic Journal*, Vol.87, 1977, pp.242 – 261.

[55] Thorpe, Michael, "China and East Asian Production Networks: Some Policy Implications ", *International Journal of Economics and Business Research*, Vol.3, No.1, 2009, pp.291 – 306.

[56] Uzzi, Brain, " Social Structure and Competition in Interfirm Networks: The Paradox of Embeddedness", *Administrative Science Quarterly*, Vol.42, No.1, 1997, pp.35 – 67.

[57] Venables, Anthony J., " Equilibrium Location with Vertically Linked Industries", *International Economic Review*, Vol.37, 1996, pp.341 – 359.

[58] Wang, Zhi and William Powers and Shang-Jin Wei, "Value Chains in East Asian Production Networks: An International Input-Output Model Based Analysis ", U. S. International Trade Commission Working Paper No. 2009 – 10 – C, 2009.

[59] Wei, Y. H. D., Jian Li and Ning Yuemin, "Corporate Networks, Value Chains, and Spatial Organization: A Study of the Computer Industry in China", *Urban Geography*, Vol. 31, No. 8, 2010, pp.1118 – 1140.

[60] Wei, Y. H. D., Zhou Y., Sun Y. and Lin G. C. S. ,

297

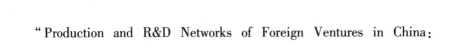

"Production and R&D Networks of Foreign Ventures in China: Implications for Technological Dynamism and Regional Development", *Applied Geography*, Vol.32 , 2012,pp.106 - 118.

[61] Wood, A., "How Much Does Trade with the South Affect Workers in the North?" *The World Bank Research Observer*, Vol. 1, 1991,pp.19 - 36.

[62] WTO and IDE-JETRO, " Trade Patterns and Global Value Chains in East Asia: From Trade in Goods to Trade in Tasks", www.wto.org,2011.

[63] Yamashita, Nobuaki, " The Impact of Production Fragmentation on Skill Upgrading: New Evidence from Japanese Manufacturing", *Journal of the Japanese and International Economies*, Vol. 22 , 2008,pp.545 - 565.

[64] Zysman, J., E. Doherty and A. Schwartz, "Tales from the Global Economy: Cross-National Production Networks and the Reorganization of the European Economy", Berkeley Roundtable on the International Economy Working Paper, WP - 83, June 1996.

[65] Yang, Chun and Haifeng Liao, " Backward Linkages of Cross-Border Production Networks of Taiwanese PC Investment in the Pearl River Delta", *Journal of Economic and Social Geography*, Vol. 101, No.2, 2009, pp.199 - 217.

[66] Yang,Chun, "Strategic Coupling of Regional Development in Global Production Networks: Redistribution of Taiwanese Personal Computer Investment from the Pearl River Delta to the Yangtze River Delta, China", *Regional Studies*, Vol. 43,No.3, 2009,pp.385 - 407.

[67] Yang, Chun, " Restructuring the Export-oriented Industrialization in the Pearl River Delta, China: Institutional Evolution and Emerging Tension ", *Applied Geography*, Vol. 32,

2012, pp.143 - 157.

[68] Yang, Yunkai, "The Taiwanese Notebook Computer Production Network in China: Implication for Upgrading of the Chinese Electronics Industry", Personal Computing Industry Center, University of California.

[69] Yamashita, Nobuaki, "The Impact of Production Fragmentation on Skill Upgrading: New Evidence from Japanese Manufacturing", *Journal of The Japanese and International Economies*, Vol. 22, 2008, pp.545 - 565.

[70] Yamashita, Nobuaki and Fukao, Kyoji, "Expansion Abroad and Jobs at Home: Evidence from Japanese Multinational Enterprises", *Japan and the World Economy*, Vol. 22, No.2, 2010, pp.88 - 97.

[71] Yeung Yue-man and Xiaojian Li, "Transnational Corporations and Local Embeddiness: Company Case Studies from Shanghai, China", *Professional Geographer*, Vol.52, No.4, 2000, pp. 624 - 635.

[72] Zanfei, Antonello, "Transnational Firms and the Changing Organization of Innovative Activities ", *Cambridge Journal of Economics*, Vol.24, 2000, pp.515 - 542.

[73] Zhou, Y., Yifei Sun, Y. H. Dennis Wei and George C. S. Lin, "De-centering 'Spatial Fix' —Patterns of Territorialization and Regional Technological Dynamism of ICT Hubs in China", *Journal of Economic Geography*, Vol.11, 2011, pp.119 - 150.

后　记

　　本书是国家社科基金项目的最终研究成果,得到了湖北大学世界经济重点学科出版基金的资助。

　　2008 年 7 月本人申请的国家社科基金项目《中国在东亚生产网络中的分工地位、分工效应及外贸战略调整研究》获得国家社科基金资助,此后我立即同课题组成员一起展开了该课题的研究工作,包括课题研究大纲的专家咨询、研究方法的确定、阶段性成果的发表和结项成果——研究报告的撰写等。2012 年 11 月本人的结项研究报告提交全国哲学社会科学规划办后,经专家们的匿名评审,于 2013 年 4 月获准结项。本书正是在上述结项研究报告的基础上修改和完善而成的。

　　本书写作过程中的数据挖掘和整理工作量很庞大且充满艰辛。由于中间产品或零部件贸易流动是东亚生产网络运行的最基本内容,我们的研究必须进行行业细分数据的挖掘和整理,这是一项十分烦琐的工作。首先,确定中间产品或零部件的相应编码颇费工夫。笔者综合借鉴了盛斌（2002）、Athukorala（2003）、Amighini（2005）、Ando 和 Kimura（2008）等国内外学者关于制造业中间产品或零部件的 SITC 或 HS 编码界定方法,最终确定了中间产品或零部件的相应编码。其次,从联合国商品贸易统计数据库（UN COMTRADE）搜集中国与东亚的中间产品或零部件贸易数据并进行集结整理,耗时较长,数据量庞大。

　　为了做到研究的深入性,笔者也付出了大量的努力。由于东亚生产网络本质上也是一种企业内部和企业之间的组织关系,表现为跨国公司主导的价值链在东亚不同经济体之间分解之后所形成的复杂网络状组织关系,我们的研究还须深入微观企业层面的生产网络。为了做到这一点,2011年下半年我们针对在华计算机行业跨国公司进行了问卷调查,期望通过问卷调查的数据来完成实证研究。但回收的有效样本十分有限,于是我们不得不放弃在调研问卷基础上做实证研究的想法,通过查找台湾地区跨国公司的相关数据来进行案例研究。我和我的研究生逐一查找台湾地区代表性跨国公司的各年度财务报表、台湾工研院经资中心 ITIS 计划网站的电子出版物等相关资料,这一过程花费了大量的时间和心血。

　　在国家社科基金项目的研究期间,由本人第一署名撰写的部分阶段性成果分别在《管理世界》、《财贸经济》、《国际贸易》、《国际贸易问题》以及《世界经济研究》等期刊上公开发表,相关研究内容已经融合在本书稿之中。

301

　　在国家社科基金项目的研究和本书写作过程中,我的同事柳剑平教授、毛泽春教授、肖德教授、朱小梅教授、彭斯达教授、陈汉林教授、冯晓华副教授等给了我许多帮助和指导,我的硕士研究生张洁莹、徐玲、胡小洁、李旷达、王雪飞等承担了资料收集、部分初稿和校对工作,在此一并表示衷心感谢。特别感谢人民出版社经济编辑室郑海燕主任为本书出版付出的辛勤劳动。最后衷心感谢我的家人长期对我的支持和鼓励!

　　书稿虽几经修改,但不足之处仍在所难免,敬请学术界的前辈和同行批评指正。

喻春娇

2013 年 8 月于湖北大学

湖北省开放经济研究中心

策划编辑:郑海燕
封面设计:吴燕妮
责任校对:吕　飞

图书在版编目(CIP)数据

中国在东亚生产网络中的分工效应研究/喻春娇 著.
　—北京:人民出版社,2014.4
ISBN 978－7－01－013318－8

Ⅰ.①中…　Ⅱ.①喻…　Ⅲ.①制造工业-国际分工-研究-中国
Ⅳ.①F426.4

中国版本图书馆 CIP 数据核字(2014)第 047459 号

中国在东亚生产网络中的分工效应研究
ZHONGGUO ZAI DONGYA SHENGCHAN
WANGLUO ZHONG DE FENGONG XIAOYING YANJIU

喻春娇　著

人 民 出 版 社 出版发行
(100706　北京市东城区隆福寺街 99 号)

北京龙之冉印务有限公司印刷　新华书店经销

2014 年 4 月第 1 版　2014 年 4 月北京第 1 次印刷
开本:710 毫米×1000 毫米 1/16　印张:19.75
字数:250 千字

ISBN 978－7－01－013318－8　定价:43.00 元

邮购地址 100706　北京市东城区隆福寺街 99 号
人民东方图书销售中心　电话 (010)65250042　65289539